U0868759

VBSE 跨专业综合实训教程

主　编　苗雨君
副主编　吴　昊　孟　岩
参　编　陈学千　毕颜杰

哈爾濱工程大學出版社
Harbin Engineering University Press

内容简介

本书是基于新道科技有限公司推出的虚拟商业社会环境(VBSE)跨专业综合实训平台编写的教材,专为应用型人才培养而编写,注重实践教学和案例教学。本书采用任务驱动教学模式,教学活动针对企业内外部环境、关键岗位、典型人物的工作流程,通过把仿真企业搬进校园,对现代制造业与现代服务业进行全方位的业务流程模拟经营及管理,使学生认知并熟悉现代商业社会内部不同组织、不同职业岗位的工作内容和特性,增强学生从事经营管理所需的综合执行能力、综合决策能力和创新能力,培养学生的全局意识和综合职业素养。

本书的设计思路是融实训与实践于一体、集角色扮演与岗位体验于一身。本书内容结构清晰、案例丰富,可用作高等学校VBSE跨专业综合实训类课程的配套教材,可作为会计、审计、财务管理、会计电算化等相关专业核心课程的专业教材,也可作为企业岗位培训的参考书。

图书在版编目(CIP)数据

VBSE跨专业综合实训教程 / 苗雨君主编. —哈尔滨:哈尔滨工程大学出版社, 2019.9

ISBN 978-7-5661-2505-7

Ⅰ. ①V… Ⅱ. ①苗… Ⅲ. ①财务软件-高等学校-教材 Ⅳ. ①F232

中国版本图书馆CIP数据核字(2019)第222962号

选题策划 夏飞洋

责任编辑 张 彦 章 蕾

封面设计 李海波

出版发行 哈尔滨工程大学出版社

社　　址 哈尔滨市南岗区南通大街145号

邮政编码 150001

发行电话 0451-82519328

传　　真 0451-82519699

经　　销 新华书店

印　　刷 哈尔滨市石桥印务有限公司

开　　本 787 mm×1 092 mm 1/16

印　　张 19.5

字　　数 450千字

版　　次 2019年9月第1版

印　　次 2019年9月第1次印刷

定　　价 45.00元

http://www.hrbeupress.com

E-mail:heupress@hrbeu.edu.cn

前言

虚拟商业社会环境（VBSE）跨专业综合实训平台通过把仿真企业搬进校园，对现代制造业与现代服务业进行全方位的业务流程模拟经营及管理。虚拟商业社会环境VBSE系统将企业的经营管理全景仿真地分为主体企业和外部服务机构两大部分。主体企业为同一行业内的若干家生产制造公司，这些生产制造公司在相同的市场经济环境下，按照自身的经营方针经营企业，在经营过程中做出的决策，最终反映在各自经营业绩的差异上，每家主体企业之间是竞争对手的关系。

VBSE是一种实践教学方式，它通过在校园内搭建虚拟商业社会环境，模拟企业中的真实场景，设置与企业运作相关的职能部门、岗位、流程、系统、案例、大量仿真货币、产品、账簿、营业执照、公章等。并在使用过程中严格遵守企业相关规定，使学生自主选择工作岗位，体验真实的企业工作环境，进而提高学生学习兴趣和专业技能，为以后在工作中的实际操作打下基础。

本书由苗雨君（齐齐哈尔大学）担任主编，吴昊（齐齐哈尔大学）、孟岩（东北石油大学）担任副主编，陈学千（齐齐哈尔大学）、毕颜杰（黑龙江大学）参编。全书由苗雨君设计、统稿，并编写了第一部分、第二部分和各部分章前导读、教学内容、知识要点、素质拓展及参考文献，吴昊编写了第三部分，孟岩编写了第四部分，陈学千编写了第五部分，毕颜杰编写了第六部分。本书在编写过程中得到了张海冰、王天明等人的启发和帮助，同时也得到了学校领导和领域内多位学者、教授的大力支持，并引用了新道科技有限公司的“虚拟商业社会环境VBSE系统”的学习资料，在此一并致谢。

由于水平有限，疏漏和不足甚至错误在所难免，希望广大教师、读者多提宝贵意见，以便日后充实与完善。

编　者

2019年9月于齐齐哈尔

目录

第一部分　实训平台与课程认知

章前导读

授人以渔

从前，有一个老渔翁在河边钓鱼，旁边有个小孩看他钓鱼。老渔翁技术纯熟，一上午的时间就钓到满篓的鱼。老渔翁看小孩很可爱，要把整篓的鱼送给他，可小孩却摇摇头。老渔翁诧异地问："我送鱼给你，你为什么不要呢？"小孩说："我要你手中的钓竿。"老渔翁问："你要钓竿干吗？"小孩说："一篓的鱼，我三天就吃完了，要是我有钓竿，就可以自己钓鱼，一辈子也吃不完。"老渔翁笑着说："光有钓竿也不行，还得学会钓鱼的技术。"最后，老渔翁被孩子的诚恳所感动，不但赠予小孩钓竿，还将钓鱼的技术倾囊相授，小孩这才道谢而去。

管理启示：做人的道理也是这样，不能光靠别人的施舍，那样将会永远没有出息。有眼光的人不但要吃鱼，更要学会钓鱼，学会自己把握自己的命运。理想和愿望固然美好，但成功更需要脚踏实地、坚韧不拔的实际行动。而要马到成功，除了拥有过人的本事、过人的胆识，还要成为过人的"渔夫"，这样才能成为时代的强者。这就是要"渔"而不只是要"鱼"的道理所在。不授鱼，而授予渔，说明只有掌握了管理理论和技巧才会受用不尽。

资料来源：黄国庆，巢莹莹．管理学概论[M]．北京：清华大学出版社，2014.

教学内容

本章主要学习 VBSE 跨专业综合实训项目——实训平台与课程认知，教学内容包括虚拟商业社会环境平台、综合实训岗位安排、组建实训团队、实训课程整体流程等内容。

知识要点

虚拟商业社会环境平台　实训课程整体流程　组建实训团队　综合实训岗位安排

实训任务

任务一　虚拟商业社会环境平台

一、虚拟商业社会环境平台简介及特征

1. 虚拟商业社会环境平台简介

虚拟商业社会环境（Virtual Business Social Environment，VBSE），它是一款面向院校的跨专业综合实践教学平台，通过对真实商业社会环境中典型单位、部门与岗位的系统模拟，让

学生体验身临其境的岗前实训，认知并熟悉现代商业社会内部不同组织、不同职业岗位的工作内容和特性，增强学生从事经营管理所需的综合执行能力、综合决策能力和创新能力，使其具备全局意识和综合职业素养。综合实训的基本目标定位是培养高潜质、有全局观的实务型岗位人员。

虚拟商业社会环境平台能够根据业务岗位要求，填报并完成与业务流程相对应的单据、表格，熟悉该岗位日常工作要求与常用表单的逻辑关系；理解岗位业务动作、处理上下游部门合作关系，及对其他业务可能造成的影响；将理论结合实际，增强院校教学对企业实践和企业业务的认知，了解真实企业中的典型岗位和典型业务流程；体验和掌握企业思考方法和业务培训方法，了解当前毕业生与企业用人之间的能力差距；能够针对较为前沿的管理目标综合应用管理知识，提出对业务的优化建议。

VBSE 提供企业运营模拟实习的引导系统和相关教学环境，让学生在自主选择的工作岗位上通过完成岗位的工作任务，学会基于岗位的基本业务处理，体验基于岗位的业务决策，理解岗位绩效、组织绩效之间的关系；真实感受企业三流（物流、信息流、资金流）的过程；全面认知企业经营管理活动和主要业务流程；体验企业职能部门间协作，以及企业与政府、商务组织等外围组织与管理部门之间的业务关联。学生通过教学反复练习，进而形成符合现实经济活动要求的行为方式、智力活动方式和职业行为能力。

2. 虚拟商业社会环境平台特性

（1）综合性

VBSE 是针对经管类学生开展的综合实训课程，包含多个专业学科的知识体系，涵盖内容宽泛，而且不同部门岗位对专业知识的要求也有差异，比如在成本会计岗位需要了解成本的科目及成本核算的方法等，要求学生对知识点不仅要“温故”，而且要“知新”。

（2）仿真性

VBSE 的实训流程是以制造企业为模型建立起的一门实训课程。实训内容包括采购部、生产部、销售部、财务部等不同部门岗位的业务操作，并配备大量虚拟货币、财务账簿、记账凭证和公司用章，以达到完全模拟真实企业运营环境。实训过程中学生通过接触企业最基层业务，了解外部每笔业务发生情况，再与内部人员进行业务处理，把数据信息转化为财务信息，知晓内外关联组织业务往来。学生进行业务操作的数据能在电脑上动态地进行传输，学生能切身感受企业运营状态，这样就真正实现了把企业搬进校园的实训理念。VBSE 从现实社会不同的企业原型中抽取核心企业组织的典型业务及与外部服务机构的关联业务，从而形成若干业务场景，全程仿真国际商务及企业运营，使学生获得真实业务体验。

（3）趣味性

VBSE 的设计理念打破了传统固有教学模式，吸纳创新、实用、趣味性的元素，构建了一个全新体系；通过设定生产相同产品的不同企业进行虚拟市场的竞争，一定程度上活跃了课堂氛围；用对抗赛方式激发学生实践操作的积极性和主动性，是一种创新实践教学方式的改进。同时 VBSE 课程实现了课堂反转的教学效果，学生为主、老师为辅，让学生在做中学、学中做，突出培养学生的创新思维和动手能力，将所学知识转换为能力。这种方式实现了教学方式的革新，增强了学习中的趣味性，更能激发学生学习的潜力，提升学生的综合能力，使学习效果更佳，为学生将来就业或者创业打好基础。

(4)对抗性

将参与体验的学生分为几个大组，每个大组模拟一个社会供应链；各组之间是相互竞争的关系，通过营造竞争氛围，激发大家的“斗志”，发挥他们的“潜能”，增加课程的对抗性。

(5)角色体验

每个社会供应链组织由若干学生组成，他们分别处在不同岗位，每个岗位都具有相应的责、权、利，他们相互配合完成整个流程。一个阶段的体验完成后，学生可以进行角色互换，体验不同工作岗位的要求及工作职能。

(6)自主式学习

满堂灌的填鸭式教学方式压抑了学生作为主体的能动性。教师转换角色，成为 VBSE 实训内容的设计师和引导人。VBSE 采用开放式教学设计，以任务为引领，极大程度地激发了个人潜能，以学生为主体，倡导自主实训，以“训”促学，边“训”边学，学“训”结合。

(7)跨专业应用

不同的专业培养不同方向的专门人才，企业管理全景仿真可以支持工商管理、财务、市场营销、信息管理、金融、贸易、工业工程等多专业综合实习。每个专业的同学可以自主选择自己的工作岗位，并和企业中其他部门同人协同工作，共同为企业创造价值。

(8)多层级目标

跨专业综合实验中心的教学活动不针对特定专业，而是关注企业、企业外部环境、关键岗位、典型任务，既要求体验仿真环境，又要求完成企业管理决策，还要求完成相应管理流程的任务，达到决策、执行、体验三位一体的实践教学目标。

二、虚拟商业社会环境平台课程教学

虚拟商业社会环境平台通过对真实商业社会环境中典型单位、部门与岗位的系统模拟，让学生体验身临其境的岗前实训，认知并熟悉现代商业社会内部不同组织、不同职位岗位的工作内容和特性，培养学生从事经营管理所需的综合执行能力、综合决策能力和创新能力，使其具备全局意识和综合职业素养，解决大学生校内实习问题。

1. 把企业搬进校园

VBSE，上课 = 上班。跨专业综合实训是面向院校经管类专业的综合实践教学课程。课程通过对不同形态组织典型特征的抽取，营造一个虚拟的商业社会环境，让受训者在虚拟的市场环境、商务环境、政务环境和公共服务环境中，根据现实岗位工作内容、管理流程、业务单据，结合与教学目标适配的业务规则，将经营模拟与现实工作接轨，进行仿真经营和业务运作，可进行宏观、微观管理，多人协同模拟经营，从而训练学生的综合执行能力、综合决策能力和创新能力，培养学生的全局意识和综合职业素养(图 1 – 1)。

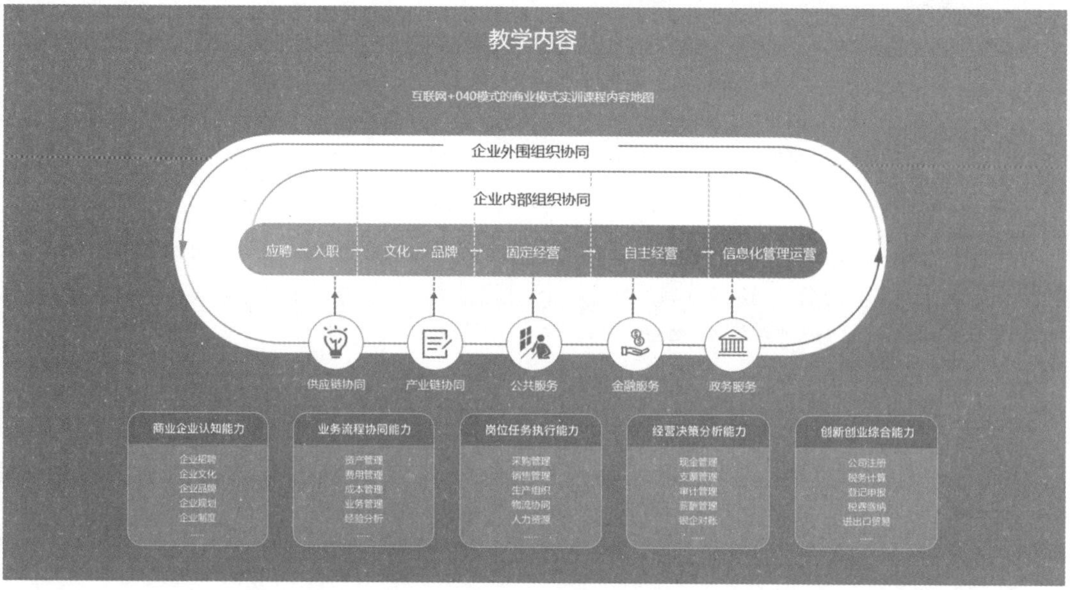

图1-1　VBSE 平台课程教学内容

2. 课程教学目标与培养目标

(1)教学目标

旨在打造应用型人才培养模式,通过“理论知识”“职业素养”与“动手技能”的有机结合,从现实岗位工作内容、管理流程、业务单据入手,将经营模拟与现实工作接轨,进行仿真经营和业务运作,结合适配教学目标的业务规则,培养高潜质、有全局观的实务型岗位管理人员,从而完善院校学生实训培养体系。

(2)本科培养目标

把企业搬进校园,重点是对学生进行能力培养,侧重训练学生的经营决策能力、分析问题和解决问题的能力,提升其综合职业素养。VBSE 平台通过不同职业的岗位角色训练,使得学生在从事经济管理中锻炼了综合执行能力、综合决策能力和创新能力。

VBSE 综合实践教学平台是一个现代制造企业与服务业运行的模拟内外环境经营与管理的综合实验平台,抽取企业经营真实环境的基本要素和典型特征,以生产制造企业为中心,根据真实企业及商业环境组织的职能设置、岗位胜任能力要求,由参加者扮演不同的角色,参与到制造企业、商贸企业(供应商和客户)、服务公司、工商局、税务局、社保中心、金融机构(银行)、会计师事务所、物流公司、虚拟客户市场、虚拟供应商等若干组织的经营管理活动中。学生通过身临其境的岗前实训,能够具有一定的实践能力,具体包括以下几个方面。

第一,学会基于岗位的基本业务处理,体验基于岗位的业务决策,理解岗位绩效、组织绩效之间的关系。

第二,真实感受企业三流(物流、信息流、资金流)的过程;全面认知企业经营管理活动和主要业务流程;体验企业各职能部门间协作管理,以及企业与政府、商务组织等外围组织和管理部门之间的业务关联。

第三,通过不同职业的岗位角色训练,学生自身从事经营管理所需的综合技能和创新能力得到了培养,具备了全局意识和综合职业素养。

第四,在实习报告撰写阶段,学生能够用准确的语言完整地写出实习过程。这将是学生在大学里非常特别的一门课,在学生们的积极参与下,也必将成为最完美的一门课。在接下来一周的时间里,学生将作为一名职业人进入一个虚拟的商业社会,与团队一起经营一家企业,在经营实践的过程中习得成功做事的专业技能、积极合作的职业态度和系统思考的思维方式。

在虚拟商业社会里,学生将处在不同分工体系的链条中,通过为他人创造价值而获得收益。因此,学生必须加入一家企业从而获得彼此合作的信任基础,通过合作来完成价值创造,从而实现自己的价值,获得收益。这一切的努力将为学生步入真实商业社会打好基础。

注:本书中以 2017 年的好佳童车厂为例,故一切都按照 2017 年的实际情况施行。

任务二　实训课程整体流程

一、实训动员与团队组建

1. 实训动员

在 VBSE 跨专业综合仿真实训开始之前,由实训组织者就 VBSE 跨专业综合仿真实训的目的、内容、时间安排、组织形式、实训要求、实训考核等内容做统一宣讲。通过 VBSE 跨专业综合仿真实训动员,学生对以下三方面内容有了具体的了解:

(1)理解 VBSE 跨专业综合仿真实训的意义;

(2)明确 VBSE 跨专业综合仿真实训的要求及工作规范;

(3)了解 VBSE 跨专业综合仿真实训考核评价指标体系。

2. 系统操作培训

(1)基本操作如图 1-2 所示。

(2)报名参选如图 1-3 所示。

(3)选举投票如图 1-4 所示。

3. 综合素质测评

VBSE 跨专业综合仿真实训开始之前,会对所有同学做综合素质测评。综合素质测评由 VBSE 跨专业综合仿真实训系统自动抽题、自动计分,题目类型包括基本素质、通用管理、营销、采购、生产、仓储、人力资源、行政管理、财务等多方面内容。

图1－2　基本操作图

4. 竞聘 CEO

CEO,即首席执行官。企业中 CEO 是负责日常经营管理的最高级管理人员,也称行政总裁。CEO 向公司的董事会负责,在公司或组织内部拥有最终的执行、经营、管理、决策的权力。

在企业全景仿真综合实训中,采用竞聘方式确定每个管理团队的 CEO。

(1)竞选发言。由竞聘者陈述对 CEO 角色的理解、价值主张、处事原则等。

(2)所有参与实习的学生均可以参与投票,最终以竞聘者得票多少决定是否胜出。

5. 招聘管理团队

为了快速组建公司管理团队,CEO 需要立即着手招聘企业人力资源部经理,待人力资源部经理选定后，和人力资源部经理一起制作招聘海报，提出岗位职位要求，收集、筛选招聘简历，面试应聘人员。

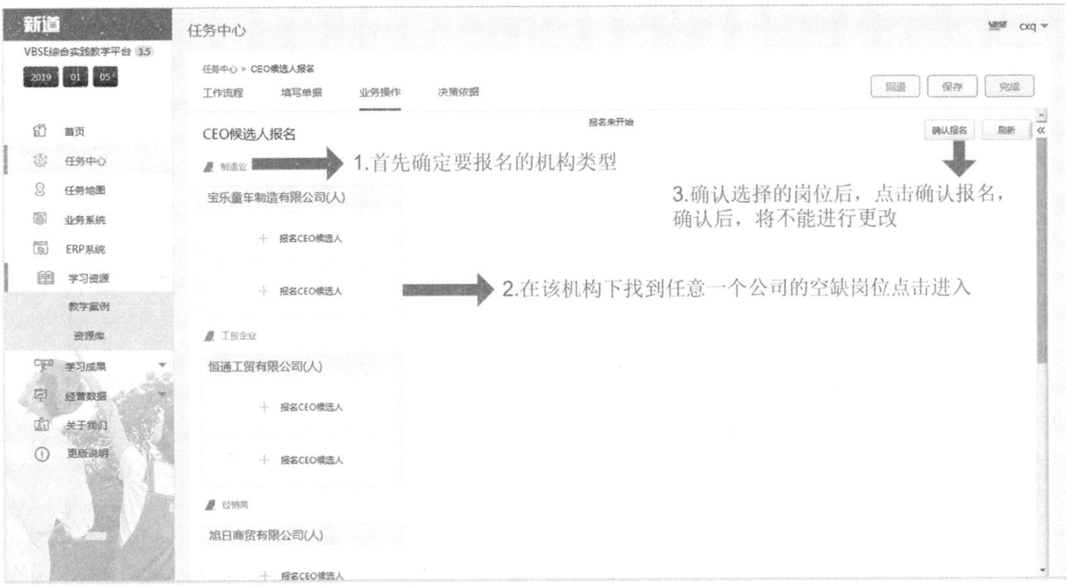

图 1－3　报名参选

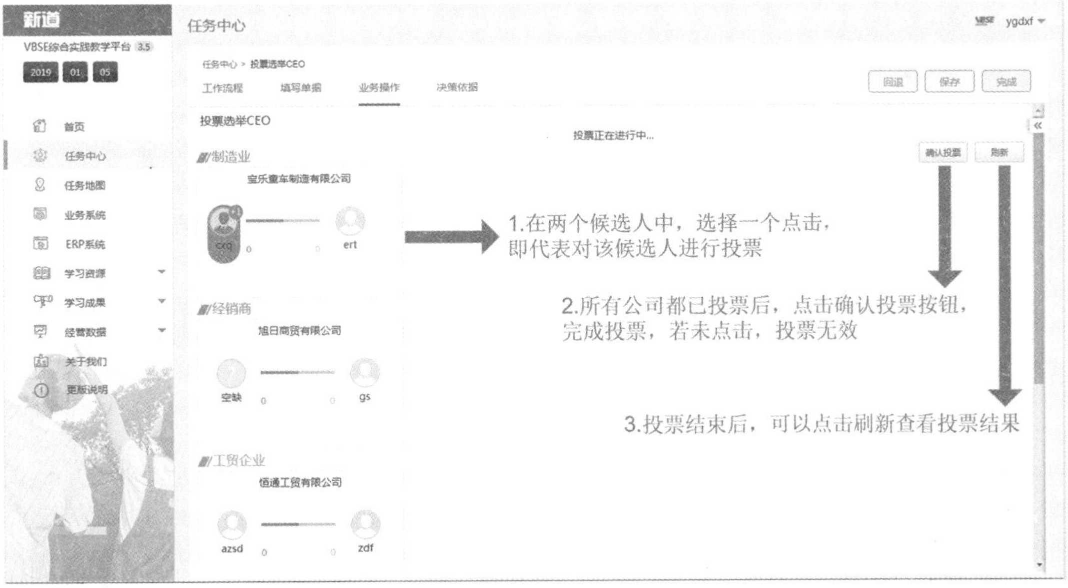

图 1－4　选举投票

（1）每个学生持个人填写的应聘登记表去意向单位应聘，经过双向选择，最终确定自己的企业及岗位。

（2）每个学生应充分重视这次面试，做好面试前的准备工作。

6. 员工上岗

员工上岗分两种情况：情况一，没有岗位的人员上岗（包含未参与 CEO 竞聘的所有人员和参与 CEO 竞聘但未当选的人员）；情况二，已有岗位人员上岗（在 CEO 竞聘中当选为 CEO 的人员）。

（1）情况一：没有岗位的人员上岗

在主页中点击“我要应聘”，进入上岗页面，如图 1－5 所示。

在 1 处选择自己要上岗的企业，在 2 处选择自己要上岗的具体公司名称，在 3 处选择自己要上岗的岗位，如图 1－6 所示。

维护个人信息后，点击提交，完成上岗操作，如图 1－7 所示。

（2）情况二：已有岗位的人员上岗

在主页中点击“我要应聘”，进入上岗页面，如图 1－8 所示。

进入后，直接点击下一步，进入到“个人信息维护页面”，如图 1－9 所示。

图 1－5　我要应聘

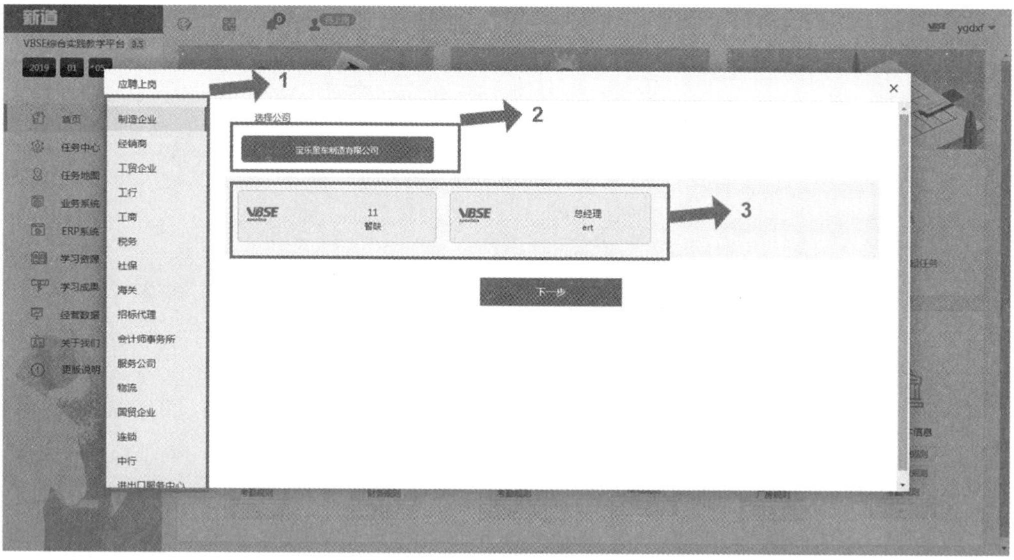

图 1－6　选择上岗

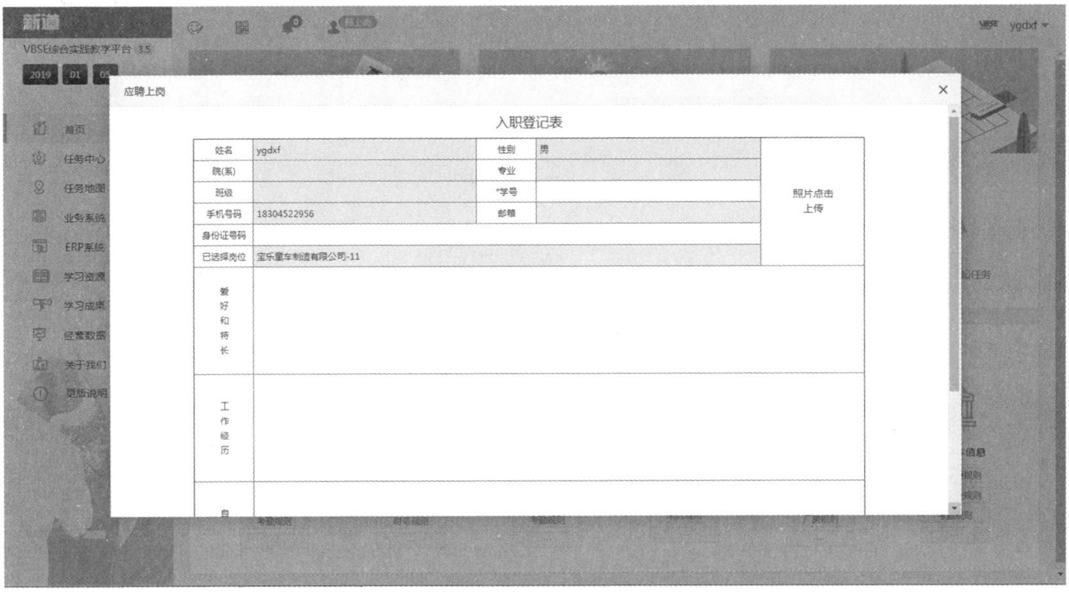

图 1－7　上岗操作

图 1－8　我要应聘页面

图1-9　个人信息维护页面

二、工作交接

1. 公司成立,熟悉企业基本情况

公司管理团队确认后,CEO 召开公司成立大会,介绍公司组织机构,与管理团队分享企业战略和企业未来发展前景。

2. 领取办公用品

(1)在正式开始实习之前,需要领取必需的办公设备及办公用具。

(2)公司为每位管理人员配备电脑,并安装在工位上。

(3)领取实习期间会用到的单据、账表、企业公章、模拟货币等。

(4)办公用品领完后,布置自己的办公区,为自己打造一个舒适的办公环境。

3. 岗前培训

每个人都有明确的工作分工,并领取了开展工作必需的物品。在正式上岗之前,必须要接受岗前培训。岗前培训要教会员工完成工作所必需的知识和技能,让新员工掌握干好本职工作所需要的方法和程序。换句话说,就是让他们工作起来更富有成效,犯错误的可能性更小。在企业管理全景仿真实习中,岗前培训阶段必须掌握的内容有熟悉业务规则、理解关键任务和认知原始凭证。

(1)熟悉业务规则

在企业管理全景仿真中,企业必须遵守的内外部环境限制被抽象为业务规则。企业竞争是在同一环境下的竞争,只有熟悉业务规则才能掌握竞争的主动权。

(2)理解关键任务

每个实习学生在企业中都扮演着不同的岗位角色,相应地具有不同的岗位职责。岗位职责明确规定了职工所在岗位的工作任务和责任范围。

在企业管理全景仿真中，每个岗位角色定义了不同数量的关键任务，只有学会这些关键任务的处理，才具备了胜任该岗位的基本能力。

（3）认知原始凭证

原始凭证是指经办单位或人员在经济业务发生或完成时取得或填制的，用以记录经济业务发生或完成的情况、明确经济责任的会计凭证。例如购物取得的发票。因此，无论担任什么职位，都要掌握原始凭证的填制、识别等基本要求。

由于各项经济业务的内容和经济管理的要求不同，原始凭证的名称、格式和内容也多种多样。但是，所有的原始凭证（包括自制的和外来的凭证），都是作为经济业务的原始证据，必须详细载明经济业务的发生或完成情况，必须明确经办单位和人员的经济责任。因此，各种原始凭证都应具备一些基本内容。

原始凭证所包括的基本内容通常称为凭证要素，主要包括原始凭证的名称、凭证的序号、填制凭证的日期、接受凭证单位名称（抬头人）与填制单位名称、经济业务简要内容、金额（单价、数量）及有关人员（部门负责人、经办人员）的签名盖章。

开给外单位的原始凭证，一定要加盖填制单位的公章或专用章。从外单位取得的原始凭证，也应由填制单位加盖公章或专用章。

为了保证岗前培训的效果，可以结合运用多种培训方式，包括教师现场培训、新手上路－多媒体课件和自学。

4. 熟悉企业期初业务数据

新的管理团队成立之后，要与上一代管理者进行各项业务的交接，尤其是要厘清各部门未完结的各项业务，以使各项业务能够连贯地延续下去。

部门职责不同，决定了其管理的业务类型不同。

5. 第一阶段考核

根据工作交接的内容，各个岗位完成第一阶段考核。

当你接手一个企业时，你首先要做的是什么？判断这个企业的价值如何，取决于哪几个要素呢？首先是这个企业拥有什么；其次是这个企业能赚到什么；最后是这个企业的独特之处是什么。

此外，还要了解企业发展的环境、企业自身的经营状况，以及你在企业中的角色。企业环境就是企业周围协助或者干扰企业经营与发展的要素，如企业的伙伴、竞争对手，企业的人、财、物状况等。而与岗位角色相关的可能就是制度规则、岗位职责。

团队的每个人首先要把自己所在部门的现状了解清楚，之后大家在总经理的组织下把信息汇集在一起，这就是企业的经营全貌了。

三、岗位体验

岗位体验是综合实习的主体内容，根据企业管理环境不同分为手工管理环境岗位体验和信息化管理环境岗位体验两个阶段。

1. 认知业务流程

业务流程是为达到特定的价值目标而由不同的人共同完成的一系列活动。活动之间不仅有严格的先后顺序限定，而且活动的内容、方式、责任等也都必须有明确的安排和界定，以使不同岗位角色之间能够相互配合，协同完成各项活动。业务流程是对企业关键业务的描述，可以体现出企业资源的配置、企业组织机构的设置，以及一系列管理制度。

传统的高等教育划分了多个专业方向。专业的划分有利于教学实施和专业化发展，但同时会弱化全局观，不利于工作协同。因此，仿真实习的首要目标是认知企业业务流程，学会与他人协同工作，共同实现企业目标。

2. 完成岗位工作

仿真实训中，每个岗位的工作都划分为两类：一类是业务流程中相互对接的工作，与他人的活动有严密的逻辑关系，称之为业务工作，如计划员在编制主生产计划时一定要根据营销部提供的销售订单汇总和市场预测数据；另一类是与岗位相关但与其他部门无关的日常工作，如报销办公费等。

业务工作需要遵从逻辑关系，按照业务流程的先后顺序在系统提示下依序完成。日常工作可以根据需要随时完成。

3. 体验手工管理

这里的"手工"是指企业的业务处理及管理全部采用人工的方式。这是作为管理者必须亲身经历并深度体验的一个阶段。

制造企业通过生产过程将原材料转化为产品。要从这个转化过程中获得最大的价值，必须设计能高效生产产品的生产过程。因此，必须管理作业从而更加经济地生产产品。管理作业就意味着对过程中使用的资源即人力、财力和物力进行计划和控制。管理层的计划和控制的主要是通过物料流动，物料流动控制着流程绩效。

在手工管理方式下，无论是经济业务的发生，还是物流、信息流、资金流的流动都是以单据来体现的。通过手工管理方式，能清晰地洞察企业业务的发生是如何驱动物流、信息流、资金流的流动的，从而对企业经营管理的全貌有一个整体性认识。"懂业务，会管理"是成为合格管理人才的必修课。

4. 体验信息化管理

经过一个时期的手工管理体验，企业深刻感受到信息化的必要性，因此准备采用信息化手段进行企业业务管理。

信息化不是对手工的简单复制，而是要结合企业业务需求和计算机系统的优势，对原有的业务进行梳理，优化业务流程，深化管理精度，提升管理效率。例如，信息化环境中，凭证只需录入一次，审核之后，系统自动完成记账，同时完成日记账、明细账、总账的记录。

企业信息化是一个复杂的系统工程，通过对信息化环境下岗位工作的完整体验，可以充分对比手工和信息化两种环境下的工作流程、岗位工作的不同，体验信息化给管理工作带来的方便和快捷。

四、实习总结与经营反思

1. 实习总结

仿真实习结束了，每个人都满载着收获，或许也带着些许的遗憾。这将是你成长中的一段重要经历，是开启你未来职业生涯的新起点。

实习总结是仿真实习的最后一个环节，是整体实习成绩的一部分。作为实习体验的真实描述，你可以通过它与大家分享你内心的点点滴滴，分享你成长的心路历程，它也将作为你一生中最值得记忆的一段经历被永久珍藏。

2. 经营反思

（1）经营报告

请各部经理针对下方表格做分析报告，不少于 1 000 字（表 1-1）。

表 1-1　分析报告表

总经理述职	总经理代表组员汇报企业经营管理状态报告
行政部经理	在会议纪要中记录汇报过程中反馈的意见
销售部经理	1. 销售与生产、仓储、采购协同的意义在哪里？它们之间有哪些信息必须要共享，为什么？ 2. 接到销售订单后先做什么，为什么？平衡产品库存的目的是什么？物料的毛需求怎么才能变成净需求？ 3. 讨论销售派车在销售发货环节中的重要意义。物流运输结算与销售业务协同的重要性是什么？ 4. 讨论与思考：先有销售发货单还是先有销售派车单，为什么？
采购部经理	1. 原材料入库单应根据采购订单填写，还是按到货数量或质量检验单填写？ 2. 原材料是按供应商提供的填写还是按原材料的实际需求填写？ 3. 入库单可以把所有原材料合并在一起填写吗，为什么？
仓储部经理	1. 如果产品有库存，如何做好生产计划和采购计划？ 2. 生产领料和出库单通过纸质传递和系统信息化传递有何不同？ 3. 如果实际出库数量和领料单数量不一致，应该怎么处理？
生产部经理	为什么要进行原材料检验？原材料由仓储部检验合理吗？如果原材料检验不合格应该怎么处理？如果在生产过程中发现原材料质量不合格，应该怎么处理？原材料质量检验应该由哪个部门完成？应该如何合理设计质量检验岗位？生产成品是否需要进行质量检验？谁来检验？流程如何设计？
财务部经理	1. 为什么要进行资金计划编制？ 2. 简述月末盘点对账的意义和价值。 3. 要实现财务业务一体化，财务人员需要怎么做？列出具体 3 个措施

（2）实习感受

本次实习你最大的收获是什么？（三个关键词）

本次实习你的感受是什么？（三个关键词）

(3)实习反思

在本次实训过程中,你为组织贡献了哪些关键价值?

你认为商业社会的本质是什么?

在商业社会中如果想要获得成功需要具备哪些能力?(三个关键词)

实习结束后你要做的三件事是什么?(三个关键词)

任务三　组建实训团队

一、组建团队工作流程

1. 实施步骤

第一步:召开内部会议,组织员工之间相互认识,并组织一次破冰活动(可以由人力来设计),消除大家的陌生感,行政负责做会议纪要;

第二步:完成位置分配及工位设计布置;

第三步:完成办公用品、实训资料的领用、登记与分配;

第四步:完善系统的个人岗位信息(注意学号唯一性)。

成果:第一次会议纪要。

反思:如何成功组织一次会议(组织流程、会议纪要撰写要点)。

2. 我的任务书

下面这张任务书(表1-2),将一直伴随你到实训结束。

表1-2　任务书

序号	工作任务	1月5日	1月25日	2月5日	2月25日	3月5日	3月25日
1	公司组建						
2	工作交接						
3	固定经营						
4	……						
5	……						

二、实训团队任务

1. 绘制企业画布

(1)学习要求:读懂企业,能讲解清楚企业的经营现状,如果能衡量出经营结果是优、是良、是差就更好了。

(2)学习攻略:看一家企业经营状况,最重要的是什么?企业人财物产供销树图可以帮你。

(3)价值主张:公司通过产品和服务向消费者提供的价值即是价值主张。通过价值主张可以解决客户难题和满足客户需求。

总经理安排负责人绘制本企业人财物产供销树图(思维导图)如图 1－10 所示。

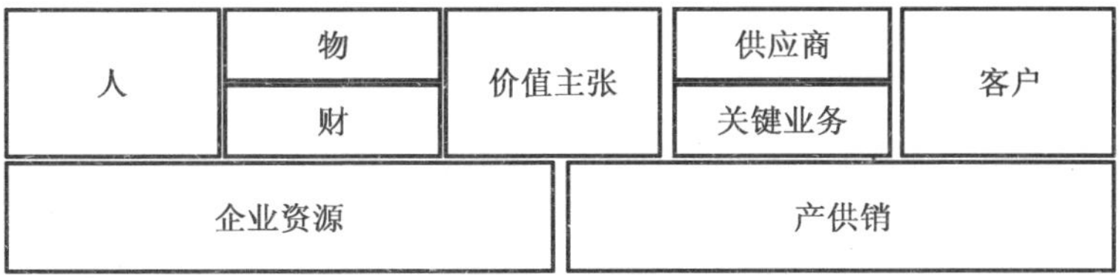

图 1－10　企业人财物产供销树图

2. 创建企业文化

企业文化是企业的性格、个性、气质,是一家企业区别于其他企业的显著标志(图 1－11)。

(1)各企业可安排人力资源,以及行政、市场专员设计公司文化海报。

(2)海报必须体现的元素包括公司名称、LOGO,公司愿景、使命、价值观等,以及本次实训团队的目标。

(3)各企业选派代表,准备 2 ~3 分钟的海报展示。

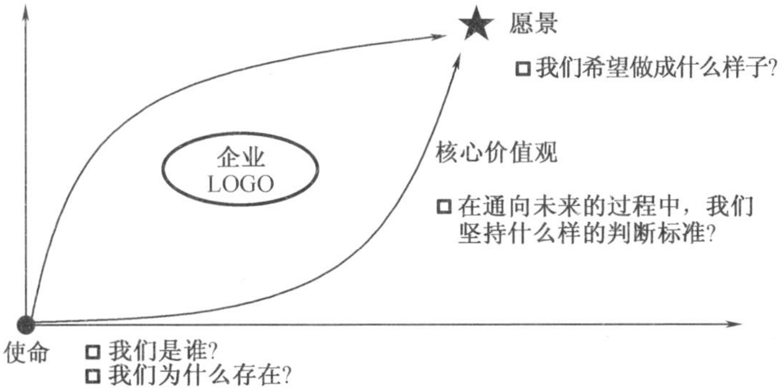

图 1－11　企业文化图

3. 企业内部关系

请用图示来体现作为一个企业,其部门间是通过何种业务关系来提供产品或服务,从而满足客户的? 总经理带领团队成员将企业内部业务关系用图示画在海报上,要有足够的创意。

4. 企业外部关系

请用图示来体现你所在企业与商业社会环境中其他组织之间的业务关系,要与众不同。

5. 演绎业务流程

总经理选取上方任务 1 ~4 中任意一项进行业务流程演绎表演。要求:

(1)绘制业务流程海报并讲解;

(2)根据业务流程粘贴业务单据并讲解;

(3)成员模拟业务流程；

(4)体现一定的创意。

三、团队经营管理活动

1. 制定公司战略

自主经营之初，总经理需要召集部门经理制定公司战略。步骤：

第一步：分析市场需求、竞争情况，仔细研读规则(采购、生产、销售、财务等)，制定公司战略；

第二步：根据公司战略，请各部门分解部门目标，目标要量化，符合SMART原则。

值得注意的是，管理是总经理的重要任务，贯穿于公司全过程，包括计划、组织、领导和控制。

(1)企业经营总目标(总经理填写)见表1－3。

表1－3　企业经营总目标表

	1月	2月	3月
经营总目标	收入指标： 利润指标：	收入指标： 利润指标：	收入指标： 利润指标：

(2)各部门分解本月度经营目标，如采购、生产、销售、财务等。

本部门目标：

关键任务1：

关键任务2：

关键任务3：

2. 制订经营计划

要求：结合部门月度经营目标，各部门制订经营计划见表1－4。

(1)请各部门每月月初5号执行线上任务之前进行各部门计划的制订。

(2)计划制订完毕后，总经理召开公司计划会议，并形成会议纪要。

表1－4　各部门的经营计划表

部门	对应计划表	部门	对应计划表
销售部	发货计划表	财务部	资金计划表
采购部	采购计划表	人力资源部	绩效评定表
生产计划部	MPS/MRR		

3. 组织经营总结

请问是否达成了公司经营目标？请各部门分别填写下表中对应经营结果，并向总经理汇报，见表 1-5。

表 1-5　组织经营总结表

经营周期：________年____月____日—________年____月____日

部门	经营指标	本月经营目标	本月经营结果
企管部	业绩目标达成了吗？		
	盈利多少？		
营销部	营销渠道有哪些？		
	产品分类销售完成情况怎样？		
	企业总体产品销售额多少？		
生产计划部	分类型生产完成情况如何？		
	产能多少？		
	在产情况如何？		
采购部	当月采购订单有多少？		
	当月采购入库有多少？		
	当月在途物资有多少？		
仓储部	本月入库种类和数量各是多少？		
	本月出库种类和数量各是多少？		
人力资源部	员工在职人数多少？		
	本月工资应发多少？		
财务部	当月经营利润多少？		

4. 开展经营分析——固定经营与自主经营

大部分企业失败的原因是因为管理不良。经营企业都要考虑什么呢？战略、规划、融资、市场、客户、产品、服务、人力资源、财务、伙伴、竞争……所做的一切是为了赚钱，合理、正当地赚取利润。在企业行为中建立合作、信任的关系，通过为他人提供产品、服务来创造财富，高效、高质地完成价值创造与价值传递是我们追求的目标。管理是什么？通过计划、组织、领导与控制人员和其他组织资源来实现组织目的的过程，追求效率与效果。

1 个月的时间飞快，如何经营企业，使其在市场竞争中胜出？

(1) 思维模型——5W1H 模型：when，where，who，what，why，how。

当你接手一项任务，你该如何入手？首先需要考虑的是何人因何故在何时何地做了何事；其次要考虑如何做方能达到目标。

(2) 思维模型——SOP(Standard Operation Procedure)模型。

SOP 模型即标准作业程序，就是将某一事件的标准操作步骤和要求以统一的格式描述出来。

SOP = 程序文件 + 细节量化 + 细节坚持

现在已经完成了固定数据阶段的内容，感受如何？没有总结的工作是没有闭环的努力，没有闭环的努力是无效的重复。

很多人希望自己未来成为经理人，不知道你有没有这个想法。本阶段相比上一阶段——固定经营的最大区别是，你是自由的。你可以自己主导、决定企业的走向；自己商定策略、制订计划、发起任务、谈判价格等。那么，在商业社会竞争中为了胜出，首先要做的是什么？选择比努力更重要。如果说管理就是决策，那么请总经理带领你制定企业短期和长期战略目标吧，围绕目标制订计划，分解部门计划，开展工作，监督过程，考核结果，对结果进行分析及改进，从而优化经营，获得胜利。

管理进步的标准是公司核心竞争力的提升，核心竞争力的提升最终体现的是人均效益的增长。希望在本阶段实战中，你能对管理、对绩效、对计划有所认知与反思。

管理三部曲是僵化、优化、固化。僵化为站在巨人的肩膀上（也就是我们的固定经营阶段）；优化为本阶段通过你的聪明才智、艰苦付出对经营提出新的思考，优化是自我批判，是改良，是连续问5个“为什么”和5个“还能怎样”，优化就是创新；固化就是例行化（制度化、程序化）、规范化（模板化、标准化），固化阶段是管理进步的重要一环。

（3）思维模型——PDCA模型。

PDCA是Plan（计划）、Do（执行）、Check（检查）和Action（纠正）的第一个字母。PDCA循环如图1－12所示。

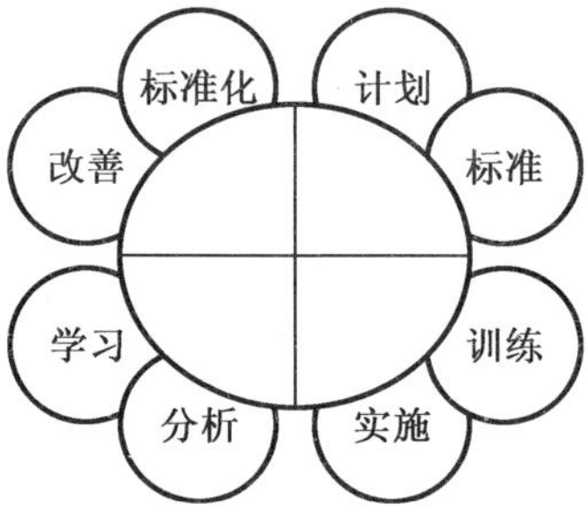

图1－12　PDCA循环

①P（Plan）计划，包括方针和目标的确定，以及活动规划的制定。

②D（Do）执行，根据已知信息，设计具体方法、方案，计划布局并具体运作，实现计划中的内容。

③C（Check）检查，总结执行计划的结果，分析哪些对了，哪些错了，明确效果，找出问题。

④A（Action）纠正，对结果进行处理，达标的予以标准化，不达标的经分析后提交下一个PDCA循环解决。

差距分析主要是找出经营结果与经营预期之间的差距，包括业绩差距（经营结果与期望之间的量化差距）和机会差距（经营结果与新业务设计所带来的结果之间的量化差距）。首先，要找出所有问题，有哪些业绩差距，有哪些机会差距；其次，选择关键差距，哪些差距最重要，为什么；最后，分析形成差距的主要原因，并明确责任人应承担缩小差距的责任。对于描述的要求要有时间约束，可量化。

①本月度经营目标是否实现？差距在哪里？
业绩差距：

机会差距：

②产生各种差距最根本的三个原因是什么？
原因一：

原因二：

原因三：

③具体改善措施或具体的解决方案是什么？
措施一：

措施二：

措施三：

5. 模拟实战演练

(1)故事场景：总经理安排你购买童车 1 000 辆，供应商有 1 800 辆，你发现另外一家企业也要采购 1 000 辆童车，你们三方将进行会谈，你该怎么办？根据谈判结果填写购销谈判记录表(表 1－6)。

表 1－6　购销谈判记录

谈判时间		
谈判地点		
品名及数量		
参与方与参与人员	购买方：	销售方：
谈判内容		
谈判主要争议点		
谈判结果		

(2)故事场景：月初(5 号)，总经理制定的销售目标为经济型童车、舒适型童车、豪华型童车的销售额达到 600 万。月末(25 号)，销售经理实际实现三种童车回款为 610 万。请问

你作为销售经理如何就此销售结果向总经理汇报?

6. 策划方案演练

营销策划案、讨论策划案。

任务四　综合实训岗位安排

一、自我认知

学习指导:自知者明,知人者智。你怎么看自己?别人怎么看你?准确的自我评价有助于判定你偏好的工作环境类型,尽早评估并了解你的个人兴趣、技能和价值观,对于未来职业生涯发展相当有利。

1. 先天特质测试问卷

请按照规则完成测试问卷。

规则:如果答案非常同意,请打 5 分;比较同意,打 4 分;差不多同意,打 3 分;有一点儿同意,打 2 分;不同意,就打 1 分。回答问题时不是依据别人眼中的你来判断,而是你认为你本质上是不是这样的。

(1)你做事是一个值得信赖的人吗?

(2)你个性温和吗?

(3)你有活力吗?

(4)你善解人意吗?

(5)你独立吗?

(6)你受人爱戴吗?

(7)你做事认真且公正吗?

(8)你富有同情心吗?

(9)你有说服力吗?

(10)你大胆吗?

(11)你细心吗?

(12)你适应能力强吗?

(13)你组织能力好吗?

(14)你是否积极主动?

(15)你害羞吗?

(16)你强势吗?

(17)你镇定吗?

(18)你爱学习吗?
(19)你反应快吗?
(20)你外向吗?
(21)你注意细节吗?
(22)你爱表达吗?
(23)你协调能力好吗?
(24)你勤劳吗?
(25)你慷慨吗?
(26)你小心翼翼吗?
(27)你令人愉快吗?
(28)你传统吗?
(29)你亲切吗?
(30)你工作足够有效率吗?

2.答案解析

把第5、10、14、18、24、30题的分加起来就是你的“老虎”分数;
把第3、6、13、20、22、29题的分加起来就是你的“海豚”分数;
把第2、8、15、17、25、28题的分加起来就是你的“企鹅”分数;
把第1、7、11、16、21、26题的分加起来就是你的“蜜蜂”分数;
把第4、9、12、19、23、27题的分加起来就是你的“八爪鱼”分数。

二、公司组建与竞聘CEO

1.公司组建

(1)学习要点:找到心仪的团队,并把你们团队变成课程中最棒的。
(2)学习任务:自我认知、竞聘CEO、应聘上岗、团队建设。
所谓人才管理就是找到正确的人,放在正确的位置上,做正确的事情。

2.竞聘CEO

你想成为企业的CEO吗?测试一下自己的企业家特质吧。按照表1-7进行自评,5分为最高分。

表1-7　企业家特质测试表

序号	评价项	解释	对该项自我打分(5分最高)				
1	自我引导	对于工作,你完全乐在其中,并保持高度自律,且能够承受失败的打击	5	4	3	2	1
2	自我肯定	当众人都怀疑你时,你仍坚持自己的想法,并不断充满激情	5	4	3	2	1
3	勇于行动	你强烈地希望将梦想付诸行动	5	4	3	2	1
4	精力旺盛	即使7×14小时地工作,你也不觉得厌倦和疲惫	5	4	3	2	1

续表

序号	评价项	解释	对该项自我打分(5分最高)				
5	忍受不确定性	你可以冷静而坦然地看待风险,不那么容易被吓到	5	4	3	2	1
6	把热情和问题变成机遇	你能从爱好和问题中看到机会,并乐意为之一搏	5	4	3	2	1
合计							

注:如果你的分数大于20分,你可以尝试去竞选一下CEO。责任与回报、投入与产出、风险与利润总是同时出现的。

三、应聘岗位

如果你想体验其他的岗位,那么一份好的简历、得体的举止、富有激情和良好的沟通将会很好地帮助你在应聘中脱颖而出。

高潜人才 = 关键能力 + 关键经验

要如何准备简历呢?

你的近期和远期职业目标:

你要面试的岗位:

针对此岗位你所具备的关键能力是(不多于4项):

针对此岗位你所拥有的关键经验是:

四、岗位工作任务

1. 勾选部门业务

请在表1-8中勾选本阶段经营过程中你部门涉及的关键业务。

表1-8　关键业务表

业务	部门						
	企管部	营销部	生产计划部	仓储部	人力资源部	采购部	财务部
销售收款业务							
采购付款业务							
生产业务							
薪酬业务							
税收业务							
成本核算业务							

2. 绘制工作流程

(1)学习要求:能够通过完成的任务梳理出业务流程,并讲解。希望能够通过任务操作看懂企业业务流程。

(2)学习攻略:采用 SOP 模型。

示例:销售部需要签订销售合同,工作流程见表 1－9。

表 1－9　销售部工作流程表

标准业务动作	填制的业务单据	控制要点	联系部门/人员
合同起草	购销合同	合同类型、合同内容、合同条款	销售部/销售专员

任务:请部门经理带领部门成员绘制本部门工作流程图。

①业务名称:采购工作/销售工作/薪酬等。

②业务流程图(海报绘制)。

③对应表单粘贴图(拍照)。

3. 梳理岗位职责

(1)学习要求:各岗位通过人—事—数模型填写,全面掌握岗位职责。

(2)学习攻略:当你接手一项工作任务时,你该如何开展? 人—事—数模型 PBD 可以帮你达成目标。

(3)人—事—数模型如图 1－13 所示。

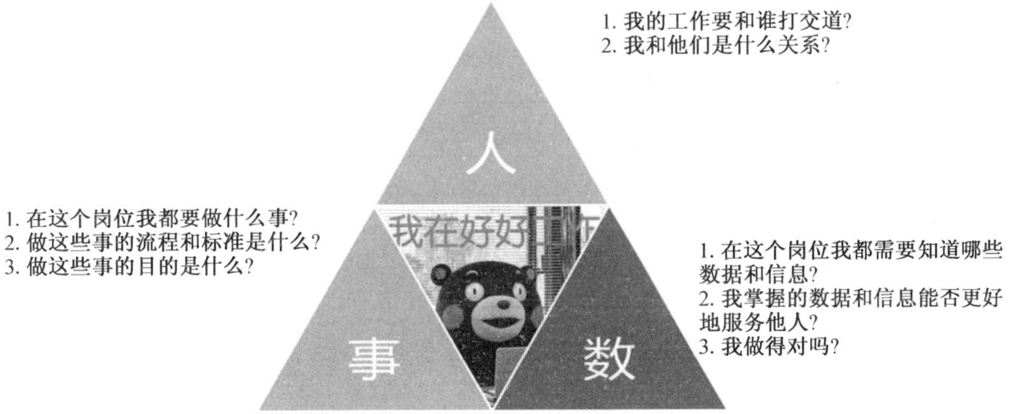

图 1－13　人—事—数模型图

(4)我的岗位关键职责是什么?

(5)进行工作交接时,将你岗位涉及的数据填写到下方。

人:

总经理________人　　基本工资________元　　实发:________

部门经理________人　　基本工资________元　　实发:________

职能主管________人　　基本工资________元　　实发:________

初级工人________人　　基本工资________元　　实发:________

高级工人________人　　基本工资________元　　实发:________

财：

银行存款：

库存现金：

物：

产成品

经济型童车：　　数量：________　　单价：________

半成品

经济型车架：　　数量：________　　单价：________

原材料

钢管：　　数量：________　　单价：________

坐垫：　　数量：________　　单价：________

车篷：　　数量：________　　单价：________

车轮：　　数量：________　　单价：________

经济型包装套件：　　数量：________　　单价：________

4. 统整岗位表单

(1)学习要求：对你岗位涉及的关键表单进行统整，清晰描述其用途。

(2)你的岗位要用到的单据有哪些？统整岗位表单见表1－10。

表1－10　统整岗位表单

序号	表单名称	一句话概括表单作用	组织内部/外部使用
1			
2			
3			
4			
5			
6			
7			
8			
9			

5. 岗位职业要素

(1)规范：流程/制度/标准。

(2)负责：承担责任，有行动/有结果/有预防措施。

(3)合作：熟悉对方的工作并且能主动提供支持。

岗位职业要素如图1－14所示。

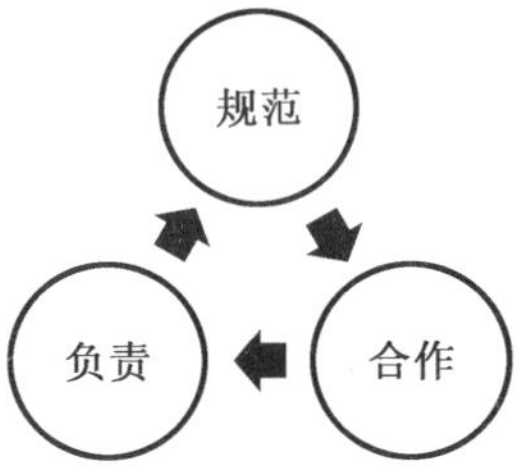

图 1－14　岗位职业要素

练习任务：结合自己的岗位职责，分别从职业化要素的三个方面谈谈自己对职业化的理解。

①规范：________________________________

②负责：________________________________

③合作：________________________________

素质拓展

素质拓展一　团队练习

这是一项运用领导生命周期理论的练习。针对下列各种不同情形，请选择一种合适的领导方式。

情形 1　你所领导的跨部门任务小组正在致力于完成一项全厂范围的调研报告。任务小组中有一个成员在过去的五次会议中一直都迟到，他对此既不道歉也不做解释。而且，他迟迟没有交所在部门的成本数据。现在他必须在 3 天内将这些数据交到任务小组。此时，你是否应当：①明确告诉他，希望他做什么，并严密地监督他完成这份工作；②同他讨论他为什么一直迟到，并对他完成该任务予以支持；③向他强调何时该交这些成本数据，并对他给予支持；④认定他会准备好这些成本数据并交到任务小组。

情形 2　你手下的一位员工不断给你制造麻烦。她一直无精打采，只有在你不断推动之下才勉强完成任务。然而最近，你感到她发生了变化。她的工作表现改善了，你也越来越少提醒她按时完成任务。她甚至还提出了改进其工作方法的若干建议。此时，你是否应当：①继续指导和严密监督她的工作；②继续监督她的工作，听取她的建议并采纳那些合理的建议；③采纳她的建议，并支持她的想法；④让她对自己的工作承担起责任。

情形 3　你的部门因预算的限制，有必要进行整编。你请了你部门中一位经验丰富的人负责这项工作。她在你部门的每个领域都工作过，并一直渴望能提供帮助。你认为她有能力履行这一使命，可她却似乎对这项工作反应漠然。此时，你是否应当：①自己担起整编的担子，但积极听取她的建议；②将这项工作交给她，让她自己决定如何完成工作；③同她讨论部门的情势，鼓励她，让她凭借自己的能力和经验大胆地接受这项工作；④自己担起整编的担子，并明确指示她要做什么、严密地监督她的工作。

情形4　你的员工要你考虑对他们的工作进度进行调整。过去你一直鼓励和支持他们提建议。这次,你的员工已清楚地意识到需要进行调整,并且已经准备好另一进度方案,建议你试行。你的员工都十分能干,而且作为一个群体配合得非常好。此时,你是否应当:①准许员工参与制定新的进度方案并支持小组成员的建议;②独自设计和推行新的进度方案,但听取员工们的建议;③允许员工们自己制定和执行新的进度方案;④独自设计新的进度方案,并指导它的实施。

(本拓展练习选自王凤彬,朱克强.管理学教学案例精选[M].上海:复旦大学出版社,2003.)

[实训目标]

1. 培养团队协作精神。

2. 让学生了解在各种情景下,领导者应该怎样对待自己的下属。

3. 通过实训,理解领导生命周期理论。

[实训形式]

课堂讨论;网上搜集资料进行分析。

[实训要求]

搜集相关资料;分组进行讨论,讨论的同时将团队合作作为一项考核内容。

[成果检验]

1. 每组提交一份总结,对领导者应当如何对待下属问题进行深入分析。

2. 组长对每个同学的表现进行评议,并分析优点与不足,或者小组内部互相评分。

3. 各组派代表发言,分别对其他各组评分,并指出优点与不足。

素质拓展二　自我心理突破——跨越难堪

[实训目标]

1. 培养在众人面前敢于讲话的能力。

2. 克服心理障碍,增强自信和勇气。

3. 培养管理者基本人际交往技能。

[实训形式]

1. 必须是在众多陌生人面前做宣讲或表演。

2. 可以小组为单位,每组6~10人,由学生推荐的组长主持;也可以全班集中进行,每个人必须当着陌生人公开宣讲。

3. 以自我推销、产品推销、我心目中的管理者等为主题进行演讲训练。

[实训要求]

1. 学生要明确目标与要求,展现内容既要有积极意义,又确实令自己难堪,并要当众进行。

2. 学生要协助班级主持人或组长搞好策划和设计,训练一定要注重实效,切实可行。

3. 教师要注重思想发动,可先组织研讨,让学生深切认识到心理训练的必要性。通过潜能开发等形式实现认识上的突破，并产生强烈的参与欲望。

4. 教师要指导学生认真实施，并注意能够实行有效考核。教师与主持者一定要注意现场氛围的营造，使每一个学生都能够产生强烈的参与、表现冲动，以克服畏惧、怯场心理，真正实现自我突破。

［成果检测］

1. 每个人写出训练的简要报告，包括操作步骤、时间、地点、主题、发言提纲、活动效果等。

2. 组长对每个同学的表现进行评议，并分析优点与不足，或者小组内部互相评分。

3. 各组派代表发言，分别对其他各组评分，并指出优点与不足。

第二部分　实训经营规则

章前导读

道德的起源

把5只猴子关在一个笼子里，上面有一串香蕉，实验人员装了一个自动装置，一旦侦测到有猴子要去拿香蕉，马上就会有水喷向笼子，而这5只猴子都会一身湿。

首先，有只猴子想去拿香蕉，结果自然就是每只猴子都被淋湿了。之后每只猴子在几次尝试后，发现均是如此。于是，猴子们达成一个共识：不要去拿香蕉，以避免被水喷到。

后来，实验人员把其中的一只猴子放了出来，换进去一只新猴子A。

猴子A看到香蕉，马上想要去拿。结果被其他4只猴子打了一顿。因为其他4只猴子认为，猴子A会害它们被水淋到，所以制止它去拿香蕉。猴子A尝试了几次，被打得满头包，依然没有拿到香蕉。当然，这5只猴子也就没有被水淋湿。

后来，实验人员又把一只猴子放了出来，换进去一只新猴子B。

猴子B看到香蕉，也是迫不及待地要去拿。当然，一如刚才所发生的情形，其他4只猴子打了猴子B一顿，猴子A打得特别用力。猴子B试了几次总是被打得很惨，只好作罢。

后来，慢慢地，一只一只地，笼子里的猴子都换成新猴子了，大家都不敢去动香蕉。但是，它们都不知道为什么，只知道去动香蕉会被其他猴子打。

这就是道德的起源。

教学内容

本章主要学习VBSE跨专业综合实训项目——实训经营规则，教学内容包括制造企业经营规则、商贸企业（经销商）经营规则、工贸企业（供应商）经营规则、物流企业经营规则、国际贸易企业经营规则、招投标企业经营规则、连锁企业经营规则、会计师事务所经营规则等内容。

知识要点

制造企业经营规则　商贸企业（经销商）经营规则　工贸企业（供应商）经营规则　物流企业经营规则　国际贸易企业经营规则　招投标企业经营规则　连锁企业经营规则　会计师事务所经营规则

实训任务

任务一　制造企业经营规则

一、仓储规则

1. 仓库

在期初交接的时候，制造企业拥有一座普通仓库，普通仓库用于存放产成品、半成品、原材料等。

（1）仓库信息见表2－1。

表2－1　仓库信息表

仓库名称	仓库编码	可存放物资
普通仓库		钢管、坐垫、车篷、车轮、经济型童车包装套件、镀锌管、记忆太空棉坐垫、数控芯片、舒适型童车包装套件、豪华型童车包装套件
		经济型童车车架、舒适型童车车架、豪华型童车车架
		经济型童车、舒适型童车、豪华型童车

（2）仓库容量信息见表2－2。

表2－2　仓库容量信息表

仓库类型	使用年限/年	仓库面积/m^2	仓库容积/m^3	仓库总存储单位	售价/万元
普通仓库	20	500	3 000	300 000	540

（3）普通仓库可存放物资种类与数量信息见表2－3。

表2－3　物资种类与数量信息表

存货编码	存货名称	存货占用存储单位
P0001	经济型童车	10
P0002	舒适型童车	10
P0003	豪华型童车	10
M0001	经济型童车车架	10
M0002	舒适型童车车架	10
M0003	豪华型童车车架	10

续表

存货编码	存货名称	存货占用存储单位
B0001	钢管	2
B0002	镀锌管	2
B0003	坐垫	4
B0004	记忆太空棉坐垫	4
B0005	车篷	2
B0006	车轮	1
B0008	数控芯片	1
B0007	经济型童车包装套件	2
B0009	舒适型童车包装套件	2
B0010	豪华型童车包装套件	2

2. 原材料及成品

仓储部负责原材料采购入库、生产领料出库、生产完工入库、成品销售出库和保管工作。

在制造企业工作中原材料只用于采购、生产领料工作中，不能进行销售；半成品只用于完工入库和生产领料工作中，不能进行销售；成品只用于完工入库和销售工作中，不能进行采购。

(1)原材料信息见表2-4。

表2-4　原材料信息表

物料编码	物料名称	单位	规格	(相对制造企业)来源
B0001	钢管	根	$\phi_{外}$ 16mm/$\phi_{内}$ 11mm/L5000	外购
B0002	镀锌管	根	$\phi_{外}$ 16mm/$\phi_{内}$ 11mm/L5000	外购
B0003	坐垫	个	HJM500	外购
B0004	记忆太空棉坐垫	个	HJM600	外购
B0005	车篷	个	HJ72×32×40	外购
B0006	车轮	个	HJ$\phi_{外}$ 125mm/$\phi_{内}$ 60mm	外购
B0008	数控芯片	片	MCX3154A	外购
B0007	经济型童车包装套件	套	HJTB100	外购
B0009	舒适型童车包装套件	套	HJTB200	外购
B0010	豪华型童车包装套件	套	HJTB300	外购

（2）半成品信息见表2－5。

表2－5　半成品信息表

物料名称	物料编码	单位	规格	（相对制造企业）来源
经济型童车车架	M0001	个		自制
舒适型童车车架	M0002	个		自制
豪华型童车车架	M0003	个		自制

（3）成品信息见表2－6。

表2－6　成品信息表

物料名称	物料编码	单位	规格	（相对制造企业）来源
经济型童车	P0001	辆		自制
舒适型童车	P0002	辆		自制
豪华型童车	P0003	辆		自制

3. 物料清单

（1）经济型童车产品结构图如图2－1所示。

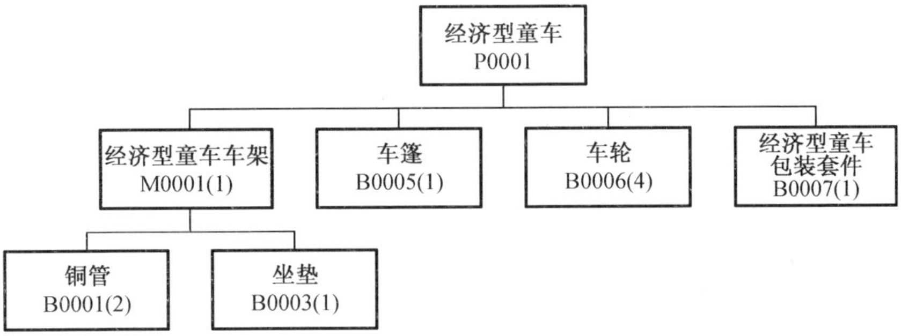

图2－1　经济型童车产品结构图

经济型童车物料清单见表2－7。

表2－7　经济型童车物料清单表

结构层次	父项物料	物料编码	物料名称	规格型号	单位	用量	（相对制造企业）备注
0		P0001	经济型童车		辆	1	自产成品
1	P0001	M0001	经济型童车车架		个	1	自产半成品
1	P0001	B0005	车篷	HJ72×32×40	个	1	外购原材料
1	P0001	B0006	车轮	HJ$\phi_{外}$ 125mm/$\phi_{内}$ 60mm	个	4	外购原材料

续表

结构层次	父项物料	物料编码	物料名称	规格型号	单位	用量	（相对制造企业）备注
1	P0001	B0007	经济型童车包装套件	HJTB100	套	1	外购原材料
2	M0001	B0001	钢管	$\phi_{外}$ 16mm/$\phi_{内}$ 11mm/L5000	根	2	外购原材料
2	M0001	B0003	坐垫	HJM500	个	1	外购原材料

（2）舒适型童车产品结构如图2－2所示。

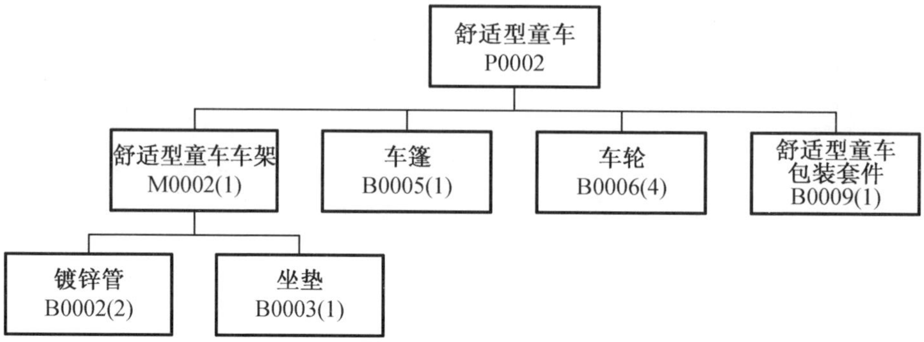

图2－2　舒适型童车产品结构图

舒适型童车物料清单见表2－8。

表2－8　舒适型童车物料清单表

结构层次	父项物料	物料编码	物料名称	规格型号	单位	用量	（相对制造企业）备注
0		P0002	舒适型童车		辆	1	自产成品
1	P0002	M0002	舒适型童车车架		个	1	自产半成品
1	P0002	B0005	车篷	HJ72×32×40	个	1	外购原材料
1	P0002	B0006	车轮	HJ$\phi_{外}$ 125mm/$\phi_{内}$ 60mm	个	4	外购原材料
1	P0002	B0009	舒适型童车包装套件	HJTB200	套	1	外购原材料
2	M0002	B0002	镀锌管	$\phi_{外}$ 16mm/$\phi_{内}$ 11mm/L5000	根	2	外购原材料
2	M0002	B0003	坐垫	HJM500	个	1	外购原材料

(3)豪华型童车产品结构如图2－3所示。

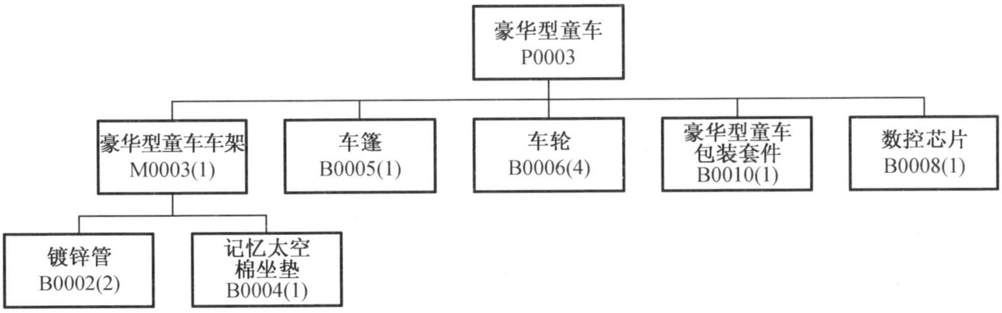

图2－3　豪华型童车产品结构图

豪华型童车物料清单见表2－9。

表2－9　豪华型童车物料清单表

结构层次	父项物料	物料编码	物料名称	规格型号	单位	用量	(相对制造企业)备注
0		P0003	豪华型童车		辆	1	自产成品
1	P0003	M0003	豪华型童车车架		个	1	自产半成品
1	P0003	B0005	车篷	HJ72×32×40	个	1	外购原材料
1	P0003	B0006	车轮	HJ$\phi_{外}$ 125mm/$\phi_{内}$ 60mm	个	4	外购原材料
1	P0003	B0008	数控芯片	MCX3154A	片	1	外购原材料
1	P0003	B0010	豪华型童车包装套件	HJTB300	套	1	外购原材料
2	M0003	B0002	镀锌管	$\phi_{外}$ 16mm/$\phi_{内}$ 11mm/L5000	根	2	外购原材料
2	M0003	B0004	记忆太空棉坐垫	HJM600	个	1	外购原材料

二、生产规则

在虚拟商业社会中只有制造企业能开展生产工作，企业生产离不开厂房、生产设备等基本生产场地及生产设施。在VBSE虚拟商业社会中制造企业期初交接时，制造企业拥有一座大厂房，大厂房内安装10台普通机床和1条组装生产线，且各设备无损坏，运行良好。

1. 厂房规则

厂房信息见表2－10。

表2－10　厂房信息表

厂房类型	价值/万元	使用年限/年	容量
大厂房	720	20	20台机床位
小厂房	480	20	12台机床位

(1)期初交接的大厂房经营期间不得出售。

(2)在经营过程中,如遇厂房容量不足的情况可以向服务公司进行购买,服务公司只提供小厂房。

(3)厂房容量与安装设备数量之间的关系如下:

①1 个机床位可以安装 1 台普通机床;

②2 个机床位可以安装 1 台数控机床;

③4 个机床位可以安装 1 台组装流水线。

(4)厂房没有租赁业务,只能购买。

2. 设备规则

设备信息见表 2－11。

表 2－11　设备信息表

生产设备	购置费/万元	使用年限/年	折旧费/(元·月$^{-1}$)	维修费/(元·月$^{-1}$)	生产能力/(台·虚拟 1 天$^{-1}$)			出售
					经济	舒适	豪华	
普通机床	21	10			500	500		按账面价值出售
数控机床	72	10			3 000	3 000	3 000	
组装流水线	51	10			7 000	7 000	6 000	

(1)企业根据生产经营状况,可以向服务公司随时购买生产设备。

(2)折旧,生产设备按月计提折旧。《中华人民共和国企业所得税法》规定:火车、轮船、机器、机械和其他生产设备,折旧年限为 10 年,购买当月不计提折旧。

(3)生产设备对生产工人的要求见表 2－12。

表 2－12　生产设备对生产工人的要求表

设备	人员级别	要求人员配置数量/人
普通机床	初级	2
数控机床	高级	2
组装流水线	初级	5
	中级	15

(4)各生产设备生产各种童车的能力见表 2－13。

表 2-13 各生产设备生产各种童车的能力表

设备名称	产品	定额生产能力（台数×单台生产产能·虚拟1天$^{-1}$）	所属部门
普通机床	经济型童车车架	10×500	生产计划部
	舒适型童车车架	10×500	
数控机床	经济型童车车架	1×3 000	生产计划部
	舒适型童车车架	1×3 000	
	豪华型童车车架	1×30 00	
组装流水线	经济型童车	1×7 000	生产计划部
	舒适型童车	1×7 000	
	豪华型童车	1×6 000	

3. 产能规则

(1)生产设备根据各自生产能力进行派工，派工时，派工数量应小于等于该设备的生产能力。

(2)派工时，一条生产线只允许生产一个品种的产品。例如，给一条组装流水线上安排生产5 000台经济型童车，剩下的2 000台产能不能用于生产舒适型童车与豪华型童车，必须等该资源产能全部释放后才允许安排不同种类的产品生产。

(3)派工时，需要根据产品的物料清单检查原材料是否齐套，原材料没有达到齐套要求，不能派工。

注：齐套是指要生产某一产品时，产品物料清单中所列的材料、用量都达到要求。

4. 工艺规则

工艺规划是指企业各项自制件的加工顺序和在各个工序中的标准工时定额情况，也称为加工路线，是一种计划管理文件，主要用来进行工序排产和车间成本统计。

(1)P0001-经济型童车见表2-14。

表 2-14 P0001-经济型童车表

工序	部门	工序描述	工作中心	加工工时
10	生产计划部-机加车间	经济型童车车架加工	普通(或数控)机床	虚拟1天
20	生产计划部-组装车间	经济型童车组装	组装生产线	虚拟1天

（2）P0002－舒适型童车见表2－15。

表2－15　P0002－舒适型童车表

工序	部门	工序描述	工作中心	加工工时
10	生产计划部－机加车间	舒适型童车车架加工	普通（或数控）机床	虚拟1天
20	生产计划部－组装车间	舒适型童车组装	组装生产线	虚拟1天

（3）P0003－豪华型童车见表2－16。

表2－16　P0003－豪华型童车表

工序	部门	工序描述	工作中心	加工工时
10	生产计划部－机加车间	豪华型童车车架加工	数控机床	虚拟1天
20	生产计划部－组装车间	豪华型童车组装	组装生产线	虚拟1天

5.研发费用

制造企业初始默认的生产许可为经济型童车，随着企业运营费用提高，需要生产舒适型或豪华型童车，该企业则在服务公司购置相应的生产技术成果，代表企业已完成新产品的研发，可以立即开工生产。研发费用见表2－17。

表2－17　研发费用表

许可证类型	价格/元
舒适型	1 000 000
豪华型	1 500 000

6.ISO认证

制造企业进行生产前，首先进行ISO 9000的资质认证。制造企业生产计划部需要前往服务公司办理本企业的ISO 9000资质认证的业务。具体费用为50 000元/次，认证一次即可。

7.CCC认证

制造企业进行销售出库前，首先进行CCC的资质认证。初始默认的生产许可为经济型童车，制造企业生产计划部需要前往服务公司办理相应产品的CCC认证。具体费用为22 000元/次，认证一次即可。CCC认证费用表见表2－18。

表2－18　CCC认证费用表

产品	CCC认证费用/元
经济型童车	22 000
舒适型童车	22 000
豪华型童车	22 000

三、采购规则

在 VBSE 虚拟商业社会中，制造企业的原材料采购只能从工贸企业类型的企业进行采购，不能从其他类型的企业进行采购。

1. 原材料信息

原材料信息见表 2 - 19。

表 2 - 19　原材料信息表

存货编码	存货名称	规格	计量单位	存货属性	市场供应平均单价/元	市场供应平均含税单价/元
B0001	钢管	$\phi_{外}$ 16mm/$\phi_{内}$ 11mm/L5000	根	外购	103.70	121.33
B0002	镀锌管	$\phi_{外}$ 16mm/$\phi_{内}$ 11mm/L5000	根	外购	169.97	198.86
B0003	坐垫	HJM500	个	外购	78.21	91.50
B0004	记忆太空棉坐垫	HJM0031	个	外购	215.85	252.54
B0005	车篷	HJ72 × 32 × 40	个	外购	140.77	164.70
B0006	车轮	HJ$\phi_{外}$ 125mm/$\phi_{内}$ 60mm	个	外购	26.07	30.50
B0007	经济型童车包装套件	HJTB100	套	外购	88.63	103.70
B0008	数控芯片	MCX3154A	片	外购	264.85	309.88
B0009	舒适型童车包装套件	HJTB200	套	外购	187.69	219.60
B0010	豪华型童车包装套件	HJTB300	套	外购	220.02	257.42

注：增值税率为 17%。

2. 购销合同

采购双方需要签订纸质购销合同。制造企业采购部门根据购销合同在系统中制作采购订单，由工贸企业进行确认，确认后工贸企业可以发货，制造企业接货入库，双方再根据购销合同中的结算约定进行收付款。

四、销售规则

制造企业销售童车给经销商、国际贸易类型企业，不得销售给其他类型企业。在销售时需与经销商类型企业签订订单，并将相关信息录入系统中。订单相关信息作为系统中发货、结算的依据。

制造企业还可以参与招投标企业的招投标业务，中标后可以进行销售、发货、开发票、收款等业务活动。

制造企业销售童车给华中地区的虚拟经销商。在销售之前，需要完成市场开拓，然后再投放广告。

1. 市场开拓规则

（1）制造企业进行生产销售前，首先要进行市场开拓。制造企业市场专员需要前往服务公司办理市场开拓的业务，首先开拓中部市场，具体费用为531 000元。

（2）制造企业可以通过委托服务公司进行华中地区市场开拓，开拓后投入广告费，之后，依据得分由高到低依次选择华中地区的市场订单。

2. 成品信息

成品信息见表2-20。

表2-20　成品信息表

存货编码	存货名称	单位	规格	市场供应平均单价/元	市场供应平均含税单价/元
P0001	经济型童车	辆			
P0002	舒适型童车	辆			
P0003	豪华型童车	辆			

五、财务规则

1. 结算方式

结算采用现金结算、转账结算和电子银行三种方式。原则上，日常经济活动低于2 000元可以使用现金，超过2 000元一般使用转账支票结算（差旅费或支付给个人业务除外），转账支票用于同一票据交换区内的结算。异地付款一般采用电汇方式。

2. 税种类型

税种类型主要有增值税、企业所得税、个人所得税、城市维护建设税、教育费附加等。

（1）增值税：销售货物和购进货物，增值税率均为17%。

（2）企业所得税：按利润总额的25%缴纳。

（3）个人所得税：个税起征点为每月3 500元（工资薪金所得适用），按照七级超额累进税率进行缴纳。个人所得税由企业代扣代缴，个人不自行缴纳个人所得税。七级超额累进税率见表2-21。

表2-21　七级超额累进税率表

工资、薪金所得适用个人所得税税率			
级数	全月应纳税所得额	税率/%	速算扣除数/元
一	不超过1 500元	3	0
二	超过1 500元至4 500元	10	105
三	超过4 500元至9 000元	20	555
四	超过9 000元至35 000元	25	1 005
五	超过35 000元至55 000元	30	2 755
六	超过55 000元至80 000元	35	5 505
七	超过80 000元	45	13 505

(4)城市维护建设税:纳税人所在地在市区的,税率为7%;纳税人所在地在县城、镇的,税率为5%;纳税人所在地不在市区、县城或镇的,税率为1%。

(5)教育费附加:税率为3%。

3. 存货计价

(1)存货核算按照实际成本核算,原材料计价采用实际成本计价,材料采购按照实际采购价入账,材料发出按照全月一次加权平均计算材料成本。

(2)全月一次加权平均计算公式:

材料平均单价 =(期初库存数量 × 库存单价 + 本月实际采购入库金额)/(期初库存数量 + 本月实际入库数量)

材料发出成本 = 本月发出材料数量 × 材料平均单价

4. 固定资产取得方式及折旧

固定资产均通过购买的方式取得。固定资产购买当月不计提折旧,从次月开始计提折旧,出售当期须计提折旧,下月不提折旧。固定资产折旧按照直线法计提。折旧相关信息见表2-22。

表2-22 折旧相关信息表

固定资产名称	使用时限/月	开始使用日期	原值/元	残值/元	月折旧额/元
办公楼	240	2014.9.15	12 000 000	600 000	47 500
普通仓库	240	2014.9.15	5 400 000	270 000	21 375
大厂房	240	2014.9.15	7 200 000	360 000	28 500
普通机床(机床加工生产线)	120	2014.9.15	210 000	—	1 750
组装生产线	120	2014.9.15	510 000	—	4 250
笔记本电脑	48	2014.9.15	6 000	—	125

5. 制造费用的归集及分配

(1)生产管理部门发生的各项费用,以及生产过程中各车间共同的间接费用计入制造费用。

(2)制造费用按照费用发生车间设置明细科目——机加车间、组装车间。

(3)机加车间发生的费用,如工人工资、机加车间设备折旧及维修等能够确认为机加车间发生的费用计入制造费用-机加车间。同样,组装车间的费用计入制造费用-组装车间。

(4)生产计划部管理人员的工资、使用的设备折旧、报销的办公费等计入管理费用。

(5)厂房折旧计入制造费用,并按照各类设备占用厂房空间比例进行分配。

6. 成本计算规则

(1)产品成本分为直接材料、人工成本和制造费用结转。

(2)制造费用中车间的费用直接计入该车间生产的产品成本,如果该车间有两个及以上产品生产,则按照该产品生产工时分配车间制造费用。

(3)在产品只计算材料费用,不计算制造费用和人工费用。即结转当期生产成本的金额为:期初生产成本(直接材料)+本期归集的直接人工费用+本期归集的制造费用。

7. 成本归集规则

原材料成本归集按照材料出库单的发出数量×平均单价,人工成本为当月计算的生产部门的人员工资,包括生产管理人员和生产工人的。

8. 半成品核算规则

车架为半成品,车架核算的范围为车架原材料、生产车架发生的人工费、制造费,以及分摊的相关生产制造费用。

9. 产品之间费用分配

如果同一车间生产不同产品,则以各产品完工数量为权重,分配该车间的直接制造费用和结转的间接制造费用。

10. 坏账损失

(1)生产制造企业采用备抵法核算坏账损失。

(2)坏账准备按年提取,按照年末应收账款的3%提取。

(3)超过一年未收回的坏账,确认为坏账损失。虽然进行了确认,但也并不表明公司放弃了收款的权利。如果未来某一时期收回已作为坏账的应收账款,应该及时恢复债权,并按照正常收回欠款进行会计核算。

11. 利润分配

公司实现利润,应当按照法定程序进行利润分配。根据公司章程规定,按照本年净利润的10%提取法定盈余公积金,根据董事会决议,提取任意盈余公积金。

12. 票据使用规则

(1)各个企业使用的支票,由银行制作并收取工本费,使用者必须到银行购买使用,任何企业和个人不得自制支票。

(2)银行出售的支票是按张出售,企业应将此费用计入财务费用中。

(3)各企业制定完善的票据使用登记制度,以备检查。

(4)企业使用的发票为增值税专用发票。

(5)增值税进项税额需要进行申报、抵扣联认证、缴纳。

(6)购买商品或服务过程中,购销双方的结算必须以发票为依据,不取得发票的不能进行结算业务。

(7)税务局定期对发票使用情况进行检查。税务局有权给予发票使用不合规范的企业一定金额的行政罚款。

六、人力资源管理规则

1. 人员信息

人员信息见表2-23。

表 2 – 23　人员信息表

部门	岗位名称	岗位级别	在编人数	直接上级
企管部	总经理(兼企管部经理)	总经理	1	董事会
	行政助理	职能管理人员	1	总经理
营销部	营销部经理	部门经理	1	总经理
	市场专员	职能管理人员	1	部门经理
	销售专员	职能管理人员	1	部门经理
生产计划部	生产计划部经理	部门经理	1	总经理
	车间管理员	职能管理人员	1	部门经理
	生产计划员	职能管理人员	1	部门经理
	初级生产工人	工人	25	车间管理员
	中级生产工人	工人	15	车间管理员
仓储部	仓储部经理	部门经理	1	总经理
	仓管员	职能管理人员	1	部门经理
采购部	采购部经理	部门经理	1	总经理
	采购员	职能管理人员	1	部门经理
人力资源部	人力资源部经理	部门经理	1	总经理
	人力资源助理	职能管理人员	1	部门经理
财务部	财务部经理	部门经理	1	总经理
	出纳	职能管理人员	1	部门经理
	财务会计	职能管理人员	1	部门经理
	成本会计	职能管理人员	1	部门经理

2. 薪酬信息

薪酬信息见表 2 – 24。

表 2 – 24　薪酬信息表

人员类别	月基本工资/(元·月$^{-1}$)
总经理	12 000
部门经理	7 500
职能管理人员	5 500
营销部员工	4 500
初级/中级/高级生产工人	3 600、4 000、4 600

3. 薪酬项目

(1)薪酬项目包括基本工资、养老保险、医疗保险、生育保险、失业保险、工伤保险、住房公积金、缺勤扣款、代扣个人所得税、辞退补偿等。

(2)五险一金缴纳额度,每个地区的规定都不同,是以工资总额为基数。以北京市为例,其五险一金的缴纳比例见表2－25。

表2－25　北京市五险一金缴纳比例表

分类	养老	失业	工伤	生育	医疗		住房公积金
					基本医疗	大额互助	
单位	19%	0.8%	0.2%	0.8%	9%	1%	12%
个人	8%	0.2%	0	0	2%	3元	12%

注:单位养老保险缴费20%,其中17%划入统筹基金,3%划入个人账户。实训中以员工转正后的基本工资金额数为社会保险和住房公积金的缴费基数。

4. 个人所得税

(1)个人所得税计算采用2011年9月1日起开始执行的七级超额累进税率,见表2－21。

(2)个人所得税计算方式为:

个人所得税税额=全月应纳税所得额×适用税率－速算扣除数

全月应纳税所得额=应发工资－扣除标准(3 500元)

5. 辞退福利

(1)企业在职工劳动合同到期之前解除与职工的劳动关系,或者为鼓励职工自愿接受裁减而给予职工的补偿。

(2)辞退福利通常采取解除劳动关系时一次性支付补偿的方式,也有采取在其退休后提高养老金或其他离职后福利标准的方式,或者在职工不再为企业带来经济利益后,将职工工资支付到辞退后未来某一期间的方式。

6. 考勤管理

(1)VBSE实习中实行月度考勤,但因每月只设计两个虚拟工作日,在进行考勤统计时依照下列规则计算:

员工出勤天数=当月虚拟工作日出勤天数/当月虚拟工作日总天数×21.75

员工缺勤天数=21.75－员工出勤天数

(2)考勤周期实行月度考勤。考勤周期为本月26日至次月25日。

七、物流规则

(1)物流运输只针对工贸企业与制造企业间的购销业务、制造企业与经销商间的购销业务,其他类型组织的物流运输不走物流公司。

(2)物流费用的支付由购货方支付。

（3）物流费为货物货款金额的5%。

任务二　商贸企业（经销商）经营规则

一、人力资源管理规则

人力资源是企业生产经营活动的基本要素。公司的员工配置、工资标准及核算、员工招聘与培训，要在遵循本规则的前提下，做出科学、合理的规划安排，以保证公司的生产经营活动协调、有序、高效地进行。

1. 人员配置情况

企业组织结构如图2－4所示。

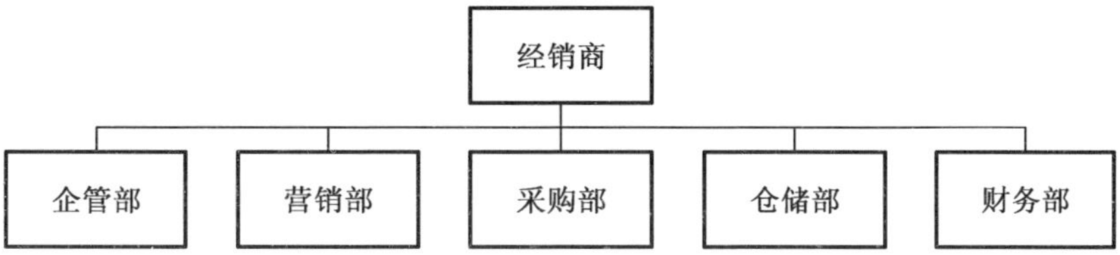

图2－4　企业组织结构图

2. 商贸企业岗位及人员设置

商贸企业岗位及人员设置见表2－26。

表2－26　商贸企业岗位及人员设置表

部门	岗位名称	在编人数	直接上级
企管部	总经理	1	—
企管部	行政部经理	1	总经理
营销部	营销部经理	1	总经理
采购部	采购部经理	1	总经理
仓储部	仓储部经理	1	总经理
财务部	财务部经理	1	总经理
财务部	出纳	1	财务部经理

二、企业薪酬规则

1. 职工薪酬的构成

职工薪酬是指企业为获得职工提供的服务而给予各种形式的报酬，以及其他相关支出。在企业管理全景仿真中，职工薪酬主要由以下几个部分构成：

(1)职工工资、奖金(奖金按年度计算,根据企业本年度的经营状况而定);

(2)医疗保险费、养老保险费、失业保险费、工伤保险费和生育保险费等社会保险费;

(3)住房公积金;

(4)因解除与职工的劳动关系给予的补偿,即辞退福利。

2. 职工薪酬的计算及发放

企业人员的薪酬组成:

年度总薪酬 = 月基本工资 ×12 + 年度绩效奖金 + 企业应缴福利

职工每月实际领取的工资 = 月基本工资 - 缺勤扣款 - 个人应缴五险一金 - 个人所得税

缺勤扣款 = 缺勤天数 ×(月基本工资/当月全勤工作日数)

(1)基本工资标准见表2-27。

表2-27　基本工资标准表

人员类别	基本工资/(元·月$^{-1}$)
总经理	12 000
部门经理	7 500

(2)年度奖金与绩效见表2-28。

表2-28　年度奖金与绩效表

人员分类	年度绩效奖金/元
总经理	12 000 ×4
部门经理	7 500 ×4

季度奖金实际发放金额与个人业绩考核评定结果挂钩。业绩考核采取百分制,业绩评定85分及以上者发放全额季度绩效奖金,低于85分的发放季度绩效奖金的80%。

注:总经理绩效得分为企业员工得分的平均数。

(3)五险一金

五险一金缴费基数及比例各地区操作细则不一,本实习中社会保险、住房公积金规则参照北京市有关政策规定设计,略做调整。

社保中心行使社会保障中心和住房公积金管理中心职能。五险一金缴费基数于每年3月核定,核定后的职工月工资额即为缴纳基数。五险一金缴纳比例见表2-25所示。

(4)个人所得税

见前节(42页)。

(5)辞退福利

见前节(42页)。

3. 考勤规则

(1)每天的实训开始后,学生必须登录VBSE系统点击“签到”按钮进行考勤签到。

（2）VBSE 实训中对实际业务进行了抽象处理，1 个实际工作日完成 1 个月的工作内容，每月工作任务集中在 3 ~5 个虚拟工作日。

（3）计算出勤天数时，实训学生因病、事休假 1 个实际工作日的按 3 个工作日计算，休假类型按照实际情况确定。

如：学生 A 因病没有参加当天的课程，则他的实际出勤天数 = 当月应出勤天数 -3 天，休假类型为病假。其中应出勤天数为当月实际工作日天数。

（4）迟到、早退按照实际情况计算，每次罚款 30 元。考勤扣款从当月工资中扣除。

三、销售规则

（1）商贸企业将童车卖到虚拟市场中。虚拟市场分为东部、南部、西部、北部、中部，其中，东部、南部、西部、北部四个地区由商贸企业经营，中部地区只能由制造企业经营。

（2）要想获得虚拟市场的订单，需要先到服务公司开拓市场，然后投广告费，这样服务公司才能根据投放金额派发订单。市场开拓一次一年有效，广告投放一次一虚拟日有效，下一虚拟日需要重新投放广告。

（3）在虚拟市场中销售，选择销售订单后，先发货、开销售专用发票，再进行收款核销。

四、采购规则

商贸企业的商品只能从制造企业采购，采购相关信息见表 2 -29。

表 2 -29　采购相关信息表

商品编码	商品名称	规格	计量单位	商品属性	平均单价/元
P0001	经济型童车		辆	外购	1 010.32
P0002	舒适型童车		辆	外购	
P0003	豪华型童车		辆	外购	

注意：

（1）经济型童车采购价格在固定数据阶段为 1 010.32 元（含税）；自主经营阶段采购价格为双方协商制定。

（2）商品从供应商送达企业时会发生相应的运输费用，运输费用为采购订单金额的 5%，运费结算以物流公司的运单金额为准。

五、仓储规则

1. 仓库

商贸企业现有一座仓库，用于存放采购来的各种商品。

2. 仓库信息表

仓库信息见表 2 -30。

表 2－30 仓库信息表

仓库名称	仓库编码	可存放物资
普通仓库	A 库	经济型童车、舒适型童车、豪华型童车

3. 物料及成品

仓储部经理负责仓库管理，负责采购入库、生产出库和保管，以及成品的完工入库和销售出库。公司的物料和成品清单见表 2－31。

表 2－31 存货清单表

物料编码	物料名称	规格	单位	来源
P0001	经济型童车		辆	外购
P0002	舒适型童车		辆	外购
P0003	豪华型童车		辆	外购

4. 储位管理

普通仓库不做储位管理。

六、财务规则

财务规则主要包括会计核算制度、会计管理制度、账簿设置与会计核算程序等方面的主要规则，各公司必须按照本规则的各项规定组织会计核算，进行会计管理。

七、税务规则

1. 税种类型

商贸企业从事经营活动，涉及国家或地方多个税种，包括企业所得税、增值税、城市维护建设税、教育费附加、个人所得税等。

2. 税种税率

按照国家税法规定的税率和起征金额进行税额的计算。企业所得税税率为 25%；增值税税率为 17%；城市维护建设税税率为 7%；教育费附加税率为 3%；个人所得税按照七级累进税率。

3. 日常纳税申报及缴纳税款

在税收征收期内，按照商贸企业的经营情况，填制各税申报表，之后携带相关会计报表，到税务部门办理纳税申报业务，在得到税务部门开出的税收缴款书后，到银行缴纳税款。依据税务部门规定，每月初进行上月的纳税申报及缴纳税款。如遇特殊情况，可以向税务部门申请延期纳税申报。

八、会计核算规则

1. 结算方式

商贸公司可以采用现金结算、转账结算和电子银行三种方式。

2. 结算规则

原则上,日常经济活动,低于2 000元可以使用现金,超过2 000元一般使用转账支票和电子银行结算,结算货款、代扣代缴各种税费通过电子银行结算,其他业务可以使用转账支票结算。

银行支票分为现金支票和转账支票。现金支票用于提取现金,转账支票用于同一票据交换区内的结算。异地付款一般采用电子银行结算方式。

九、物流运输规则

见前节(42页)。

任务三 工贸企业(供应商)经营规则

一、人力资源管理规则

工贸企业的人力资源管理要遵循人力资源管理规则。

1. 人员配置情况

企业组织结构如图2-5所示。

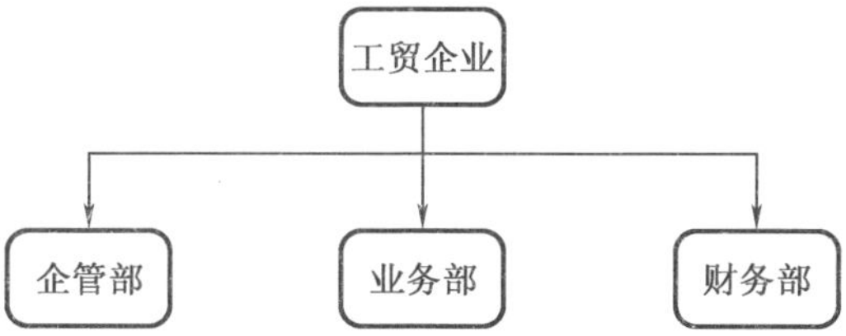

图2-5 企业组织结构图

2. 商贸企业岗位及人员设置

商贸企业岗位及人员设置见表2-32。

表2-32 商贸企业岗位及人员设置表

部门	岗位名称	在编人数	直接上级
企管部	总经理	1	—
企管部	行政部经理	1	总经理
业务部	业务部经理	1	总经理
财务部	财务部经理	1	总经理

二、企业薪酬规则

见前节(43 页)。

三、销售规则

工贸企业将商品销售给制造企业,双方进行合同洽谈,并签订纸质合同。制造企业在VBSE 系统中提交订单后,工贸企业进行确认作为后续交易依据。如出现延期交货,按双方合同中的约定进行处理;如出现争议,提交工商局进行调解或处罚。

四、采购规则

工贸企业可从系统中虚拟供应商处选择采购的商品品种及数量。

1. 商品采购相关信息

商品采购相关信息见表 2 - 33。

表 2 - 33　商品采购相关信息

商品编码	商品名称	规格	计量单位	商品属性	平均单价/元
B0001	钢管	$\phi_{外}$ 16mm/$\phi_{内}$ 11mm/L5000	根	外购	86.28
B0002	镀锌管	$\phi_{外}$ 16mm/$\phi_{内}$ 11mm/L5000	根	外购	
B0003	坐垫	HJM500	个	外购	65.16
B0004	记忆太空棉坐垫	HJM0031	个	外购	
B0005	车篷	HJ72 × 32 × 40	个	外购	117.62
B0006	车轮	HJ$\phi_{外}$ 125mm/$\phi_{内}$ 60mm	个	外购	21.94
B0007	经济型童车包装套件	HJTB100	套	外购	73.48
B0008	数控芯片	MCX3154A	片	外购	
B0009	舒适型童车包装套件	HJTB200	套	外购	
B0010	豪华型童车包装套件	HJTB300	套	外购	

2. 注意事项

(1)钢管、坐垫、车篷、车轮、经济型童车包装套件的采购价格在固定数据阶段按照上表中的采购价格采购,采购价格含税;自主经营阶段采购价格为双方协商制定。

(2)此处忽略运输费用核算。在采购过程中,选择需要购买的商品后,需先行支付采购货款,才能办理到货入库业务。

五、仓储规则

1. 仓库

工贸企业现有一座仓库,用于存放采购来的各种商品。

2. 仓库信息

仓库信息见表 2 - 34。

表 2-34 仓库信息表

仓库名称	仓库编码	可存放物资
商品库	A 库	钢管、坐垫、车篷、车轮、包装套件、镀锌管、记忆太空棉坐垫、数控芯片、舒适型童车包装套件、豪华型童车包装套件

3. 物料及成品

行政主管担当仓库管理职能，负责采购入库、生产出库和保管，以及成品的完工入库和销售出库。公司的物料和成品清单见表 2-4。

4. 储位管理

普通仓库不做储位管理。

六、财务规则

见前节(46 页)。

七、税务规则

1. 税种类型

工贸企业从事生产经营活动，涉及国家或地方多个税种，包括企业所得税、增值税、城市维护建设税、教育费附加、个人所得税等。

2. 税种税率

按照国家税法规定的税率和起征金额进行税额的计算。企业所得税税率为 25%；增值税税率为 17%；城市维护建设税税率为 7%；教育费附加税率为 3%；个人所得税按照七级累进税率。

3. 日常纳税申报及缴纳税款

在税收征收期内，按照工贸企业的经营情况，填制各税申报表，之后携带相关会计报表到税务部门办理纳税申报业务，在得到税务部门开出的税收缴款书后，到银行缴纳税款。依据税务部门规定，每月初进行上月的纳税申报及缴纳税款。如遇特殊情况，可以向税务部门申请延期纳税申报。

八、会计核算规则

1. 结算方式

工贸企业可以采用现金结算、转账结算和电子银行三种方式。

2. 结算规则

见前节(46 页)。

任务四　物流企业经营规则

一、企业组织结构

物流企业组织结构如图2－6所示。

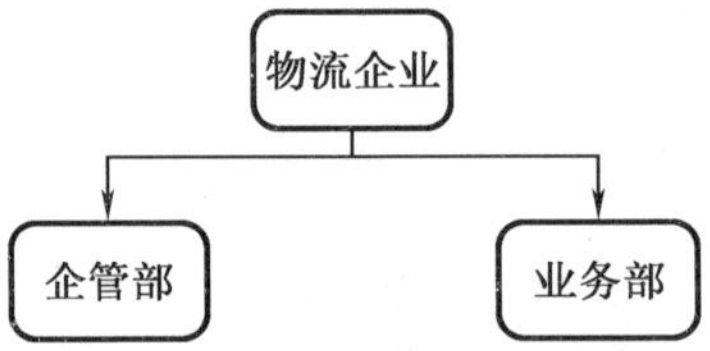

图2－6　企业组织结构图

物流企业组织结构分为一个管理层、两个部门。总经理可以对企管部、业务部下达命令或进行指挥。各职能部门经理对本部门下属有指挥权，对其他部门有业务指导权，但没有指挥权。

二、人力资源管理规则

物流企业的人力资源管理要遵循人力资源管理规则。

1. 人员配置情况

物流企业岗位及人员设置见表2－35。

表2－35　物流企业岗位及人员设置表

部门	岗位名称	在编人数	直接上级
企管部	物流总经理	1	总经理
业务部	物流业务部经理	1	总经理

2. 考勤规则

（1）每天的实训开始后，学生必须登录VBSE系统点击“签到”按钮进行考勤签到。

（2）VBSE实训中对实际业务进行了抽象处理，1个实际工作日完成1个月的工作内容，每月工作任务集中在2个虚拟工作日。

（3）计算出勤天数时，实训学生因病、事休假1个实际工作日的按2个工作日计算，休假类型按照实际情况确定。

如：学生A因病没有参加当天的课程，则他的实际出勤天数＝当月应出勤天数－2天，休假类型为病假。其中应出勤天数为当月实际工作日天数。

三、办公用品采购规则

(1)服务公司出售 VBSE 实训所需的各项办公用品,如表单、胶棒、曲别针等。买卖双方可对结算方式进行协商,既可选择当场结清价款,也可自行约定结算时间,如月结(每月统一结账)。

(2)办公用品价款可采用现金或支票进行结算。服务公司提供的办公用品项目及价格见表 2－36。

表 2－36　服务公司提供的办公用品项目及价格表

序号	商品名称	单价
1	表单	10 元/份
2	胶棒	20 元/支
3	印泥	30 元/盒
4	长尾夹	10 元/个
5	曲别针	5 元/个
6	复写纸	10 元/页
7	A4 白纸	5 元/张

(3)企业办公用品管理由业务员负责,业务员每月月初统计办公用品采购需求,统一购买,按需发放。

(4)行政主管依照员工使用需求发放办公用品,并做好领用记录。

四、运输规则

1. 运输合同与运费

(1)物流企业与其他企业签订运输合同年限为 1 年。费用结算以运单为依据,如出现争议,提交工商局进行协调。

(2)运费为货款金额的 5%。

2. 车辆维护与保养规则

物流企业车辆信息见表 2－37。

表 2－37　物流企业车辆信息表

车型	最大载重/t	最大容积/m^3	车厢尺寸	数量/辆
短途运输车	4	13	4 m×1.8 m×1.8 m	40
短途运输车	8	40	7 m×2.4 m×2.5 m	20
13m 柜牵引车	20	75	12.5 m×2.5 m×2.5 m	20

注:本实训中车辆维护与保养每月费用为 60 000 元。

五、财务规则

财务规则主要包括会计核算制度、会计管理制度、预算管理方法、筹资规则、投资规则、账簿设置与会计核算程序等方面的主要规则。各公司必须按照本规则的各项规定组织会计核算，进行会计管理。

六、税务规则

物流企业从事生产经营活动，涉及国家或地方多个税种，包括企业所得税、增值税、城市维护建设税、车船使用税、教育费附加、个人所得税等。

1. 税种类型

按照国家税法规定的税率和起征金额进行税额的计算。企业所得税税率为25%；增值税税率为17%；城市维护建设税税率为7%；车船税按车辆缴纳；教育费附加税率为3%；个人所得税按照七级累进税率。

2. 日常纳税申报及缴纳税款

在税收征收期内，按照物流企业的经营情况，填制各税申报表，之后携带相关会计报表，到税务部门办理纳税申报业务，在得到税务部门开出的税收缴款书后，到银行缴纳税款。依据税务部门规定，每月初进行上月的纳税申报及缴纳。如遇特殊情况，可以向税务部门申请延期纳税申报。

七、会计核算规则

1. 结算方式

物流企业可以采用现金结算、转账结算和电汇三种方式。

2. 结算规则

见前节(46 页)。

任务五　国际贸易企业经营规则

一、国际贸易规则

1. 英文函电格式和标点符号

(1)英文信封的格式有两点与中文信封书写的习惯几乎相反：一是寄信人信息在左上角；收信人信息在中间略靠下、略靠左；二是各自的地址信息都依从“小”到“大”的顺序表述。

(2)信内的双方信息是：寄信人信息在右上角，由小到大；并在最下行写上日期；如果公文纸中间最上方已有铅印好的公司信息，则右上角处不用再重复，只需将写信日期写在右上角即可。收信人信息写在左上角，略低于右上角的寄信人信息；地址信息排序依然是由“小”到“大”。

(3)信内称呼收信人后,要使用逗号;信尾结束语后也要使用逗号。

(4)英语书写中使用的句号永远是一个实心的点。

2.举例说明

建交函。国际贸易企业进出口部门从网上查询并了解到一家意大利公司 Artigo S. P. A. 经营童车产品,便给该公司写了一封建交函,介绍自己公司的业务,表达希望能与 Artigo S. P. A. 公司建立贸易伙伴关系,从而销售自己公司的童车产品。收到对方回函询价后,双方便开始了交易的洽谈,之后达成协议,签订合同,履行各自的义务。

Wuzhou Import&Export Co. , Ltd.

June 28 of 2016

To: Artigo S. P. A.

Dear Sirs,

We are pleased to have learnt, from the Internet, that you are a reputable dealer of baby cart. We therefore take the liberty to write you for a possible start of business relationship with you.

Located in Beijing, China, our company is a baby cart supplier, with total capacity of 75,000 sets / year. Thanks to our products verifiable quality and our reliable service, we are foreseeing our market share in China to reach 3.9% by the end of year 2015, up from the 3.2% in 2011.

However, our recent business expansion to international market has proved that our products have good opportunities in other countries too. We thus enclose our product catalogue for your convenient reference, and wish you to join us for a successful business in your market.

Upon your specific enquiry, we will be happy to provide you with any further information in detail.

Sincerely yours

Li Ming(Mr)

Sales Dept

二、CIF 报价计算规则

1.计算过程

按一个集装箱装货量报价,其计算过程:

(1)产品从工厂进货价(含 17% 税):1 010.32 元/辆。

(2)出口退税:9%。

(3)国际海运中国至热那亚每个 6 m 货柜:2 800 美元。

(4)保险费:按成交价格加成 10%;再投保一切险(0.9%)和战争险(0.1%)。

(5)纸箱包装尺寸:1.1 m×0.7 m×0.2 m。

(6)净重:15 kg。

(7)毛重:20 kg。

(8)国内杂费(国内运费、港杂费、银行占款、报关费、商检费):2 000 元。

(9)公司预期利润:10%。

一个 6 m 货柜的内容积为 25 m^3,可承载 17.5 t 货。通常情况下都按体积来计算内装货物数量,因为按质量计算的话,一般货物要是有 17.5 t,那它的体积要远远大于 25 m^3,一个货柜是装不下的。

2. 出口报价

(1)出口报价公式:

$$\text{CIF}=\frac{\text{实际采购成本}+\text{国际运费}+\text{国内杂费}}{1-(1+\text{投保加成率})\times\text{保险费率}-\text{佣金率(如有)}-\text{公司预期利润率}}$$

(2)运用公式先分步计算分子(分母都是已知数):

$$\begin{aligned}\text{实际采购成本}&=\text{含税成本}-[\text{含税成本}/(1+\text{增值税率})]\times\text{出口退税率}\\&=1\,010.32-[1\,010.32/(1+17\%)]\times 9\%\\&=932.60\text{ 元}\end{aligned}$$

$$\text{国际运费}=2\,800\text{ 美元}\times 6.20(\text{汇率})=17\,360\text{ 元(一个 6 m 货柜)}$$

$$\text{一个 6 m 货柜内装数量}=25\text{ m}^3/(1.1\text{ m}\times 0.7\text{ m}\times 0.2\text{ m})=163\text{ 辆}$$

所以

$$\text{每辆童车的国际运费}=17\,360/163=106.50\text{ 元}$$

$$\begin{aligned}\text{每辆童车的国内杂费}&=2\,000\text{ 元}/163\text{ 辆}\\&=12.27\text{ 元}\end{aligned}$$

(3)将所有已知数代入公式:

$$\text{CIF}=\frac{932.60+106.50+12.27}{1-(1+10\%)\times(0.9\%+0.1\%)-10\%}=1\,182.64\text{ 元}$$

$$\text{CIF}=1\,182.64/6.20=190.75\text{ 美元}$$

$$\text{总金额}=190.75\times 163\times 5=155\,461.25\text{ 美元}$$

三、结算方式

1. 信用证结算

国际贸易支付方式有信用证、托收和汇付三种。相对来讲,信用证是最安全的支付方式。信用证属于银行信用,即买方通过其往来银行,依据买卖双方签订的合同条款开出以卖方为受益人的银行付款担保;卖方交货后凭信用证规定的相关单据向指定银行议付货款;银行承担第一付款责任。

2. 销售合同说明

合同中,销售价格为含税价,增值税税率为 17%,销售商品时需要给顾客开具增值税专用发票。

(1)本实训的通知行、议付行都是中国银行,开证行是中国银行米兰分行。

在催证、审证、改证业务流程中,明确开证时间和种类、催开信用证、买方申请开证、买方银行开证(开证行)、开证行把信用证交给卖方银行(通知行)等,这些业务活动因为没有出口商组织,也没有开证行组织,所以本实训假设这些活动已经发生,并正确完成。

以 CIF 术语成交的出口合同,在信用证得到落实、货物准备工作尽在掌握之中的情况下，出口方应尽可能提前租船或订舱，以确保船货衔接、按时出运。租船或订舱是货物出运的前期工作，是交货环节中至关重要的部分。大多数情况下，这部分工作连同出口报关和储运业务一并委托专业的涉外货运代理公司（货代）去做。货代企业提供的服务相对出口企业自己来做往往更专业、更高效，同时也可以节省出口企业自己做可能产生的更多成本。但是，为了让学生们体验这部分业务而更好地掌握外贸环节的诸多知识点，我们将这部分工作设计为由国际贸易公司进出口经理代替货代公司完成。

（2）货船公司的业务也由国际贸易公司进出口经理代替完成。

（3）国际贸易公司的进出口经理具有报关员证和报检员证。

（4）保险公司的保险费和货船公司的船运费的转账说明。

因为没有保险公司组织和货船公司组织，保险费和船运费在国际贸易公司扣除后转到服务公司的指定账号上。

（5）检验检疫机构、海关机构和外汇管理局的工作职能说明。

略。

四、采购规则

采购商品主要按照销售预测制订采购计划。从童车制造企业采购的品种主要有三种，见表2－38。

表2－38　采购品种表

商品编码	商品名称	规格型号	计量单位	市场供应平均单价/元	安全库存
JJTC0111	经济型童车		辆	1 010	200
SSTC0112	舒适型童车		辆	1 800	200
HHTC0113	豪华型童车		辆	2 400	100

注：此处单价为含税单价，增值税税率为17%。

1. 销售预测方法

移动平均法是用一组最近的实际数据值来预测未来一期或几期内企业商品需求量的一种常用方法。移动平均法适用于近期预测。当商品需求既不快速增长也不快速下降，且不存在季节性因素时，移动平均法能有效地消除预测中的随机波动。移动平均法根据预测时使用的各元素的权重不同，可以分为简单移动平均和加权移动平均。

2. 销售量预测（本实训用简单移动平均的方法）

国际贸易公司销售的童车在7月、8月、9月的销售量分别为1 000辆、700辆、1 000辆，预测10月的销售量为

$$\frac{1\,000+700+1\,000}{3}=900\text{ 辆}$$

10月的实际销售量为810辆，则11月的预测销售量为

$$\frac{700+1\,000+810}{3}=837\text{ 辆}$$

计划采购量 = 预测销售量 -（剩余库存量 - 安全库存量）

即　　837 -（490 - 200）= 547 辆

3. 采购商品的流程

（1）国际贸易内陆业务部门根据销售预测、市场供求形势、采购提前期、安全库存，以及采购批量等因素，编制采购计划表。

（2）国际贸易内陆业务部门与童车制造企业签订合同，确定未来一段时间内即将采购的商品品种、预计数量和约定价格等内容。

（3）每月月末，国际贸易内陆业务部门根据销售情况与童车制造企业签订纸质采购合同。

（4）制造企业根据约定的时间向国际贸易公司发货，国际贸易公司验收入库。

（5）货款结算的时间及金额依据双方签订的合同，并根据实际情况执行。

五、仓储规则

1. 仓库

（1）仓库容量信息见表 2 - 39。

表 2 - 39　仓库容量信息表

仓库类型	使用年限/年	仓库面积 /m^2	仓库容积 /m^3	仓库总存储单位	售价 /万元
普通仓库	20	500	3 000	300 000	540

（2）普通仓库可存放物资种类与数量信息见表 2 - 40。

表 2 - 40　普通仓库可存放物资种类与数量信息表

存货编码	存货名称	存货占用存储单位
JJTC0111	经济型童车	10
SSTC0112	舒适型童车	10
HHTC0113	豪华型童车	10

2. 商品信息

商品信息见表 2 - 41。

表 2－41　商品信息表

商品编码	商品名称	规格型号	计量单位
JJTC0111	经济型童车		辆
SSTC0112	舒适型童车		辆
HHTC0113	豪华型童车		辆

3. 货位信息

货位信息见表 2－42。

表 2－42　货位信息表

商品编码	商品名称	单位	货位
JJTC0111	经济型童车	辆	A0001
SSTC0112	舒适型童车	辆	A0002
HHTC0113	豪华型童车	辆	A0003

任务六　招投标企业经营规则

一、人力资源管理规则

招投标企业的人力资源管理要遵循人力资源管理规则。

1. 人员配置情况

招投标企业岗位及人员设置见表 2－43。

表 2－43　招投标企业岗位及人员设置表

部门	岗位名称	在编人数	直接上级
董事会	总经理	1	—

2. 考勤规则

见前节(44 页)。

3. 办公用品采购规则

(1)服务公司出售 VBSE 实训所需的各项办公用品,如表单、胶棒、曲别针等。买卖双方可对结算方式进行协商,既可选择当场结清价款,也可自行约定结算时间,如月结(每月统一结账)。办公用品价款可采用现金或支票进行结算。

服务公司提供的办公用品项目及价格见表 2－36。

(2)企业办公用品的管理由行政主管负责,行政主管每月月初统计办公用品采购需求,统一购买,按需发放。

(3)行政主管依照员工使用需求发放办公用品并做好领用记录。

二、销售规则

招投标企业进行合同洽谈时，要签订纸质合同，作为后续交易依据。费用结算按双方签订的合同进行处理，如出现争议，提交工商局进行协调。

三、收费规则

招标代理服务收费标准见表2-44。

表2-44　招标代理服务收费标准表

服务类费率中标金额/元	货物招标/%	服务招标/%	工程招标/%
100万以下	1.5	1.5	1.0
100万~500万	1.1	0.8	0.7
500万~1 000万	0.8	0.45	0.55
1 000万~5 000万	0.5	0.25	0.35
5 000万~10 000万	0.25	0.1	0.2
1亿~5亿	0.05	0.05	0.05
5亿~10亿	0.035	0.035	0.035
10亿~50亿	0.008	0.008	0.008
50亿~100亿	0.006	0.006	0.006
100亿以上	0.004	0.004	0.004

注：1. 按本表费率计算的收费为招标代理服务全过程的收费基准价格，单独提供编制招标文件（有标底的含标底）服务的，可按规定标准的30%计收。

2. 招标代理服务收费按差额定率累进法计算。例如：某工程招标代理业务中标金额为6 000万元，计算招标代理服务收费额如下：

100万元×1.00%=1万元

(500-100)万元×0.70%=2.8万元

(1 000-500)万元×0.55%=2.75万元

(5 000-1 000)万元×0.35%=14万元

(6 000-5 000)万元×0.20%=2万元

合计收费=1+2.8+2.75+14+2=22.55（万元）

为方便学生计算，本次实训中的招标服务费系统中设定为每单5 000元。

四、财务规则

见前节（53页）。

五、税务规则

招投标企业从事中介服务，涉及国家或地方多个税种，包括增值税、城市维护建设税、教育费附加、个人所得税等。

1. 税种类型

按照国家税法规定的税率和起征金额进行税额的计算。增值税税率为17%；城市维护建设税率为7%；教育费附加税率为3%；个人所得税按照七级累进税率。

2. 日常纳税申报及缴纳税款

在税收征收期内，按照招投标企业的经营情况，填制各税申报表，之后携带相关会计报表，到税务部门办理纳税申报业务，在得到税务部门开出的税收缴款书后，到银行缴纳税款。依据税务部门规定，每月初进行上月的纳税申报及缴纳。如遇特殊情况，可以向税务部门申请延期纳税申报。

六、会计核算规则

1. 结算方式

招投标企业可以采用现金结算、转账结算和电子银行三种方式。

2. 结算要求

见前节(46 页)。

任务七　连锁企业经营规则

一、门店销售规则

1. 销售订单说明

(1)订单中，销售价格为含税价，增值税税率为17%，销售商品时需要给顾客开具增值税专用发票。

(2)扣率说明，本实训材料中给定值为1，实训中具体扣率多少由实训人员自己设定。

(3)在固定经营阶段，会由计算机扮演顾客，选中4张订单小票。

(4)订单小票上写明客户名称，购买童车品种、数量、价格等信息。要避免反复购买。

订单小票见表2-45。

表2-45　订单小票表

客户名称	日期	货品名称	数量	单位	含税单价/元	应收金额/元
个人客户订单合计1	2017-1-5	经济型童车	100	辆	1 250	125 000
个人客户订单合计2	2017-1-5	经济型童车	100	辆	1 250	125 000
个人客户订单合计3	2017-1-5	经济型童车	100	辆	1 250	125 000
个人客户订单合计4	2017-1-5	经济型童车	100	辆	1 250	125 000

(5)在自主经营阶段,销售订单见表2-46。

表2-46　销售订单表

客户名称	日期	货品名称	数量	单位	含税单价/元	应收金额/元	折扣率	赠品	实收金额/元
个人客户订单合计5	2018-1-5	经济型童车	100	辆	1 250	125 000	1	无	125 000
个人客户订单合计6	2018-1-5	舒适型童车	100	辆	1 850	185 000	1	无	185 000
个人客户订单合计7	2018-1-5	豪华型童车	100	辆	2 450	245 000	1	无	245 000
个人客户订单合计8	2018-1-5	经济型童车	100	辆	1 250	125 000	1	无	125 000
个人客户订单合计9	2018-1-5	舒适型童车	100	辆	1 850	185 000	1	无	185 000
个人客户订单合计10	2018-1-5	豪华型童车	100	辆	2 450	245 000	1	无	245 000
个人客户订单合计11	2018-1-5	经济型童车	100	辆	1 250	125 000	1	无	125 000
个人客户订单合计12	2018-1-5	舒适型童车	100	辆	1 850	185 000	1	无	185 000
个人客户订单合计13	2018-1-5	豪华型童车	100	辆	2 450	245 000	1	无	245 000
个人客户订单合计14	2018-1-5	经济型童车	100	辆	1 250	125 000	1	无	125 000
个人客户订单合计15	2018-1-5	舒适型童车	100	辆	1 850	185 000	1	无	185 000
个人客户订单合计16	2018-1-5	豪华型童车	100	辆	2 450	245 000	1	无	245 000

二、门店补货规则

1. 门店补货

(1)门店补货通常在第一次进货之后,要根据销售情况和计划进行补货,以免出现断货的情况。完善的货品管理可以降低货品流失的概率及提高补货质量,令货品的出入得以平衡。而有效的存货管理就在于出数与入数的有效管理。

(2)补货基本上属于连锁企业内部的业务流程范畴。有的连锁企业把补货工作称为“向配送中心点菜”,这样的提法非常形象。

2. 补货业务的要点

(1)店长每天查看商品库存和销售情况。

(2)门店库存量设置最小、最大库存量。

(3)一次进货量保持在30天的销售范围内。

(4)店长根据最小库存量,即订货点法填制补货申请单。

(5)总部的物流部配送员在规定时间内根据申请单要求送货到门店。

3. 门店补货量

(1)计算公式:

计划补货量=平均每天销售量×(补货周期+交货期+安全库存天数)+最小陈列量(货架容量×最小陈列系数)-最后库存量-在途补货量

月销售量=平均每天销售量×订货周期

配送交货期库存量 = 平均每天销售量 × 交货期

安全库存量 = 平均每天销售量 × 安全库存天数

最小陈列数量 = 货架容量 × 最小库存系数

补货点 = 送货天数 × 每天销售量 + 安全库存 + 最小陈列数量

(2)门店最小陈列量见表 2-47。

表 2-47 门店最小陈列量表

门店	货架容量/辆	系数	最小陈列量/辆
东区门店	40	0.5	20
西区门店	40	0.5	20

门店的补货计划样表见表 2-48。

表 2-48 门店的补货计划样表 单位:辆

项目	1 月	2 月	3 月
月均销售量	400		
安全库存量(2 天 ×13 辆)	26		
配送交货期库存量(2 天 ×13 辆)	26		
店面最小陈列量	20		
最高库存量	472	472	472
期初库存量(400)	420	420	420
在途补货量	0	0	0
30 天销售量	400	400	400
补货点(最低库存量)	72	72	72
月末补货量(下单)	400	400	400

三、仓储中心补货规则

1. 补货业务的要点

(1)每天查看商品库存和配货情况。

(2)设置最小、最大库存量。

(3)一次进货量保持在 30 天的配送范围内。

(4)根据最小库存量即订货点法的计算结果,填制补货申请表。

(5)总部采购部采购员依据仓储中心补货申请表编制采购计划。

2. 仓储中心补货量计算公式

计划补货量 = 平均每天配送量 ×(配送周期 + 交货期 + 安全库存天数) - 最后库存量 - 在途订货量

月销售量 = 平均每天销售量 × 订货周期

配送交货期库存量 = 平均每天销售量 × 交货期

安全库存量 = 平均每天销售量 × 安全库存天数

补货点 = 交货天数 × 平均每天销售量 + 安全库存量

3. 仓储中心补货计划样表

仓储中心补货计划样表见表 2 – 49。

表 2 – 49　仓储中心补货计划样表

单位:辆

项目	1 月	2 月	3 月
月均配送量	1 600		
安全库存量(5 天 ×52 辆)	260		
采购交货期库存量(5 天 ×52 辆)	260		
最高库存量	2 120	2 120	2 120
期初库存量(2 000)	2 000	2 000	2 000
在途订货量	0	0	0
月末一次配送量	1 200	1 200	1 200
订货点	520	520	520
月末补货量(下单)	1 200	1 200	1 200

四、采购规则

1. 采购品种

采购商品主要从童车制造企业采购,采购品种主要有三种,见表 2 – 50。

表 2 – 50　采购品种表

商品编码	商品名称	规格型号	计量单位	市场供应平均单价/元
TC0111	经济型童车		辆	1 000
TC0112	舒适型童车		辆	1 500
TC0113	豪华型童车		辆	2 000

注:此处单价为含税单价,增值税税率为 17%。

2. 采购商品的流程

(1)采购部门根据仓储中心库存净需求(仓储中心补货申请表)、市场供求形势、采购提前期、安全库存及采购批量等因素,编制采购计划表。

(2)采购部门与童车制造企业签订合同,确定未来一段时间里即将采购的商品品种、预计数量和约定价格等内容。

(3)每月月末,采购部门根据库存情况与童车制造企业签订纸质采购合同。

(4)供应商根据约定的时间向连锁企业发货,连锁企业验收入库。

(5)货款结算的时间及金额依据双方签订的合同,并根据实际情况执行。

(6)采购的运费在采购合同中由双方进行约定。

五、仓储规则

1. 仓库

连锁零售企业有 3 个仓库,即仓储中心库、东区门店库、西区门店库。

仓库信息见表 2－51。

表 2－51 仓库信息表

仓库编码	仓库名称	可存放商品
ZBCK01	仓储中心库	经济型童车、舒适型童车、豪华型童车
AZCK02	东区门店库	经济型童车、舒适型童车、豪华型童车
DDCK03	西区门店库	经济型童车、舒适型童车、豪华型童车

注:东区门店库和西区门店库实际上仓库和店面是一体的,因此不单独设仓管员。

2. 商品信息

仓储中心负责企业所需商品的采购入库、配送出库和保管。

商品信息见表 2－52。

表 2－52 商品信息表

商品编码	商品名称	规格型号	计量单位
JJTC0111	经济型童车		辆
SSTC0112	舒适型童车		辆
HHTC0113	豪华型童车		辆

门店负责销售商品的补货入库、销售出库和保管。门店负责的销售商品见表 2－53。

表 2－53 门店负责销售商品表

商品编码	商品名称	规格型号	计量单位
JJTC0111	经济型童车		辆
SSTC0112	舒适型童车		辆
HHTC0113	豪华型童车		辆

六、财务规则

本财务实训由会计师事务所代理记账。

任务八 会计师事务所经营规则

一、项目经理岗前培训

项目经理岗前培训如图 2－7 所示。

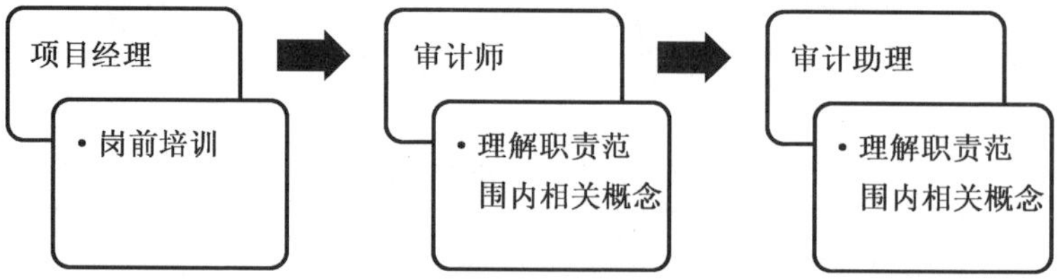

图 2－7 项目经理岗前培训图

组织部门人员学习审计的基本概念和理论，布置学习任务。

二、审计师的认知

(1)了解审计准则的分类及一般构成。

(2)掌握《中国内部审计准则》的内容。

(3)掌握审计抽样的种类和样本的选取方法。

三、审计助理的认知

(1)了解审计过程每一个阶段的具体工作内容。

(2)了解审计证据可靠性的判定标准。

(3)了解审计工作底稿的基本要素及分类内容。

企业是社会经济的基本单位，企业的发展受自身条件和外部环境的制约。企业的生存与企业间的竞争不仅要遵守国家的各项法规及行政管理规定，还要遵守行业内的各种约定。在开始模拟企业竞争之前，各岗位工作人员必须了解并熟悉这些规则，才能做到合法经营，才能在竞争中求生存、求发展。

素质拓展

活动策划

[实训目标]

培养编制计划的能力；培养策划的能力；培养统筹规划的能力。

[实训形式]

1. 根据模拟公司的决策进行公司开业活动策划。

2. 在调研的基础上，运用创造性思维，策划一项活动，制订计划。

3. 既可以小组为单位，每组 6～10 人，由学生推荐的组长主持，又可按照模拟公司的分组进行活动策划。

4. 搜集、汇总用于策划方案宣讲的资料。

［实训要求］

1. 所策划的活动的内容与主题，既可以由教师统一指定，也可以由学生自选。选题尽可能与所学专业业务相关。

2. 应通过调研取得较为充分的材料。

3. 要运用创造性思维，所策划的活动一定要有创意。

4. 要科学地规划有关要素，计划书的结构要合理、完整。

5. 撰写策划书是基本能力之一，也是未来就业的重要技能之一，一定要高度重视，积极参与。

［成果检测］

1. 每个人都要起草一份策划书。

2. 共同为模拟公司起草一份策划书或计划书。

3. 各组派代表发言；各组分别对其他各组评分，并指出优点与不足；各组对组员进行评分。

4. 由教师与学生共同对各公司的策划创意与计划编制进行评估，评定成绩。

第三部分　制造企业业务

章前导读

土虱作用大

喜欢钓鱼者都晓得，如果把鱼钓上来超过个把小时，放在篓子里的鱼往往会奄奄一息，所以擅长钓鱼者经常在鱼篓里放一尾土虱，由于土虱生性喜欢攻击身边的鱼，鱼群必须持续跳、躲、闪以避免受攻击，因此即使经过数个小时，钓上来的鱼还是活得很精神。

组织里一片和谐也不见得是一件好事，若有人能适当地扮演土虱，刺激组织成员的生存力，也未尝不是一件好事。为了增加组织的战斗活力，延续组织的生命力，领导者可以在组织中安排一些“土虱”。

但是鱼与土虱的比率一定要抓好，否则易弄巧成拙。

这则故事与我们熟知的“鲶鱼效应”寓意是一致的，只是要注意的是除了鱼与土虱的比率之外，还要阻止土虱变成螃蟹，过与不及的危害哪个大不去讨论。但有一点是毋庸置疑的，就是对鱼起不到刺激（攻击）作用的土虱，会降低鱼对外界危险的反应敏感程度，总是发现危险就在身边，但危险却又总不降临，从而出现对“狼来了”的说法不断重复之后的麻木，一旦危险真的到来，便很难有防御、抵抗和战胜它的可能。此外，如果土虱对鱼的攻击已经超过鱼所能承受的程度，那么土虱对于鱼的作用便已经转化为螃蟹了。

资料来源：朱晓杰．一生必知的101个管理寓言[M]．北京：中国商业出版社，2004．

教学内容

本章主要学习 VBSE 跨专业综合实训项目——制造企业业务，教学内容主要包括制造企业期初数据和制造企业日常业务两部分。

知识要点

制造企业期初数据　制造企业日常业务

实训任务

任务一　制造企业期初数据

一、总经理需读懂的期初数据

总经理在业务工作开展之前需要理解、掌握下列信息：

1. 核心制造企业组织结构图

核心制造企业组织结构如图 3－1 所示，分为 4 个管理层次、7 个部门、2 个车间。总经理对董事会负责，并可以对企管部、人力资源部、财务部、采购部、仓储部、生产计划部、营销部下达命令或进行指挥。

各职能部门经理对本部门下属有指挥权，对其他部门有业务指导权，但没有指挥权。

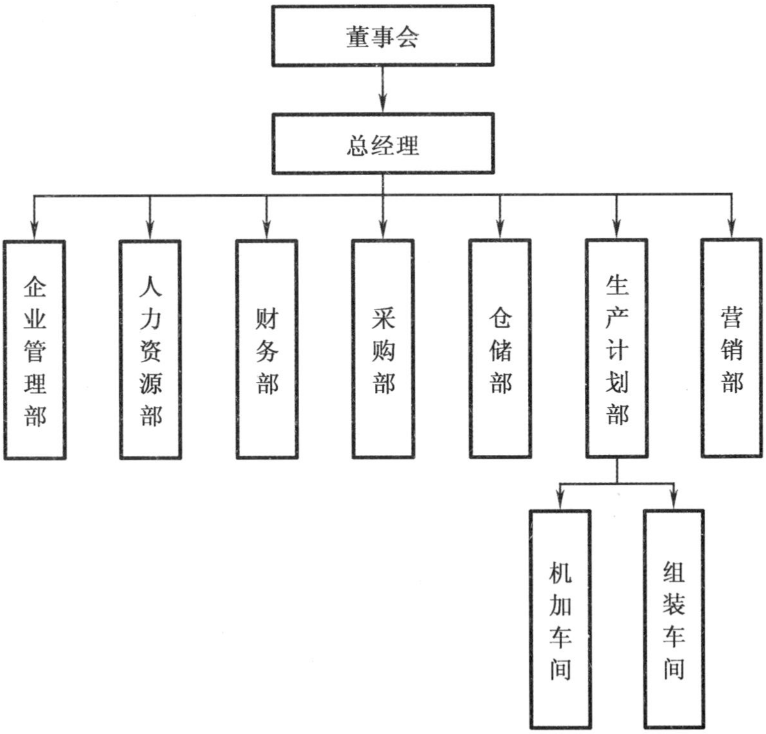

图 3－1　组织结构图

2. 岗位设置

各部门岗位设置及人员定编情况如图 3－2 所示，总经理下面设有 18 个管理岗位，总经理兼任企管部经理、行政助理兼任商务管理、计划员兼质量员，车间员工人数依据销售订单情况、生产计划部设备数量及其他企业经营状况做调整。截至 2016 年 12 月 31 日，管理人员在岗 18 人，车间工人 40 名，平均分布在两个车间中。

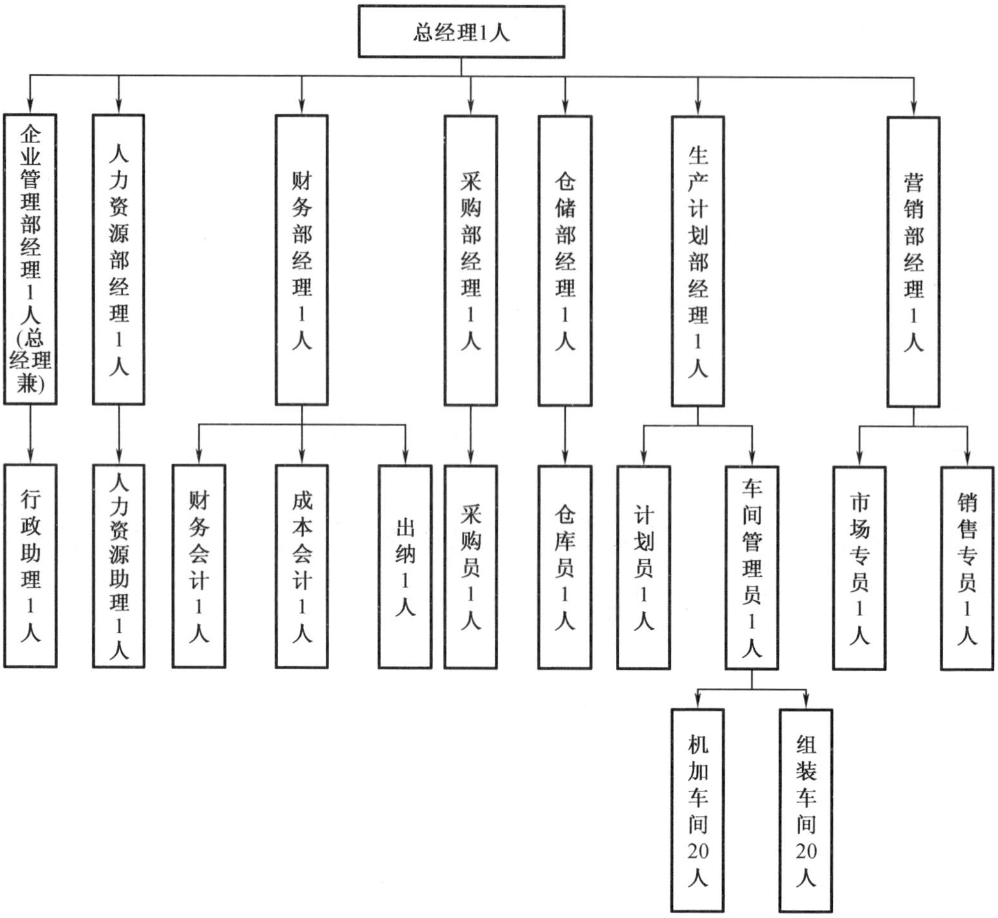

图3-2　各部门岗位设置及人员定编情况

3. 企业年度经营规划书

第一章　公司经营方针及目标

一、2017 年经营方针

公司发展战略中心在认真审视公司经营优势和劣势、机会和威胁(SWOT)的基础上,针对当前行业的竞争形势和趋势将2017 年的经营方针确定为:灵活策略赢市场,加强管理保利润。

二、经营目标

1. 销售收入:11 250 万元。

2. 利润目标:1 050 万元。

3. 权益增长:15.6%。

第二章　童车市场分析

一、市场概况

1. 童车涵盖婴儿手推车、学步车、脚踏车、电瓶车、自行车等多种品类。根据相关数据显示,2015—2016 年童车在全球市场的消费份额分别为 1 296 亿元(人民币,下同)、1 426 亿元、1 668 亿元。中国市场的消费份额也达到 258 亿元、274 亿元、291 亿元。可见童车市场潜力巨大。

2. 从产业分布区域看，目前我国童车生产企业主要集中在江苏昆山、浙江平湖、河北平乡和广宗、广东中山和南海等，湖北汉川、福建、安徽也占据了一定的份额，国内童车市场竞争仍然十分激烈。

二、市场定位

童车已经由婴幼儿的“奢侈品”演变为儿童成长过程中的必需品，尤其是婴儿手推车在农村市场热销。根据统计数据，按照目前新生儿出生数量进行累积计算，全球6岁以下的儿童数量超过8亿。今年仍然要集中各类资源生产经济型童车，争取在农村婴儿车消费市场占据更大份额。

三、经销渠道分析

目前，我国儿童用品除了传统分销方式之外，也在逐步探索网络等新媒介销售渠道，如好孩子、爱婴网等。基于目前我公司现状，我们要在紧抓现有分销渠道的同时，逐步向新型行销模式转变。

四、产品定价

结合我公司现状和市场调研，现有产品亟待研发定价，见表a。

表a　亟待研发产品定价表

产品类型	价格
经济型童车	1 160 元
舒适型童车	待定
豪华型童车	待定

五、市场份额预估

依据过去经营状况分析可知，现有客户订单加上未来开拓市场，今年市场份额预计将达到120 000辆。

第三章　生产策略

一、设备要求

童车生产设备主要包括普通机床、数控机床、组装生产线。目前企业拥有普通机床10台，组装生产线2条，年产能为100 000台。预计现有机械设备基本能满足上半年需要，2017年1月以后需要新增数控机床一台，以提升产能，满足市场需求。

二、设施要求

企业目前拥有厂房、仓库各一个，预计下半年市场需求会有较大的提高，对公司现有设施的容纳、吞吐能力会造成较大的冲击，因此需要依据实际经营状况新建或租赁厂房、仓库以满足需求。

三、原材料、生产工人的要求及供应渠道

企业目前的原材料采购主要依靠原有供应商供应。企业应积极组织市场调研，完善供应商信息，建立材料、产品价格数据库，以便更好地控制甚至降低生产成本。

企业应与人才服务公司合作，以使生产工人数量能满足产量变化的需要。

四、质量管理、包装

质量管理：保证童车产品质量达到中国国家认证、认可的监督管理委员会发布的《玩具类产品强制性认证实施规则》（序号：CNCA－13C－068：2006）文件要求，符合《GB 14748—2006 儿童推车安全要求》标准。保证童车在原材料选择、生产加工及稳固性、安全性等产品性能上符合质量审核和抽查要求。公司内部也要加强质量管理体系建设，减少残次品率，提升产品质量。

包装：内防护包装材料选用 PE 薄膜制品，但需选择绿色无污染包装耗材，通过感官检测、抖动检测、火烧检测、用水检测等多种方式严格把握包装材料质量。外包装采用五层纸箱。纸箱制品需通过相关标准测试，以减少童车在运输过程中的损耗。

五、生产运营安排

生产计划部、采购部、仓储部工作安排见表 b。

表 b　生产部、采购部、仓储部工作安排表

主要工作	具体方案	进度安排	责任人
安全生产	加强机械操作规范培训，严格实施定期检查，排查安全隐患，实现全年无重伤、无重大生产设备事故	常规工作	叶润中、周群、孙盛国
保证设备正常运行，提高工作效率	及时检查设备，及时整修、维修，保证设备正常运转，减少不必要耗时，提高产量	每月定期检查、维修	叶润中、周群、孙盛国
保证产品质量	加强产品研发，完善工作流程，提高产品合格率	常规工作	叶润中、周群、孙盛国
完善制度，明确职责，按章办事	采购部人员合理分工，分工不分家，做好自己本职工作的同时，协同他人一起做好采购部工作。要公开、公正、透明，实现公开询价	2017 年 1 月	李斌、付海生
逐步完善供应商信息	健全并完善供应商档案，改进供应商的选择机制，在结算方式上加强控制，争取与供应商达成月结协议，最大限度保证公司资金运转	2017 年 2～5 月	李斌、付海生
加强对材料、设备价格信息的管理	对每次材料、设备的采购计划、询价都要做好留底，保证资料的完整性，建立原材料、设备信息库，以备随时查询、对比	2017 年 6～9 月	李斌、付海生
采购及时、成本有效控制	保证采购工作有序进行，满足生产、经营的要求	全年	李斌、付海生
部门管理工作	合理分工，完成部门工作任务，依公司经营要求及运作体系制订本部门季度、月度工作计划	常规工作	何海明、王宝珠
完善制度	编制仓储制度及“7S”卫生责任区域规划，完善仓储工作环境的监测	2017 年 1～3 月	何海明、王宝珠
仓库物品管理	对仓库库存的物料依据先进先出原则，保护原料，依据生产物料需求，及时组织实施、协调配给	常规工作	何海明、王宝珠

考核指标：生产计划部为生产计划完成率、设备利用率、产品完工率；采购部为采购计划完成率、材料紧急采购数量、材料库存成本降低率；仓储部为存货周转率、仓库盘点账实相符、仓储费用预算完成率。

六、意外计划

为了保证公司在发生意外事故、安全生产事故、无计划、无停产通知而被迫停产后能有计划、有秩序地组织生产活动，迅速恢复生产能力，公司都会制定一套可行的意外处理流程。其流程如图a所示。

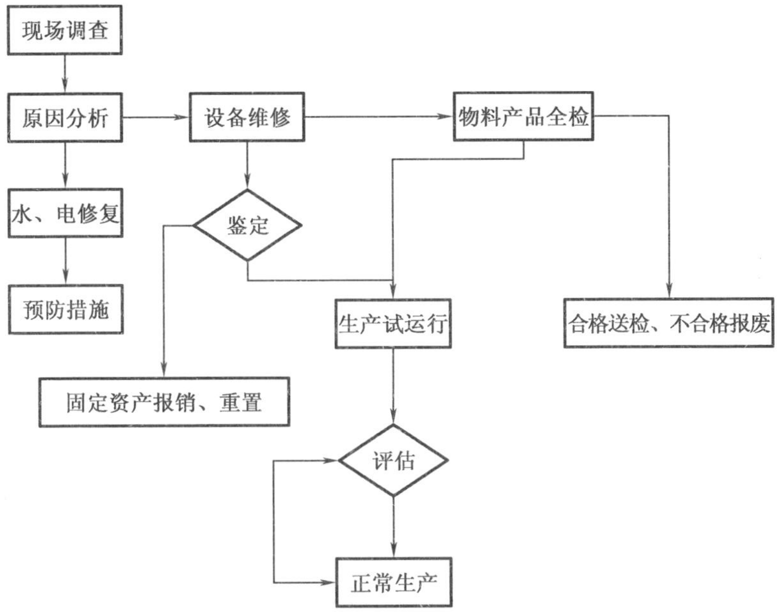

图a　意外处理流程图

第四章　销售策略

一、行销媒介选择与广告投放

加大广告投放力度，强化好佳童车品牌塑造。启动好佳童车厂广告投放的“海、陆、空”立体营销计划，如图b所示。

电视投放广告：进行核心产品（经济型童车）的广告投放，建立好佳童车的品牌形象。

全系列网络广告宣传：组织好佳童车网络活动推广，提高品牌知晓率和美誉度。

平面广告：通过发布广告软文，让更多家长知晓童车是宝宝成长的必备品。

二、产品特点及市场竞争分析

1. 舒适型童车特点

(1)拥有特色的好佳概念——舒适、透气、耐磨。

(2)适当的座椅高度避免了宝宝吸入地面灰尘的可能性。

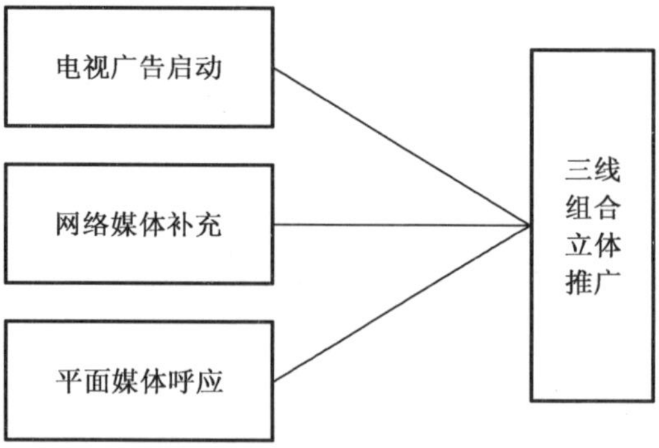

图 b　广告投放图

(3)完美的道路推行,灵敏的操作。

(4)后轮防翻转,单向刹车,刹车、停车更加方便。

(5)坐垫带三点式安全背带,保护宝宝的安全。

(6)靠背可调节为多种角度,从108°~140°,自由选择。

(7)超大防紫外线遮阳篷,可以有效减少阳光直射对宝宝造成的伤害。

(8)防震效果约达90%。

(9)整车都可拆洗。

(10)可调节手柄。

目标市场:舒适、操作简单、价格优惠,主要针对普通消费群体。

2. 豪华型童车特点

(1)拥有特色的好佳概念——舒适、透气、耐磨。

(2)适当的座椅高度避免了宝宝吸入地面灰尘的可能性。

(3)完美的道路推行,灵敏的操作。

(4)后轮双制动,刹车、停车更加方便、安全。

(5)坐垫带五点式安全背带,更能保护宝宝的安全。

(6)手把可调节为4种位置,符合人体工程学。手把可折叠和展开,更加人性化。

(7)靠背可调节为多种角度,从108°~175°,自由选择。

(8)超大遮阳篷,可以有效减少阳光直射对宝宝造成的伤害。

(9)储物篮有反光带,方便出行,也保证宝宝在夜间出行的安全性。

(10)拥有数控系统;防震效果约达90%;座椅宽敞,可自动调控,还可调节不同的倾斜度。

(11)整车都可拆洗。

(12)可调节手柄。

目标市场:从婴儿角度出发,考虑父母的感受和体验,强调高性能,更具人性化,主要面对高消费群体。

3. 企业竞争力分析

与品牌排名第一的好孩子婴儿手推车相比较而言，本公司产品在质量和性能上与好孩子品牌相差无几，但价格更为低廉，需要改进的是整体车质量方面。另就市场份额而言差距较为明显，需要广泛开拓市场，树立产品品牌形象，提升市场地位。

三、销售计划安排

市场营销部工作安排见表c。

表c　市场营销部工作安排表

主要工作	具体方案	进度安排	责任人
销售团队组建、培训	合理化分配销售资源，提升销售人员销售技能	2017年1月	杨笑笑
积极拓展市场，争取达到850万的销售额	积极开拓市场，发掘新的客户渠道与销售模式，建立完善的市场体系； 维护老客户，稳固和提升市场占有率； 加强业务学习，开阔视野，采取多样化的学习方式，及时总结，改正失误	2017年2~5月	杨笑笑、马博、刘思羽
加强团队管理，完善销售模式，促进业绩完成，争取完成业绩900万	2017年6月，完成550万；2017年7月，完成550万；2017年8月，完成550万；2017年9月，完成550万；2017年10月，完成550万；2017年11月，完成550万；2017年12月，完成600万	2017年6~12月	杨笑笑、马博、刘思羽
年总销售工作总结	根据一年的销售情况，总结经验和失误	2017年12月	杨笑笑、马博、刘思羽

考核指标：主营业务收入、广告产出比、销售增长率、产品市场占有率。

四、预计成效

加强广告推广与产品销售的协调同步，提升广告实际效果，预计准时完成销售目标。

第五章　组织与人事策略

一、主要工作进度安排

企管部、人力资源部工作安排见表d。

表d　企管部、人力资源部工作安排表

主要工作	具体方案	进度安排	责任人
完善公司企业管理制度	保证公司的运营在既有的组织架构中运行；实现绩效评价体系的完善与正常运行，并保证与薪资挂钩，从而提高绩效考核有效性	第一季度完成初稿，试运行，逐步完善；年中确定实施	总经理、总经理助理
建立内部纵向、横向沟通机制，强化日常企业管理	建立民主评议机制，加强跨部门、跨业务流程的交流与合作，减少误解，提高组织运营效能	第一季度成形，试运行，逐步完善；年中确定实施	总经理、总经理助理

续表

主要工作	具体方案	进度安排	责任人
经营计划制订与控制	组织市场调研，合理布局资源，提高企业效益	每月调查，适时调整经营策略	总经理、总经理助理
资格证认证	CCC、ISO 9000、ISO 14000认证	分季办理	总经理、总经理助理
档案管理	完善档案管理制度，提升管理技能	随时	总经理、总经理助理
企管部自身建设	完善部门组织职能，提高部门工作质量要求	随时	总经理、总经理助理
人力资源招聘与配置	以与人才服务中心合作为主，兼顾网络、现场、猎头、报刊等多种方式	生产部门需一周内填补空缺岗位，职能部门需两周内填补空缺岗位	人力经理、助理
薪酬管理	积极进行薪酬调查分析，完善薪资体系	每月25日发放上月工资，季度奖金于下一季度第一月核算，并随当月工资一并发放	人力经理、助理
绩效考核实施与评估	完善绩效考核制度，达到以绩效激励员工的目的	季度初进行工作计划安排，季末进行结果评估	人力经理、助理
员工培训	根据公司整体需要和各部门需要组织培训，做好新员工入职培训	新员工入职组织培训，在职人员定期组织培训	人力经理、助理
员工关系管理	及时处理劳动纠纷	依具体情况，第一时间处理纠纷	人力经理、助理
人力资源部自身建设	提升员工的专业能力，组织内部培训与交流	随时	人力经理、助理

考核指标：企管部为净利润、总资产利润率、净利润增长率、经营计划完成率；人力资源部为人力资源费用预算达成率、单位人力成本产出率。

二、企业现金流动状况

简易资产负债表见表e。

表 e 简易资产负债表

编制单位:好佳童车厂　　编制时间:2017 年 1 月 1 日　　单位:元

资产	金额	负债及所有者权益	金额
流动资产		流动负债	
货币资金	2 500 000.00	短期借款	1 000 000.00
应收账款	2 808 000.00	应付账款	1 696 500.00
存货	4 321 000.00	应付职工薪酬	215 060.24
		应交税费	604 929.76
		其他应交款	
流动资产合计	9 629 000.00	流动负债合计	3 516 490.00
		长期负债	
		长期借款	1 000 000.00
非流动资产		所有者权益	
固定资产	8 723 650.00	实收资本	9 000 000.00
		资本公积	
		盈余公积	264 575.18
		未分配利润	4 571 584.82
非流动资产合计	8 723 650.00	所有者权益合计	13 836 160.00
资产总计	18 352 650.00	负债及所有者权益总计	18 352 650.00

三、筹资和借债方案

企业资金来源于以下几种渠道:实收资本、银行信用贷款、商业信用。依据企业经营情况灵活选择,分析筹资、租赁、借债的优劣势,选择适合企业的方式。

资金来源见表 f。

表 f 资金来源表

筹资方式	融资手段	财务费用	最高限额	还款时间	还款约定
银行信用贷款	长期贷款	4.9%	上月所有者权益×2	按年,最长 5 年	每季付息,到期还本
	短期贷款	4.35%	上月所有者权益×2	按月,最短 3 月,最长 12 月	到期一次还本付息

四、财务部工作安排

财务部工作安排见表 g。

表 g　财务部工作安排

主要工作	具体方案	进度安排	责任人
日常工作	根据经审核无误的报销原始凭证,编制记账凭证;开展目标成本和质量成本管理;正确结算各种费用和经营利润;按照计税依据和适用税率正确计缴应纳税额;编制符合现行制度规定的准确、真实的会计报表;依照公司要求编制、发布公司月度、季度经济指标完成情况表及相关财务分析	常规工作	钱坤、刘自强、朱中华、赵丹
财务管理程序和作业文件评审	公司财务控制制度、财务管理授权制度、公司核算体系管理办法、公司预算管理评价与绩效考核办法、公司资金控制管理办法	2017 年 1～6 月	钱坤、刘自强、朱中华、赵丹

考核指标:财务预算控制、融资计划准确率、财务费用降低率。

二、行政助理需读懂的期初数据

行政助理在业务工作开展之前需要理解、掌握下列信息。

1. 固定资产卡片

固定资产卡片上的栏目有类别、序号、名称、规格、型号、建造单位、年月、投产日期、原始价值、预计使用年限、折旧率、存放地点、使用单位、大修理日期和金额,以及停用、出售、转移、报废清理等内容(表 3－1)。

截至 2016 年 12 月 31 日,企业拥有固定资产 33 项,每项固定资产均登记在固定资产卡片上。

2. 固定资产登记簿

固定资产登记簿是对所有固定资产卡片统一记录、管理的表格。固定资产登记簿中记录企业所有办公固定资产种类、购买时间、使用年限及折旧有关内容;固定资产卡片上填写资产类别、名称、原值、使用年限、购置日期、年折旧率、折旧额等信息,方便企业进行固定资产查找、管理(表 3－2)。

表 3-1 固定资产卡片表

固定资产名称	使用部门	使用时限/月	开始使用日期	已计提月份	原值/元	残值/元	月折旧额/元	累计折旧/元	对应科目
办公楼	企业管理部	240	2014.9.15	15	12 000 000.00	600 000.00	47 500.00	712 500.00	管理费用
普通仓库	仓储部	240	2014.9.15	15	5 400 000.00	270 000.00	21 375.00	320 625.00	管理费用
大厂房	生产计划部	240	2014.9.15	15	7 200 000.00	360 000.00	28 500.00	427 500.00	制造费用
普通机床（机加工生产线）	生产计划部	120	2014.9.15	15	2 100 000.00	—	17 500.00	262 500.00	制造费用－机加
组装生产线	生产计划部	120	2014.9.15	15	510 000.00	—	4 250.00	63 750.00	制造费用－组装
笔记本电脑	各管理部门	48	2014.9.15	15	42 000.00	—	875.00	13 125.00	管理费用
台式电脑	各管理部门	48	2014.9.15	15	52 800.00	—	1 100.00	16 500.00	管理费用
打印复印一体机	企业管理部	48	2014.9.15	15	24 000.00	—	500.00	7 500.00	管理费用
合　计					27 328 800.00		121 600.00	1 824 000.00	

表 3－2　固定资产登记簿

固定资产编号	固定资产名称	使用部门	使用时限/月	开始使用日期	已计提月份	原值 /元	残值/元	月折旧额/元	累计折旧/元	对应科目
0100001	办公楼	企业管理部	240	2014.9.15	15	12 000 000.00	600 000.00	47 500.00	712 500.00	管理费用
0100002	普通仓库	仓储部	240	2014.9.15	15	5 400 000.00	270 000.00	21 375.00	320 625.00	管理费用
0100003	大厂房	生产计划部	240	2014.9.15	15	7 200 000.00	360 000.00	28 500.00	427 500.00	制造费用
0200001	普通机床（机加工生产线）	生产计划部	120	2014.9.15	15	210 000.00	—	1 750.00	26 250.00	制造费用－机加
0200002	普通机床（机加工生产线）	生产计划部	120	2014.9.15	15	210 000.00	—	1 750.00	26 250.00	制造费用－机加
0200003	普通机床（机加工生产线）	生产计划部	120	2014.9.15	15	210 000.00	—	1 750.00	26 250.00	制造费用－机加
0200004	普通机床（机加工生产线）	生产计划部	120	2014.9.15	15	210 000.00	—	1 750.00	26 250.00	制造费用－机加
0200005	普通机床（机加工生产线）	生产计划部	120	2014.9.15	15	210 000.00	—	1 750.00	26 250.00	制造费用－机加
0200006	普通机床（机加工生产线）	生产计划部	120	2014.9.15	15	210 000.00	—	1 750.00	26 250.00	制造费用－机加
0200007	普通机床（机加工生产线）	生产计划部	120	2014.9.15	15	210 000.00	—	1 750.00	26 250.00	制造费用－机加
0200008	普通机床（机加工生产线）	生产计划部	120	2014.9.15	15	210 000.00	—	1 750.00	26 250.00	制造费用－机加
0200009	普通机床（机加工生产线）	生产计划部	120	2014.9.15	15	210 000.00	—	1 750.00	26 250.00	制造费用－机加
0200010	普通机床（机加工生产线）	生产计划部	120	2014.9.15	15	210 000.00	—	1 750.00	26 250.00	制造费用－机加

续表

固定资产编号	固定资产名称	使用部门	使用年限/月	开始使用日期	已计提月份	原值/元	残值/元	月折旧额/元	累计折旧/元	对应科目
0200011	组装生产线	生产计划部	120	2014.9.15	15	510 000.00	—	4 250.00	63 750.00	制造费用－组装
0300001	笔记本电脑	企业管理部	48	2014.9.15	15	6 000.00	—	125.00	1 875.00	管理费用
0300002	笔记本电脑	人力资源部	48	2014.9.15	15	6 000.00	—	125.00	1 875.00	管理费用
0300003	笔记本电脑	财务部	48	2014.9.15	15	6 000.00	—	125.00	1 875.00	管理费用
0300004	笔记本电脑	采购部	48	2014.9.15	15	6 000.00	—	125.00	1 875.00	管理费用
0300005	笔记本电脑	营销部	48	2014.9.15	15	6 000.00	—	125.00	1 875.00	销售费用
0300006	笔记本电脑	仓储部	48	2014.9.15	15	6 000.00	—	125.00	1 875.00	管理费用
0300007	笔记本电脑	生产计划部	48	2014.9.15	15	6 000.00	—	125.00	1 875.00	制造费用
0300008	台式电脑	财务部	48	2014.9.15	15	4 800.00	—	100.00	1 500.00	管理费用
0300009	台式电脑	财务部	48	2014.9.15	15	4 800.00	—	100.00	1 500.00	管理费用
0300010	台式电脑	企业管理部	48	2014.9.15	15	4 800.00	—	100.00	1 500.00	管理费用
0300011	台式电脑	人力资源部	48	2014.9.15	15	4 800.00	—	100.00	1 500.00	管理费用
0300012	台式电脑	财务部	48	2014.9.15	15	4 800.00	—	100.00	1 500.00	管理费用
0300013	台式电脑	采购部	48	2014.9.15	15	4 800.00	—	100.00	1 500.00	管理费用
0300014	台式电脑	营销部	48	2014.9.15	15	4 800.00	—	100.00	1 500.00	销售费用
0300015	台式电脑	营销部	48	2014.9.15	15	4 800.00	—	100.00	1 500.00	销售费用
0300016	台式电脑	仓储部	48	2014.9.15	15	4 800.00	—	100.00	1 500.00	管理费用
0300017	台式电脑	生产计划部	48	2014.9.15	15	4 800.00	—	100.00	1 500.00	制造费用
0300018	台式电脑	生产计划部	48	2014.9.15	15	4 800.00	—	100.00	1 500.00	制造费用
0300019	打印复印一体机	企业管理部	48	2014.9.15	15	24 000.00	—	500.00	7 500.00	管理费用
合　计						27 328 800.00		121 600.00	1 824 000.00	

三、营销部经理需读懂的期初数据

1. 期初数据表

期初数据见表 3－3。

表 3－3　期初数据表

序号	期初数据	相关说明	对应岗位
1	销售发货明细表	本期在 2017 年 1 月前未发货	营销部经理、销售专员
2	销售预测表	2017 年第 1 季度、第 2 季度	营销部经理、市场专员、销售专员
3	市场预测(本地,手工)	2017 年全年	营销部经理、市场专员、销售专员
4	市场预测(本地,信息化)	2017 年第 1 季度	营销部经理、市场专员、销售专员
5	客户信息汇总表	企业客户信息	营销部经理、销售专员
6	库存期初报表	各种成品的期初库存情况	营销部经理、销售专员
7	车间产能报表	车间产能情况	营销部经理、销售专员

销售发货明细见表 3－4。

表 3－4　销售发货明细表

单据序号	销售订单号	客户名称	产品名称	数量/辆	货款额/元	合同约定交货期	合同约定回款期	实际发货数量/辆	发票开具情况	回款额/元
0001		旭日贸易公司	经济型童车							

编制人:刘思羽　日期:2017 年 1 月

说明:一式一联,销售部存。

销售预测见表 3－5。

表 3－5　销售预测表

单位:辆

产品	2017 年								
	1 月	2 月	3 月	4 月	5 月	6 月	7 月	8 月	9 月
经济型童车	5 000	5 000	5 000	6 000	6 000	6 000	7 000	7 000	7 000
舒适型童车									
豪华型童车									

存货档案见表 3－6。

表 3－6　存货档案表

存货编码	存货类型	存货名称	规格	计量单位	存货占用存储单位	组织机构类型
P0001	产成品	经济型童车	—	辆	10	制造企业、经销商、连锁、国际贸易,虚拟经销商
P0002	产成品	舒适型童车	—	辆	10	制造企业、经销商、连锁、国际贸易、虚拟经销商
P0003	产成品	豪华型童车	—	辆	10	制造企业、经销商、连锁、国际贸易、虚拟经销商

存货期初见表 3－7。

表 3－7　存货期初表

存货编码	存货类型	存货名称	规格	计量单位	期初库存量	单价/元
P0001	产成品	经济型童车	—	辆	5 400	756.82
P0002	产成品	舒适型童车	—	辆	0	0
P0003	产成品	豪华型童车	—	辆	0	0

客户信息见表 3－8。

物流信息见表 3－9。

招投标代理公司信息见表 3－10。

服务公司信息见表 3－11。

已发货未收款订单信息见表 3－12。

2017 年本地市场经济型童车销量预测(手工阶段)情况见表 3－13,并如图 3－3 所示。

2017 年本地市场经济型童车价格预测(手工阶段)情况见表 3－14,并如图 3－4 所示。

2017 年本地市场经济型童车销量预测(信息化阶段)情况见表 3－15,并如图 3－5 所示。

2017 年本地市场经济型童车价格预测(信息化阶段)情况见表 3－16,并如图 3－6 所示。

旭日贸易公司的基本信息见表 3－17。

华晨商贸城的基本信息见表 3－18。

期初的库存情况见表 3－19。

生产车间的产能信息见表 3－20。

表3-8　客户信息表

序号	企业法定中文名称	简称	办公电话	邮政编码	注册资金/万元	企业注册登记日期	企业法定代表人	企业注册地址	企业法人营业执照注册号	开户银行	银行账号
1	旭日商贸有限公司	旭日	×××	100094	450	2015-1-4	李某	×××	×××	中国工商银行	×××
2	华晨商贸有限公司	华晨	×××	100084	450	2015-1-4	王某	×××	×××	中国工商银行	×××
3	仁和商贸有限公司	仁和	×××	100086	450	2015-1-4	董某	×××	×××	中国工商银行	×××
4	天府商贸有限公司	天府	×××	100080	450	2015-1-4	康某	×××	×××	中国工商银行	×××
5	湖北强盛商贸有限公司（中部）	强盛	×××	430090	100	2015-1-4		×××	×××	中国工商银行	×××
6	湖北静洁商贸有限公司（中部）	静洁	×××	430120	100	2015-1-4		×××	×××	中国工商银行	×××
7	五洲进出口有限公司	五洲	×××	101060	2 000	2015-1-4	郭某	×××	×××	中国工商银行	×××

表3-9　物流信息表

企业法定中文名称	简称	办公电话	邮政编码	注册资金/万元	企业注册登记日期	企业法定代表人	企业注册地址	企业法人营业执照注册号	开户银行	银行账号
隆飞物流有限公司	隆飞	×××	100106	600	2015-1-4	李某	×××	×××	中国工商银行	×××

表 3－10　招投标代理公司信息表

企业法定中文名称	简称	办公电话	邮政编码	注册资金/万元	企业注册登记日期	企业法定代表人	企业注册地址	企业法人营业执照注册号	开户银行	银行账号
新华招投标有限公司	新华	×××	100144	2 000	2015－1－4	孙某	×××	×××	中国工商银行	×××

表 3－11　服务公司信息表

企业法定中文名称	简称	办公电话	邮政编码	注册资金/万元	企业注册登记日期	企业法定代表人	企业注册地址	企业法人营业执照注册号	开户银行	银行账号
融通综合服务有限公司	融通	×××	100122	5 000	2015－1－4	王某	×××	×××	中国工商银行	×××

表 3－12　已发货未收款订单信息表

单据编号	销售订单号	客户名称	产品名称	数量/辆	货款额/元	合同约定交货期	合同约定回款期	实际发货数量/辆	发票开具情况	回款额/元
0001	LJ110002	旭日贸易公司	经济型童车	3 000	1 965 600.00	2017－1－25	2017－2	3 000		
0002	LJ110003	旭日贸易公司	经济型童车	1 000	655 200.00	2017－1－25	2017－2	1 000		

表 3-13　2017 年本地市场经济型童车销量预测(手工阶段)　　单位:辆

市场	产品名称	第 1 季度	第 2 季度	第 3 季度	第 4 季度
本地	经济型童车	130 000	138 000	151 000	160 000

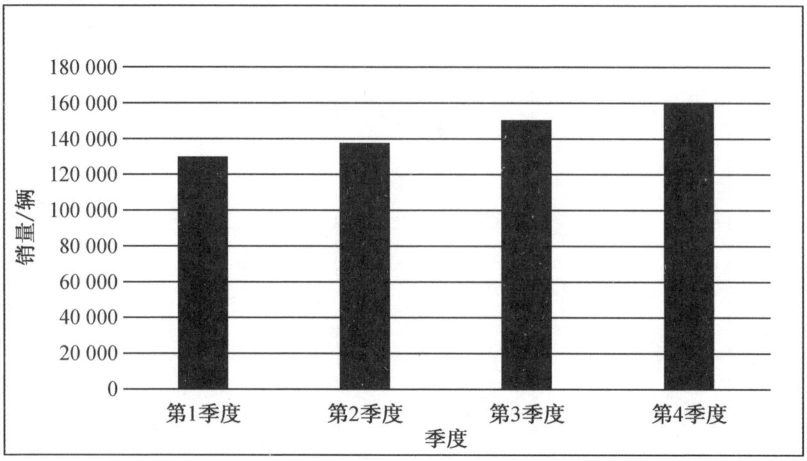

图 3-3　2017 年本地市场经济型童车销量预测(手工阶段)

注:以上预测数据为 10 家企业的预测数据。

表 3-14　2017 年本地市场经济型童车价格预测(手工阶段)　　单位:元

市场	产品名称	第 1 季度	第 2 季度	第 3 季度	第 4 季度
本地	经济型童车	1 200	1 180	1 150	1 100

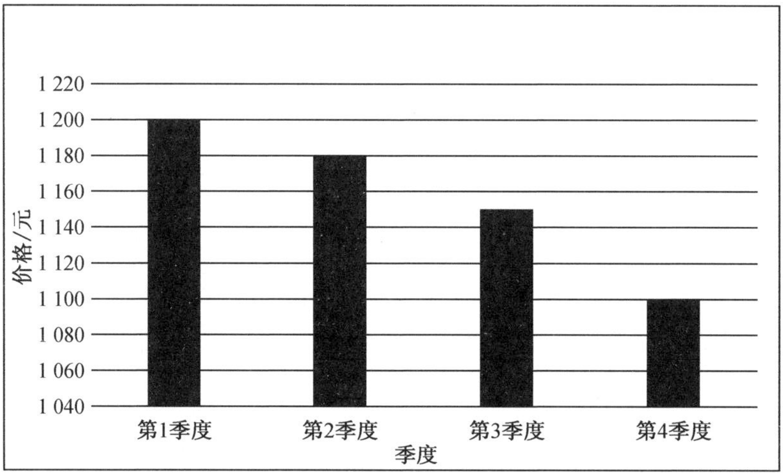

图 3-4　2017 年本地市场经济型童车价格预测(手工阶段)

注:以上预测数据为 10 家企业的预测数据。

表 3-15　2017 年本地市场经济型童车销量预测(信息化阶段)　　单位:辆

市场	产品名称	1 月	2 月	3 月	4 月	5 月	6 月
本地	经济型童车	60 600	62 000	62 800	63 800	64 000	61 800

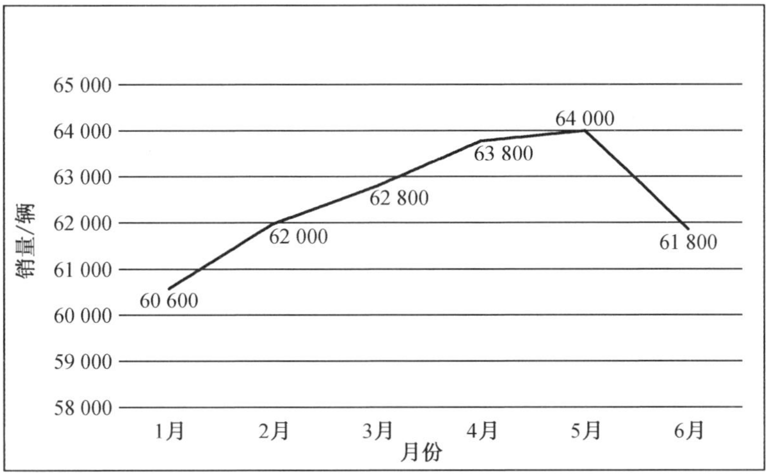

图 3-5　2017 年本地市场经济型童车销量预测(信息化阶段)

注:以上预测数据为 10 家企业的预测数据。

综合 2017 年 4 个季度的情况来看,本地市场经济型童车的销量有所上升,但价格有所下降。

表 3-16　2017 年本地市场经济型童车价格预测(信息化阶段)　　单位:元

市场	产品名称	2017 年 1 月	2017 年 2 月	2017 年 3 月
本地	经济型童车	1 200	1 180	1 160

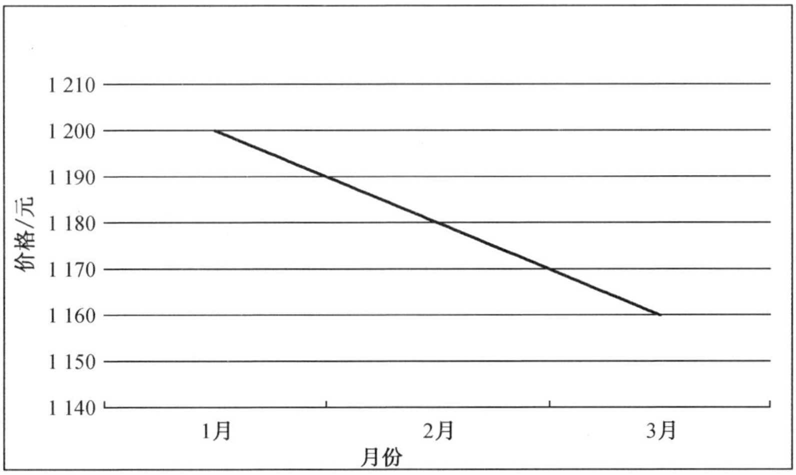

图 3-6　2017 年本地市场经济型童车价格预测(信息化阶段)

综合2017年第1个季度三个月的情况来看,本地市场经济型童车的销量有一定的波动,整体呈上升趋势,价格呈下降趋势。

表3-17 旭日贸易公司的基本信息

本地客户	
企业法定中文名称	旭日贸易公司
企业法定代表人	康某
企业注册地址	×××
注册登记地点	北京市海淀区工商行政管理局
企业法人营业执照注册号	×××
税务登记证号	×××
组织机构代码证	×××
办公地址	×××
邮政编码	100094
办公电话	×××
开户银行	工商银行北京分行海淀支行
账号	×××

表3-18 华晨商贸城的基本信息

本地企业	
企业法定中文名称	华晨商贸城
企业法定代表人	李某
企业注册地址	×××
注册登记地点	北京市海淀区工商行政管理局
企业法人营业执照注册号	×××
税务登记证号	×××
组织机构代码证	×××
办公地址	×××
邮政编码	100080
办公电话	×××
开户银行	工商银行北京分行海淀支行
账号	×××

表3-19 期初的库存报表 2017年1月1日

项目	库存数量/辆	在途数量/辆
经济型童车	2 000	0

表 3－20　生产车间产能报表

制表日期:2017 年 1 月 1 日　　制表部门:生产计划部　　单据编号:0001　　单位:辆

车间名称	2017 年 1 月			2017 年 2 月			2017 年 3 月			2017 年 4 月			2017 年 5 月			2017 年 6 月		
	初始产能	占用情况	剩余产能	初始产能	占用情况	剩余产能	初始产能	占用情况	剩余产能	初始产能	占用情况	剩余产能	初始产能	占用情况	剩余产能	初始产能	占用情况	剩余产能
普通机床	5 000	0	5 000	5 000	0	5 000	5 000	0	5 000	5 000	0	5 000	5 000	0	5 000	5 000	0	5 000
数控机床	0	0	0	0	0	0	0	0	0	3 000	0	3 000	3 000		3 000	3 000		3 000
组装生产线	7 000	0	7 000	7 000	0	7 000	7 000	0	7 000	7 000	0	7 000	7 000	0	7 000	7 000	0	7 000
实际可用产能	5 000	0	5 000	5 000	0	5 000	5 000	0	5 000	7 000	0	7 000	7 000	0	7 000	7 000	0	7 000

2. 特别提示

(1)下一个月的市场预测和成品库存基本均衡。

(2)下一个季度的市场预测和产能有较小的不均衡性。

(3)营销部经理要根据市场预测制定广告投放策略,并进行新一轮的产品销售竞争。

(4)营销部经理还要及时反馈市场预测变化,并提出增加产品供应的要求。

四、销售专员需读懂的期初数据

销售专员需读懂的期初数据与营销部经理需读懂的期初数据几乎相同,只是除去了存货档案信息、存货期初信息、客户信息、物流信息,招投标代理公司信息、服务公司信息、已发货未收款信息。所以,在此不再赘述。

五、市场专员需读懂的期初数据

(1)销售预测信息见表3-5。

(2)2017年本地市场经济型童车销量预测(手工阶段)情况见表3-13,并如图3-3所示。

(3)2017年本地市场经济型童车价格预测(手工阶段)情况见表3-14,并如图3-4所示。

(4)2017年本地市场经济型童车销量预测(信息化阶段)情况见表3-15,并如图3-5所示。

(5)2017年本地市场经济型童车价格预测(信息化阶段)情况见表3-16,并如图3-6所示。

六、生产计划部经理需读懂的期初数据

1. 派工单

派工单(又称工票或传票)是指生产管理人员向生产人员派发生产指令的单据,是工业企业中对工人分配生产任务并记录其生产活动的原始记录。它是一种面向工作中心说明加工工序优先级的文件,说明工作中心的工序在一周或一个时期内要完成的生产任务。它还说明什么时间开始加工、什么时间完成、计划加工数量是多少、计划加工时数是多少、在制的生产货位是什么、计时的费率、计件的费率、加班的费率、外协的费率等。经济型车架的派工单见表3-21。

表3-21　经济型车架的派工单

派工单号:SC-PG-201701001　　派工部门:生产计划部　　派工日期:2017年1月5日

产品名称	工序	工序名称	工作中心	生产数量	计划进度	
					开始日期	完工日期
经济型车架	10	机加工	普通机床	4 800	1月5日	1月5日

生产计划部经理:叶润中　　车间管理员:周群

经济型童车派工单见表3-22。

表3-22　经济型童车派工单

派工单号:SC-PG-201701002　　派工部门:生产计划部　　派工日期:2017年1月25日

产品名称	工序	工序名称	工作中心	生产数量/辆	计划进度	
					开始日期	完工日期
经济型童车	20	组装	组装生产线	4 800	1月25日	1月25日

生产计划部经理:叶润中　　车间管理员:周群

2. 生产执行情况表

企业在下达了生产任务后,每一张生产任务单所需要生产的产品有没有按时生产完工,已完工的产品是分多少批完工入库的,以及何时生产完工的,是按计划生产完工的还是延期完工的,都需要适时掌握相关情况,以免造成出货延期,本表就专为解决此问题而设计。生产执行情况见表3-23。

表3-23　生产执行情况表

制表部门:生产计划部　　制表日期:2017年1月30日

派工单号	产品名称	领料情况	开工数量	完工数量	开工日期	计划完工日期	完工日期	在产数量	完工入库数量	产品入库日期	备注
SC-PG-201701001	经济型车架	已领	4 800个		2017.1.5	2017.1.5		4 800个			
SC-PG-201701002	经济型童车	已领	4 800辆		2017.1.25	2017.1.25		4 800辆			

车间管理员:周群

3. 车间产能报表

产能指生产能力,是指在一定时期内(通常是一年),企业的全部生产性固定资产,在先进合理的技术组织条件下,经过综合平衡后,所能生产的一定种类和一定质量的最大数量,或者能够加工处理的一定原材料的最大数量。

知识链接

1. 理解生产能力指标的要点

(1)企业先进的生产性能固定资料。

(2)生产能力是在企业可能达到的技术组织条件下确定,不考虑劳动力不足和物资供应中断等不正常现象。

(3)以实物指标为计量单位。

(4)综合平衡的结果。

(5)一般以最大产品数量来表示,有时也以加工的原材料的最大数量表示。

2. 生产能力的种类

生产能力是反映企业生产可能性的一个重要指标。实际运用中的生产能力有多种不同的表达方式,可分为设计生产能力、查定生产能力和计划生产能力等。

(1)设计生产能力

设计生产能力是企业创建时在基建任务书和技术文件中所规定的生产能力,它是按照工厂设计文件规定的产品方案、技术工艺和设备,通过计算得到的最大年产量。企业投产后往往要经过一段熟悉和掌握生产技术的过程,甚至要改进某些设计不合理的地方,才能达到设计生产能力。设计生产能力也不是不可突破的,当操作人员熟悉了生产工艺、掌握了内在规律以后,通过适当的改造是可以使实际生产能力大大超过设计生产能力的。

(2)查定生产能力

查定生产能力是指企业在没有设计生产能力资料或设计生产能力资料可靠性低的情况下,根据企业现有的生产组织条件和技术水平等因素,而重新审查核定的生产能力。它为研究企业当前生产运作问题和今后的发展战略提供了依据。

(3)计划生产能力

计划生产能力也称为现实能力、实际可用能力,是企业计划期内根据现有的生产组织条件和技术水平等因素所能够实现的生产能力。它直接决定了近期所做生产计划的生产能力。

计划能力包括两大部分:首先是企业已有的生产能力,是近期内的查定能力;其次是企业在本年度内新形成的能力。后者可以是以前的基建或技改项目在本年度形成的能力,也可以是企业通过管理手段而增加的能力。

计划能力的大小基本上决定了企业当期的生产规模,生产计划量应该与计划能力相匹配。企业在编制计划时要考虑市场需求量,能力与需求不可能完全一致,利用生产能力的不确定性,在一定范围内可以对生产能力做短期调整,以满足市场需求。

3. 生产能力的计量单位

由于企业种类的广泛性,不同企业的产品和生产过程差别很大,在做生产能力计划以前,必须确定本企业的生产能力计量单位。常见的生产能力计量单位有以下几种。

(1)以产出量为计量单位

生产类型为调制型和合成型的制造企业的生产能力以产出量表示十分确切明了。如钢铁厂、水泥厂都以产品吨位作为生产能力,家电生产厂是以产品台数作为生产能力。这类企业,它们的产出数量越大,能力也越大。若厂家生产多种产品,则选择代表企业专业方向、产量与工时定额乘积最大的产品作为代表产品,其他的产品可换算成代表产品。换算系数 k_i 由下式求得:

$$k_i = t_i/t_0$$

式中 k_i——代表 i 产品的换算系数;

t_i——代表 i 产品的时间定额;

t_0——代表产品的时间定额。

(2)以原料处理量为计量单位

有的企业使用单一的原料生产多种产品,这时以工厂年处理原料的数量作为生产能力的计量单位是比较合理的,如炼油厂以一年加工处理原油的吨位作为它的生产能力。这类企业的生产特征往往是分解型的，使用一种主要原料，分解制造出多种产品。

(3)以投入量为生产能力计量单位

有些企业如果以产出量计量它的生产能力，则会使人感到不确切，不易把握。如发电厂，年发电量几十亿度电，巨大的天文数字不易比较判断，还不如用装机容量来计量更方便。这种情况在服务业中更为普遍，如航空公司以飞机座位数量为计量单位，而不以运送的客流量为计量单位；医院以病床数为计量单位，而不是以诊疗的病人数为计量单位；零售商店以营业面积，或者标准柜台数来计量，而不能用接受服务的顾客数来计量；电话局以交换机容量来计量，而不用接通电话的次数来计量。这类企业的生产能力有一个显著特点，就是能力不能存储，服务业往往属于这种类型。

七、计划员需读懂的期初数据

计划员需读懂的期初数据与生产计划部经理需读懂的期初数据完全相同，在此不再赘述。

八、车间管理员需读懂的期初数据

车间管理员需读懂的期初数据与生产计划部经理需读懂的期初数据完全相同，在此不再赘述。

九、期初建账

1. 仓储部经理期初建账

(1)产品物料清单结构

仓储部经理熟悉产品物料清单结构，了解产品物料需求结构和各物料的需求比例关系。物料清单是详细记录一种产品所用到的所有原材料及相关属性，产品结构表反映了生产产品与其物料需求的数量和从属关系。

物料清单不仅是一种技术文件，还是一种管理文件，是联系与沟通各部门的纽带，企业各个部门都要用到物料清单表。经济型童车的物料清单表见表3－24。

表3－24 经济型童车的物料清单表

结构层次	物料编码	物料名称	单位	总数量	备注
0	P0001	经济型童车	辆	1	自产成品
1	M0001	经济型车架	个	1	自产半成品
1	B0005	车篷	个	1	外购原材料
1	B0006	车轮	个	4	外购原材料
1	B0007	包装套件	套	1	外购原材料
2	B0001	钢管	根	2	外购原材料
2	B0003	坐垫	个	1	外购原材料

经济型童车物料清单结构如图 3－7 所示。

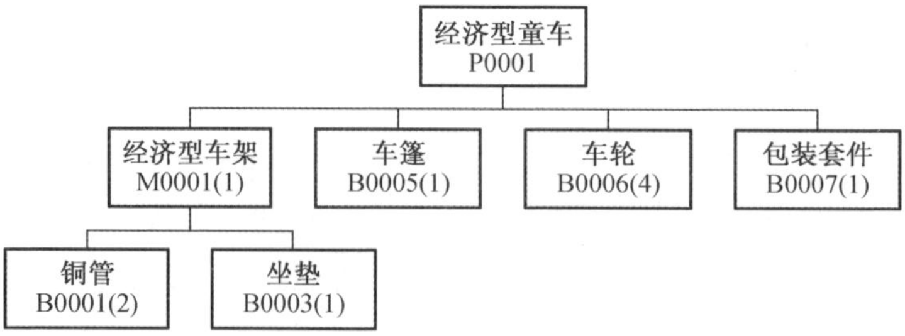

图 3－7　经济型童车物料清单结构

(2)原材料和成品清单

仓储部经理熟悉原材料和成品表中的所有物料名称、物料编码、规格及来源。原材料和成品清单见表 3－25。

表 3－25　原材料和成品清单

物料名称	物料编码	单位	物料规格	来源
钢管	B0001	根	$\phi_{外}$ 16mm/$\phi_{内}$ 11mm/L5000	外购
坐垫	B0003	个	HJM500	外购
车篷	B0005	个	HJ72 × 32 × 40	外购
车轮	B0006	个	HJ$\phi_{外}$ 125mm/$\phi_{内}$ 60mm	外购
包装套件	B0007	套	HJTB100	外购
经济型车架	M0001	个		自制/委外
经济型童车	P0001	辆		自产

(3)储位分配表

仓储部经理熟悉储位分配表中各物料的储存仓位编码。储位分配表见表 3－26。

表 3－26　储位分配表

物料名称	单位	仓位
钢管	根	A01
坐垫	个	A02
车篷	个	A03
车轮	个	A04
包装套件	套	A05
经济型车架	个	B01
经济型童车	辆	C01

(4)库存期初数据表

仓储部经理熟悉库存期初数据表中各物料的库存期初数量和在途(产)数量,物料在途数量。库存期初表和存货档案表见表3－27和表3－28。

表3－27 库存期初数据表

存货编码	存货类型	存货名称	规格	计量单位	期初库存量	单价/元
P0001	产成品	经济型童车	—	辆	5 400	756.82
P0002	产成品	舒适型童车	—	辆	0	0
P0003	产成品	豪华型童车	—	辆	0	0
M0001	半成品	经济型童车车架	—	个	5 400	346.24
M0002	半成品	舒适型童车车架	—	个	0	0
M0003	半成品	豪华型童车车架	—	个	0	0
B0001	原材料	钢管	$\phi_{外}$ 16mm/$\phi_{内}$ 11mm/L5000	根	10 800	105.2
B0002	原材料	镀锌管	$\phi_{外}$ 16mm/$\phi_{内}$ 11mm/L5000	根	0	0
B0003	原材料	坐垫	HJM500	个	5 400	80.18
B0004	原材料	记忆太空棉坐垫	HJM0031	个	0	0
B0005	原材料	车篷	HJ72×32×40	个	5 400	144.26
B0006	原材料	车轮	HJ$\phi_{外}$ 125mm/$\phi_{内}$ 60mm	个	21 600	26.89
B0007	原材料	经济型童车包装套件	HJTB100	套	5 400	90.16
B0008	原材料	数控芯片	MCX3154A	片	0	0
B0009	原材料	舒适型童车包装套件	HJTB200	套	0	0
B0010	原材料	豪华型童车包装套件	HJTB300	套	0	0

表3－28 存货档案表

存货编码	存货类型	存货名称	规格	计量单位	存货占用存储单位	组织机构类型
P0001	产成品	经济型童车	—	辆	10	制造企业、经销商、连锁、国贸企业、虚拟经销商
P0002	产成品	舒适型童车	—	辆	10	制造企业、经销商、连锁、国贸企业、虚拟经销商
P0003	产成品	豪华型童车	—	辆	10	制造企业、经销商、连锁、国贸企业、虚拟经销商
M0001	半成品	经济型童车车架	—	个	10	制造企业
M0002	半成品	舒适型童车车架	—	个	10	制造企业
M0003	半成品	豪华型童车车架	—	个	10	制造企业

续表

存货编码	存货类型	存货名称	规格	计量单位	存货占用存储单位	组织机构类型
B0001	原材料	钢管	$\phi_{外}$ 16mm/$\phi_{内}$ 11mm/L5000	根	2	制造企业、供应商、虚拟供应商
B0002	原材料	镀锌管	$\phi_{外}$ 16mm/$\phi_{内}$ 11mm/L5000	根	2	制造企业、供应商、虚拟供应商
B0003	原材料	坐垫	HJM500	个	4	制造企业、供应商、虚拟供应商
B0004	原材料	记忆太空棉坐垫	HJM0031	个	4	制造企业、供应商、虚拟供应商
B0005	原材料	车篷	HJ72×32×40	个	2	制造企业、供应商、虚拟供应商
B0006	原材料	车轮	HJ$\phi_{外}$ 125mm/$\phi_{内}$ 60mm	个	1	制造企业、供应商、虚拟供应商
B0007	原材料	经济型童车包装套件	HJTB100	套	2	制造企业、供应商、虚拟供应商
B0008	原材料	数控芯片	MCX3154A	片	1	制造企业、供应商、虚拟供应商
B0009	原材料	舒适型童车包装套件	HJTB200	套	2	制造企业、供应商、虚拟供应商
B0010	原材料	豪华型童车包装套件	HJTB300	套	2	制造企业、供应商、虚拟供应商

在途数量是指企业已经下达采购订单并收到对方的结算凭证,但仍在运输途中,或已经运达企业,但是尚未验收入库的材料的数量。在产数量是指已经投产,正在车间加工、组装的,未完工的半成品和成品的数量。

安全库存又称缓冲库存,设置安全库存是为了应对供应和需求或提前期中偶然出现的不可预测的波动。如果需求大于预测,就会发生缺货,设置安全库存是为了预防这种可能性的发生,从而避免生产中断或中断为客户交货。

2. 仓管员期初建账

(1)物料卡

仓管员根据期初资料,建立物料卡,一物一卡,将物料的库存期初数量填入物料卡。

物料卡是一种实物标签,是仓管员管理物品的“耳目”,能够直接反映物料的品名、型号、规格、数量、单位及进出动态和库存数量。

(2)期初建账

初次建账,先将所有物品的实物库存数量盘点出来,再按各种物品分别建账,将盘点出来的实物库存数作为台账的期初库存,以后每次入库和出库的物品数量都及时、准确地在台账上进行登记,算出结存数量。

库存期初数据表和存货档案表见表3-27和表3-28。

3. 采购部经理期初建账

本案例中采购部根据企业的需要做出如下决定：按季度与供应商签订采购合同；每月向各供应商下达 1 次订单；从发出采购订单到收到采购物料的时间为 1 个月，即采购提前期为 1 个月；收到物料后的次月支付货款；发出订单和收到物料后，填写“采购合同执行情况表”和“供应商考核记录表”。采购部为保证完成 1 月工作任务，在期初除掌握 VBSE 实习基础知识，还需要知晓期初资料（表 3－29）。

表 3－29　采购部期初资料汇总表

序号	单据类型	单据名称	页数
1	采购部	1 月采购订单	4
2	采购部	2 月采购订单	3
3	采购部	期初库存的 1 月入库单	4
4	采购部	物料清单	1
5	采购部	车间产能报表	1
6	采购部	供应商信息汇总表	1
7	采购部	期初采购合同执行情况表	1
8	采购部	期初库存	1
9	采购部	材料供应商资料信息	1
10	采购部	供应商考评记录	1

（1）1 月下达的采购订单

采购部根据生产部物料需求计划，1 月执行采购合同下达 1 份采购订单，见表 3－30。订单一式四联，第一联采购部留存，第二联仓储部留存，第三联财务部留存，第四联寄送给供应商。

表 3－30　1 月采购订单

供应商名称：丰达工贸有限公司　　　　采购类别：普通采购
合同编号：CG－HT－2017010001　　　　付款方式：电汇月结
制单日期：2017.1.5　　　　订单编号：CG－DD－201701005

序号	品名	规格	单位	到货时间	数量	单价/元	折扣率/%	金额小计/元
1	钢管	$\phi_{外}$ 16mm/$\phi_{内}$ 11mm/L5000	根	2017.1.5	2 400	121.33	0	291 192.00
2	坐垫	HJM500	个	2017.1.5	1 200	91.50	0	109 800.00
3	车篷	HJ72×32×40	个	2017.1.5	1 200	164.7	0	197 640.00
4	车轮	HJ$\phi_{外}$ 125mm/$\phi_{内}$ 60mm	个	2017.1.5	4 800	30.5	0	146 400.00
5	包装套件	HJTB100	套	2017.1.5	1 200	103.7	0	124 440.00
金额合计		（大写）：捌拾陆万玖仟肆佰柒拾贰圆整				（小写）：869 472.00 元		
备注								

第一联采购部留存

采购部经理：李斌　　　　采购员：付海生

(2)2 月下达的采购订单

采购部根据生产部物料需求计划和库存状况,2 月执行采购合同下达 1 份采购订单见表 3－31。订单一式四联,第一联采购部留存,第二联仓储部留存,第三联财务部留存,第四联寄送供应商。

表 3－31　2 月采购订单

供应商名称:丰达工贸有限公司　　　　采购类别:普通采购

合同编号:CG－HT－2017020001　　　　付款方式:电汇月结

制单日期:2017.2.5　　　　订单编号:CG－DD－201702005

序号	品名	规格	单位	到货时间	数量	单价/元	折扣率/%	金额小计/元
1	钢管	$\phi_{外}$ 16mm/$\phi_{内}$ 11mm/L5000	根	2017.1.5	2 400	121.33	0	291 192
2	坐垫	HJM500	个	2017.1.5	1 200	91.50	0	109 800
3	车篷	HJ72×32×40	个	2017.1.5	1 200	164.7	0	197 640
4	车轮	HJ$\phi_{外}$ 125mm/$\phi_{内}$ 60mm	个	2017.1.5	4 800	30.5	0	146 400
5	包装套件	HJTB100	个	2017.1.5	1 200	103.7	0	124 440
金额合计		(大写):捌拾陆万玖仟肆佰柒拾贰圆整				(小写):869 472.00		
备注								

第一联采购部留存

采购部经理:李斌　　　　采购员:付海生

(3)材料入库单

仓储部根据采购部 1 月和 2 月采购订单验货入库,填制材料入库单,将第二联交给采购部(表 3－32 和表 3－33)。

表 3－32　1 月份材料入库单

制单日期:2017.1.25　　　　仓库:材料仓

供应商名称:邦尼工贸有限公司　　　　类型:原材料采购

单据编号:CK－CLRK－2017010001　　　　订单编号:CG－DD－2017010001

序号	品名	规格型号	单位	入库时间	数量	备注
1	钢管	$\phi_{外}$ 16mm/$\phi_{内}$ 11mm/L5000	根	2017.1.5	2 400	
2	坐垫	HJM500	个	2017.1.5	1 200	
3	车篷	HJ72×32×40	个	2017.1.5	1 200	
4	车轮	HJ$\phi_{外}$ 125mm/$\phi_{内}$ 60mm	个	2017.1.5	4 800	
5	包装套件	HJTB100	个	2017.1.5	1 200	
合计						

第二联采购部留存

仓储部经理:何明海　　　　仓管员:王宝珠

表 3－33 2 月材料入库单

制单日期：2017.2.5　　仓库：材料仓

供应商名称：邦尼工贸有限公司　　类型：原材料采购

单据编号：CK－CLRK－2017010002　　订单编号：CG－DD－2017010002

序号	品名	规格型号	单位	入库时间	数量	备注
1	钢管	$\phi_{外}$ 16mm/$\phi_{内}$ 11mm/L5000	根	2017.2.5	2 400	
2	坐垫	HJM500	个	2017.2.5	1 200	
3	车篷	HJ72×32×40	个	2017.2.5	1 200	
4	车轮	HJ$\phi_{外}$ 125mm/$\phi_{内}$ 60mm	个	2017.2.5	4 800	
5	包装套件	HJTB100	个	2017.2.5	1 200	
合计						

第二联采购部留存

仓储部经理：何明海　　仓管员：王宝珠

（4）采购合同执行情况记录表

采购员下达采购订单后及时填写采购合同执行情况表（表 3－34），并根据采购物料入库情况、货款支付情况等及时完善。

表 3－34 采购合同执行情况表

制表部门：采购部

合同编号	订单编号	供应商名称	订货日期	总金额/元	计划交期	到货日期	应付金额/元	开票情况	开票时间
CG－HT－2017010001	CG－DD－2017010001	丰达	2017.1.5	869 472	2017.1.25	2017.1.25	869 472	已开	2017.1.5

采购部门经理：李斌　　采购员：付海生

（5）供应商考评记录表

采购员根据 1、2、3 月采购物料入库情况及时填写供应商考评记录表（表 3－35），在季度末对每位供应商按照考评指标进行正确评价。

表 3－35　第 1 季度供应商考评记录表

供应商名称		考评指标与权重					评价结果
		价格水平	质量合格率	准时交货率	合作态度	供应柔性	
		与行业平均价格相比	合格数量/抽检数量	晚 1 天，扣 2 分；晚 10 天，得分为 0	送货前，是否主动沟通	紧急采购时，能否按时交货	
		30%	30%	20%	10%	10%	
丰达	第 1 次	相同	100%	准时	没有沟通	紧急采购时，能按时交货	优秀供应商
	第 2 次	相同	100%	准时	没有沟通		
	第 3 次	相同	100%	送货车坏了，晚到 1 天，扣 2 分	没有沟通		
	平均值	相同	100%	98%	良好	好	
恒通	第 1 次	低	100%	准时	送货前主动沟通	紧急采购时，能按时交货	优秀供应商
	第 2 次	低	97%	准时	送货前没有沟通		
	第 3 次	低	97%	晚 5 天，扣 10 分	送货前主动沟通		
	平均值	低	98%	98%	良好	好	
评价指标的说明		价格水平：低于行业平均价格计 30 分；与行业平均价格一致计 20 分；高于行业平均价格计 0 分。 质量合格率：100% 计 30 分；95% ～100% 计 20 分；90% ～95% 计 10 分；90% 以下计 0 分。 准时交货率：100% 计 20 分；95% ～100% 计 15 分；90% ～95% 计 10 分；90% 以下计 0 分。 合作态度：优秀计 10 分；良好计 7 分；一般计 3 分；差计 0 分。 供应柔性：好计 10 分；一般计 5 分；差计 0 分。					
供应商评价标准		供应商评价采用百分制。80 分以上为优秀供应商；70～80 分为良好供应商；60～70 分为合格供应商；60 分以下为不合格供应商。					
对各类供应商的管理策略		优秀供应商：续签合同，根据需要增加采购量，进行战略合作等。 良好供应商：在提出改进方案的基础上可以续签合同，在合作过程中严格监控，维持原有采购数量。 合格供应商：原则上更换供应商；如供应商同意重新进行采购认证，可以签订采购认证合同。 不合格供应商：终止合同，更换供应商。					

(6)第1季度期初库存

2017年第1季度期初各类物品库存见表3-36。

表3-36 2017年第1季度期初各类物品库存

存货编码	存货类型	存货名称	规格	计量单位	期初库存量	单价/元
P0001	产成品	经济型童车	—	辆	5 400	756.82
P0002	产成品	舒适型童车	—	辆	0	0
P0003	产成品	豪华型童车	—	辆	0	0
M0001	半成品	经济型童车车架	—	个	5 400	346.24
M0002	半成品	舒适型童车车架	—	个	0	0
M0003	半成品	豪华型童车车架	—	个	0	0
B0001	原材料	钢管	$\phi_{外}$ 16mm/$\phi_{内}$ 11mm/L5000	根	10 800	105.2
B0002	原材料	镀锌管	$\phi_{外}$ 16mm/$\phi_{内}$ 11mm/L5000	根	0	0
B0003	原材料	坐垫	HJM500	个	5 400	80.18
B0004	原材料	记忆太空棉坐垫	HJM0031	个	0	0
B0005	原材料	车篷	HJ72×32×40	个	5 400	144.26
B0006	原材料	车轮	HJ$\phi_{外}$ 125mm/$\phi_{内}$ 60mm	个	21 600	26.89
B0007	原材料	经济型童车包装套件	HJTB100	套	5 400	90.16
B0008	原材料	数控芯片	MCX3154A	片	0	0
B0009	原材料	舒适型童车包装套件	HJTB200	套	0	0
B0010	原材料	豪华型童车包装套件	HJTB300	套	0	0

注:期初库存=期初实际库存+在途(在产)库存;可用库存=期初库存-安全库存。

(7)经济型童车结构图和物料清单

经济型童车结构见图3-7,物料清单见表3-25。

(8)企业产能报表

企业产能是企业在一个周期内(本案例为1个月)最大产出能力,是采购部制订采购计划时是否增加采购批量获得采购价格折扣需要考虑的因素之一,本案例的产能见表3-20。

(9)经济型童车供应商信息表

经济型童车现有和潜在供应商见表3-37,供应商信息汇总表见表3-38。

表 3－37　经济型童车现有和潜在供应商信息表

采购物料名称	供应商	供应商
车轮	企业法定中文名称:恒通橡胶厂 企业法定代表人:张某 企业注册地址:××× 注册登记地点:北京市大兴区工商行政管理局 组织机构代码证:××× 办公地址:××× 邮政编码:100076 办公电话:××× 企业法人营业执照注册号:××× 税务登记证号:××× 开户银行:建设银行北京分行小红门支行 账号:×××	企业法定中文名称:邦尼工贸有限公司 企业法定代表人:张某 企业注册地址:××× 注册登记地点:北京市工商行政管理局 组织机构代码证:××× 办公地址:××× 邮政编码:100070 办公电话:××× 企业法人营业执照注册号:××× 税务登记证号:××× 开户银行:建设银行北京分行兴旺支行 账号:×××
车篷/坐垫	企业法定中文名称:恒通橡胶厂 企业法定代表人:张某 企业注册地址:××× 注册登记地点:北京市大兴区工商行政管理局 组织机构代码证:××× 办公地址:××× 邮政编码:100076 办公电话:××× 企业法人营业执照注册号:××× 税务登记证号:××× 开户银行:建设银行北京分行小红门支行 账号:×××	

续表

采购物料名称	供应商	供应商
钢管	企业法定中文名称:邦尼工贸有限公司 企业法定代表人:张某 企业注册地址:××× 注册登记地点:北京市工商行政管理局 组织机构代码证:××× 办公地址:××× 邮政编码:100070 办公电话:××× 企业法人营业执照注册号:××× 税务登记证号:××× 开户银行:建设银行北京分行兴旺支行 账号:×××	
包装套件	企业法定中文名称:邦尼工贸有限公司 企业法定代表人:张某 企业注册地址:××× 注册登记地点:北京市工商行政管理局 组织机构代码证:××× 办公地址:××× 邮政编码:100070 办公电话:××× 企业法人营业执照注册号:××× 税务登记证号:××× 开户银行:建设银行北京分行兴旺支行 账号:×××	企业法定中文名称:恒通橡胶厂 企业法定代表人:张某 企业注册地址:××× 注册登记地点:北京市大兴区工商行政管理局 组织机构代码证:××× 办公地址:××× 邮政编码:100076 办公电话:××× 企业法人营业执照注册号:××× 税务登记证号:××× 开户银行:建设银行北京分行小红门支行 账号:×××

表 3－38　经济型童车供应商信息汇总表

制表日期:2017 年 1 月 1 日　　　　制表部门:采购部

序号	企业法定中文名称	简称	办公电话	邮政编码	注册资金/万元	企业注册登记日期	企业法定代表人	企业注册地址	企业法人营业执照注册号	开户银行	银行账号
1	恒通工贸有限公司	恒通	×××	100076	450	2015.1.4	张某	×××	×××	中国工商银行	×××

续表

序号	企业法定中文名称	简称	办公电话	邮政编码	注册资金/万元	企业注册登记日期	企业法定代表人	企业注册地址	企业法人营业执照注册号	开户银行	银行账号
2	邦尼工贸有限公司	邦尼	×××	100070	450	2015.1.4	张某	×××	×××	中国工商银行	×××
3	思远工贸有限公司	思远	×××	100076	450	2015.1.4	何某	×××	×××	中国工商银行	×××
4	新耀工贸有限公司	新耀	×××	101300	450	2015.1.4	王某	×××	×××	中国工商银行	×××

采购部门经理:李斌　　　　采购员:付海生

4. 采购员期初建账

同采购部经理期初建账。

5. 财务部经理期初建账

进入财务部经理岗位,首先需要熟悉各种财务表格,包括总账、期初数据资料、报表,以及相关办公用品等,然后,根据已经具备的实习装备,开设总账账簿。

(1)认识总账

总账是指总分类账簿,也称总分类账,是根据总分类科目开设账户,用来登记全部经济业务,进行总分类核算,提供总括核算资料的分类账簿。总分类账所提供的核算资料,是编制会计报表的主要依据,任何单位都必须设置总分类账。

总分类账一般采用订本式账簿。总分类账的账页格式,一般采用"借方""贷方""余额"三栏式。总账的样式如图 3－8 所示。

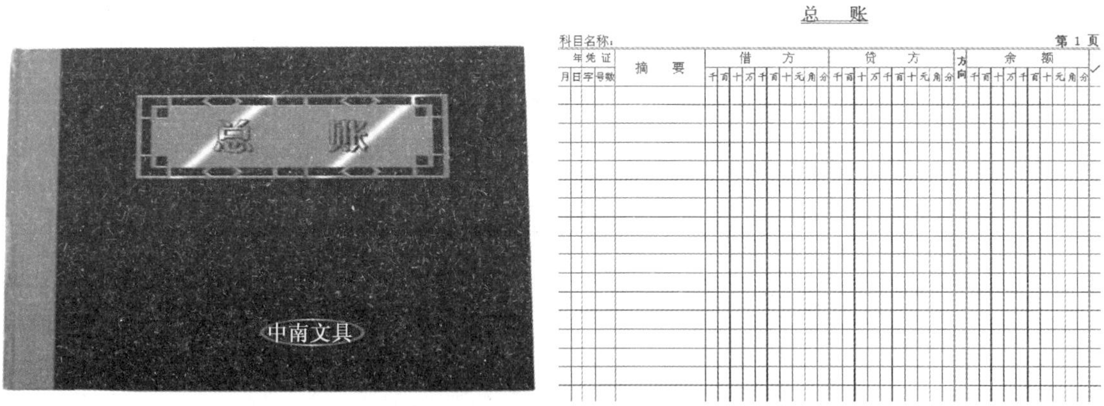

图 3－8　总账的样式

(2)总账的启用

会计账簿是储存经济数据资料的重要会计档案。在账簿启用时,应在账簿启用和经管人员一览表(图3-9)中详细记载单位名称、账簿页数、启用日期,并加盖单位公章;经管人员(包括企业负责人、主管会计、复核和记账人员等)均应签名盖章。

经管人员一览表

单位名称		好佳童车厂			
账簿名称		总账			
账簿页数		100页			
使用日期		2017.01.01			
单位领导签章		[illegible]	会计主管签章 钱坤		
经管人员职别	姓名	经管或接管日期	签章	移交日期	签章
财务经理	钱坤	2017年01月01日	钱坤	年 月 日	
		年 月 日		年 月 日	
		年 月 日		年 月 日	
		年 月 日		年 月 日	
		年 月 日		年 月 日	
		年 月 日		年 月 日	
		年 月 日		年 月 日	

图3-9 总账的启用

(3)开设账户

因为总账是订本式,不能添加账页,所以在建账前应根据总账页数、一级科目数量及每个科目估计的业务量,为每个科目的业务预留出足够的记录空间,例如1~3页登记现金总账,4~7页登记银行存款总账等。然后在每页写上账户名称,并在每个账户起始页右边缘粘贴表明账户名称的口取纸,完成账户开设工作。

库存现金的开设如图3-10所示。

总 账

科目名称:**库存现金** **第 1 页**

年		凭证		摘要	借方										贷方										方向	余额										✓
月	日	字	号数		千	百	十	万	千	百	十	元	角	分	千	百	十	万	千	百	十	元	角	分		千	百	十	万	千	百	十	元	角	分	

库存现金

图3-10 库存现金的开设

(4)期初余额的录入

①写上年、月、日;

②摘要写“上月结转”;

③根据科目余额表将一级科目余额登记在总账对应账户的“余额”栏，并写清楚余额方向“借”或“贷”；

④无余额的账户不登记。

例如，库存现金的期初余额登记（图3－11）。

总　账

科目名称：**库存现金**　　　　**第 1 页**　　库存现金

2011年		凭证		摘要	借方										贷方										方向	余额										√
月	日	字	号数		千	百	十	万	千	百	十	元	角	分	千	百	十	万	千	百	十	元	角	分		千	百	十	万	千	百	十	元	角	分	
10	1			上月结转																					借				2	0	0	0	0	0	0	

图3－11　期初余额的登记

同样的方法完成其他总账账户的开设。需要注意的是，在会计人员完成期初建账后，及时督促会计人员进行期初余额的试算平衡。

6. 出纳期初建账

进入出纳岗位，首先需要检查实习装备，包括现金日记账、银行存款日记账、期初文档及相关办公用品等。然后，根据已经具备的实习装备，开设日记账账簿。

（1）认识日记账

日记账，亦称序时账，是按经济业务发生时间的先后顺序，逐日逐笔登记的账簿。日记账，应当根据办理完毕的收、付款凭证，随时按顺序逐笔登记，最少每天登记一次。日记账分为现金日记账和银行存款日记账。

现金日记账是用来登记库存现金每天的收入、支出和结存情况的账簿。企业应按币种设置现金日记账进行明细分类核算。现金日记账的格式一般有“三栏式”“多栏式”和“收付分页式”三种。在实际工作中大多采用的是“三栏式”账页格式。

现金日记账的样式如图3－12所示。银行存款日记账的样式如图3－13所示。

现 金 日 记 账

第1页

年		凭证		摘要	对方科目	借方										贷方										余额									
月	日	字	号数			千	百	十	万	千	百	十	元	角	分	千	百	十	万	千	百	十	元	角	分	千	百	十	万	千	百	十	元	角	分

图3－12　现金日记账的样式

银行存款日记账

第1页

年		凭证		摘要	对方科目	借方										贷方										余额									
月	日	字	号数			千	百	十	万	千	百	十	元	角	分	千	百	十	万	千	百	十	元	角	分	千	百	十	万	千	百	十	元	角	分

图 3－13　银行存款日记账的样式

(2)日记账的启用

日记账的启用与总账的启用规则相同。此外,记账人员或会计主管人员在本年度调动工作时,应注明交接日期、接办人员和监交人员姓名,并由交接双方签名或盖章,以明确经济责任。

现金日记账的启用如图 3－14 所示。

经管人员一览表

单位名称		好佳童车厂			
账簿名称		三栏式明细账			
账簿页数					
使用日期		2017.01.01			
单位领导签章		蒋天	会计主管签章		钱坤
经管人员职别	姓名	经管或接管日期	签章	移交日期	签章
财务会计	朱中华	2017 年 01月01日		年　月　日	
		年　月　日		年　月　日	
		年　月　日		年　月　日	
		年　月　日		年　月　日	
		年　月　日		年　月　日	

图 3－14　现金日记账的启用

(3)开设账户并录入期初余额

①写上年、月、日;

②摘要写“上月结转”;

③根据科目余额表将二级或者三级科目余额登记在明细账对应账户的“余额”栏,并写清余额方向“借”或“贷”。

例如,以库存现金账户的开设及期初余额录入的方法完成银行存款账户的开设及期初余额录入,如图 3－15 所示。

现金日记账

第1页

2011年		凭证		摘要	对方科目	借方										贷方										余额									
月	日	字	号数			千	百	十	万	千	百	十	元	角	分	千	百	十	万	千	百	十	元	角	分	千	百	十	万	千	百	十	元	角	分
10	1			上月结转																									2	0	0	0	0	0	0

图3－15　银行存款账户的开设及期初余额的录入

7. 财务会计期初建账

进入财务会计岗位，首先需要检查实习装备，包括科目余额表、期初文档及相关办公用品等。然后，根据已经具备的实习装备，开设负责的各个明细账账簿。

（1）认识明细账

明细账也称明细分类账，是根据总账科目所属的明细科目设置的，用于分类登记某一类经济业务事项，提供有关明细核算资料。

明细账是按照二级或明细科目设置的账簿，一般采用活页式账簿。各单位应结合自己的经济业务的特点和经营管理的要求，在总分类账的基础上设置若干明细分类账，作为总分类账的补充。明细分类账按账页格式不同可分为三栏式、数量金额式和多栏式。

三栏式明细账的账页只设借方、贷方和余额三个金额栏，不设数量栏。这种格式适用于那些只需要进行金额核算而不需要进行数量核算的明细核算，如应收账款、应付账款等债权债务结算科目的明细分类核算。

数量金额式明细账的账页按收入、发出和结余再分别设数量和金额栏。这种格式适用于既需要进行金额核算，又需要进行实物数量核算的各种财产物资的明细核算，如原材料、产成品等财产、物资科目的明细分类核算。

多栏式明细账的账页按照明细科目或明细项目分设若干专栏，以在同一账页上集中反映各有关明细科目或某明细科目各明细项目的金额。这种格式适用于费用、成本、收入的明细核算，如制造费用、管理费用、营业外收入和营业外支出等科目的明细分类核算。

三栏式明细账的样式如图3－16所示。

数量金额式明细账的样式如图3－17所示。

多栏式明细账的样式如图3－18所示。

明细账

明细科目：

年		凭证		摘要	日页	借方									贷方									借或贷	余额								
月	日	种类	号数			百	十	万	千	百	十	元	角	分	百	十	万	千	百	十	元	角	分		百	十	万	千	百	十	元	角	分

图 3－16　三栏式明细账的样式

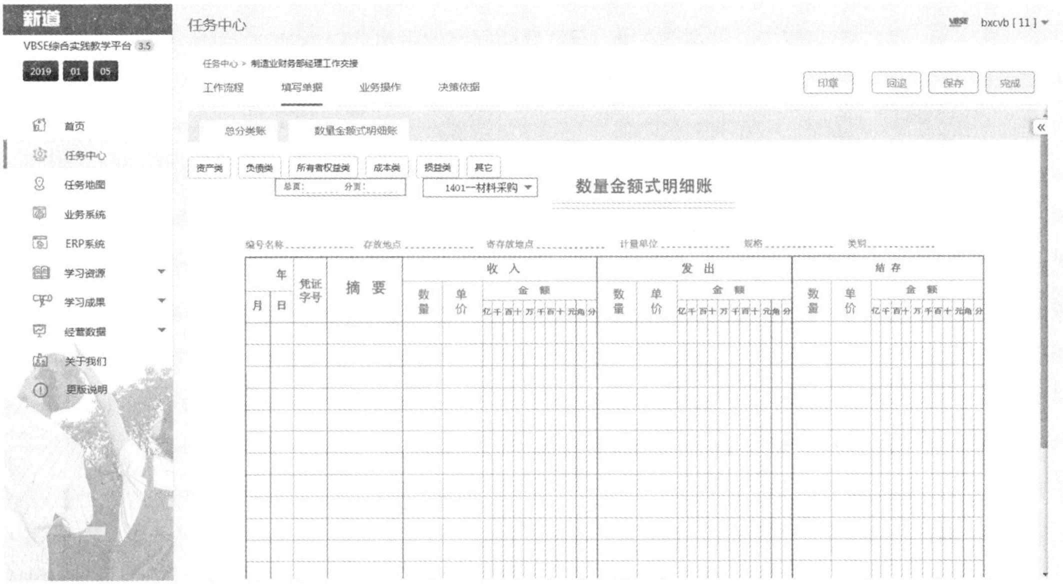

图 3－17　数量金额式明细账的样式

生产成本明细账

明细科目：

2011	年	凭证号数	摘要	借方										贷方										借或贷	余额											√				
月	日			千	百	十	万	千	百	十	元	角	分	千	百	十	万	千	百	十	元	角	分		亿	千	百	十	万	千	百	十	元	角	分					

图 3－18　多栏式明细账的样式

(2)明细账的启用

明细账的启用与日记账的启用规则相同。

三栏式明细账的启用如图 3－19 所示。

经管人员一览表

单位名称	好佳童车厂				
账簿名称	三栏式明细账				
账簿页数					
使用日期	2017.01.01				
单位领导签章		蒋天	会计主管签章		钱坤
经管人员职别	姓名	经管或接管日期	签章	移交日期	签章
财务会计	朱中华	2017 年 01月01日		年　月　日	
		年　月　日		年　月　日	
		年　月　日		年　月　日	
		年　月　日		年　月　日	
		年　月　日		年　月　日	

图 3－19　三栏式明细账的启用

(3)开设账户

按照会计科目表的顺序、名称,在明细账账页上建立二、三级明细账账户。每个明细科目至少建立一个账页,因为明细账是活页式,能添加账页,所以建账后若出现账页页数不够,可以随时添加账页。然后在每页写上二、三级明细账账户名称,并在每个账户起始页右边缘粘贴表明账户名称的口取纸,完成账户开设工作。

例如,应付账款——北京彩虹耗材厂明细账期初账户的开设如图 3－20 所示。此方法还可以完成其他明细账账户的开设。

应付账款 明细账

二级科目名称：　**北京彩虹耗材厂**

年		凭证		摘要	借方										贷方										借或贷	余额										记账
月	日	种类	号数		千	百	十	万	千	百	十	元	角	分	千	百	十	万	千	百	十	元	角	分		千	百	十	万	千	百	十	元	角	分	

图 3－20　明细账期初账户的开设

(4)期初余额的录入

期初余额的登记如图 3－21 所示。

录入期初余额时需注意以下问题:第一,写上年、月、日;第二,摘要写“上月结转”;第三,根据科目余额表将二级或者三级科目余额登记在明细账对应账户的“余额”栏,并写清余额方向“借”或“贷”;第四,无余额的账户只登记年,不登记月、日,摘要和余额,不用在余额处录入 0。

应付账款　明细账

二级科目名称：北京彩虹耗材厂

2017年		凭证		摘要	借方										贷方										借或贷	余额										记账
月	日	种类	号数		千	百	十	万	千	百	十	元	角	分	千	百	十	万	千	百	十	元	角	分		千	百	十	万	千	百	十	元	角	分	
01	1			上月结转																					贷			2	3	4	0	0	0	0	0	

图 3－21　期初余额的登记

8. 成本会计期初建账

进入成本会计岗位，首先需要检查实习装备，包括单据、期初文档、账簿、报表及相关办公用品等。然后，根据已经具备的实习装备，开设数量金额明细账。

注：实训过程中成本会计会用到多栏式明细账与数量金额式明细账。

(1) 开设账户

第一，数量金额明细账账户的开设。

在每页写上账户名称，填写账页上端内容，并在每个账户起始页右边缘粘贴表明账户名称的口取纸，完成账户开设工作。

以“原材料——坐垫”为例来说明数量金额明细账账户的开设方法如图 3－22 所示。

最高储存量______
最低储存量______

原材料　　明细账

本账页数　
本户页数　1

编号 B0003　规格 HJM500　　单位 个　名称 坐垫

坐垫

年		凭证		摘要	借方										贷方										借或贷	结存									
月	日	种类	号数		数量	单价	百	十	万	千	百	十	元	角分	数量	单价	百	十	万	千	百	十	元	角分		数量	单价	百	十	万	千	百	十	元	角分

图 3－22　数量金额明细账账户的开设

第二，多栏式明细账账户的开设方法。

除按数量金额明细账账户开设方法填写上述内容外，还要在账页内按照核算要求开设若干成本项目。以“生产成本——经济型童车”为例来说明多栏式明细账账户的开设方法如图 3－23 所示。

生产成本明细账

明细科目： 经济童车成品

2017 年		凭证号数	摘要	借方	贷方	借或贷	余额	√			
月	日			千百十万千百十元角分	千百十万千百十元角分		亿千百十万千百十元角分				

图 3－23 多栏式明细账账户的开设

第三，三栏式明细账账户的开设。

同数量金额明细账账户的开设基本相同。如“应付账款——河北钢铁厂”账户开设如图 3－24 所示。

应付账款 明细账

科目名称：河北钢铁厂 第 页

年		凭证		摘要	借方	贷方	方向	余额	√
月	日	字	号数		千百十万千百十元角分	千百十万千百十元角分		千百十万千百十元角分	

图 3－24 三栏式明细账账户的开设

(2)数量金额明细账期初余额的登记

以坐垫为例，数量金额明细账期初余额的登记如图 3－25 所示。

原材料 明细账

最高储存量 ______

最低储存量 ______

本账页数

本户页数 1

编号 B0003 规格 HJM500 单位 个 名称 坐垫

坐垫

2011年		凭证		摘要	借方			贷方			借或贷	结存		
月	日	种类	号数		数量	单价	百十万千百十元角分	数量	单价	百十万千百十元角分		数量	单价	百十万千百十元角分
10	01			上月结转							借	5000	50	25000000

图 3－25 数量金额明细账期初余额的登记

注意事项：写上年、月、日；摘要写“上月结转”；根据科目余额表依次将数量、单价、金额登记在数量金额账“结存栏”对应位置，并写清余额方向“借”或“贷”；无余额的账户不需要登记。

(3)多栏式明细账期初余额的登记

以经济型童车为例，生产成本明细账的登记如图 3－26 所示。

注意事项:写上年、月、日;摘要写“上月结转”;根据科目余额表依次将余额登记在借方及相应成本项目栏内。

生产成本明细账

明细科目: 经济童车成品

2017年		凭证号数	摘要	借方										贷方										借或贷	余额											√			
月	日			千	百	十	万	千	百	十	元	角	分	千	百	十	万	千	百	十	元	角	分		亿	千	百	十	万	千	百	十	元	角	分				

图 3-26 多栏式明细账期初余额的登记

(4)三栏式明细账期初余额的登记

以河北钢铁厂为例,三栏式明细账期初余额的登记如图 3-27 所示。

注意:期初余额登记完毕后,要和其他会计一起与总账进行账簿核对,以确保期初余额的试算平衡。

应付账款 明细账

科目名称:河北钢铁厂 第 页

2011年		凭证		摘要	借方										贷方										方向	余额										√
月	日	字	号数		千	百	十	万	千	百	十	元	角	分	千	百	十	万	千	百	十	元	角	分		千	百	十	万	千	百	十	元	角	分	
10	1			上月结转																					贷			3	5	1	0	0	0	0	0	

图 3-27 三栏式明细账期初余额的登记

十、人力资源部经理需读懂的期初数据

人力资源部经理在业务工作开展之前需要理解、掌握下列信息:

1. 核心制造企业组织结构图

核心制造企业组织结构见图 3-1,分为 4 个管理层次、7 个部门、2 个车间。

2. 岗位设置

各部门岗位设置及人员定编情况见图 3-2,设有 18 个管理岗位。

3. 考勤统计表

考勤统计表中记录当月应出勤天数、实际出勤天数,员工迟到、早退、病假、事假、旷工等信息。人力资源助理负责日常考勤管理工作并于每个考勤周期截止后统计上月考勤情况,计算考勤扣款,制作考勤统计表交人力资源部经理,人力资源部经理依照该表格核算岗位工资。

为简化烦琐的计算，VBSE 将 2017 年 1 月考勤数据（表 3－39）列出。该月考勤中所有员工无迟到、早退、病事假和旷工情况。

表 3－39　2017 年 1 月考勤统计表

工号	姓名	部门	岗位	本月应到/天	事假	病假	迟到/早退	旷工	本月实到/天	考勤扣款	备注
1	梁天	企管部	总经理	21					21	0	
2	张万军	人力资源部	人力资源经理	21					21	0	
3	李斌	采购部	采购部经理	21					21	0	
4	何明海	仓储部	仓储部经理	21					21	0	
5	钱坤	财务部	财务部经理	21					21	0	
6	叶润中	生产计划部	生产计划部经理	21					21	0	
7	杨笑笑	市场营销部	营销部经理	21					21	0	
8	叶瑛	企管部	行政助理	21					21	0	
9	肖红	人力资源部	人力资源助理	21					21	0	
10	付海生	采购部	采购员	21					21	0	
11	王宝珠	仓储部	仓管员	21					21	0	
12	刘自强	财务部	成本会计	21					21	0	
13	朱中华	财务部	财务会计	21					21	0	
14	赵丹	财务部	出纳	21					21	0	
15	周群	生产计划部	生产计划员	21					21	0	
16	孙盛国	生产计划部	车间管理员	21					21	0	
17	马博	市场营销部	市场专员	21					21	0	
18	刘思羽	市场营销部	销售专员	21					21	0	
19	李良钊	机加车间	工人	21					21	0	
20	付玉芳	机加车间	工人	21					21	0	
21	张接义	机加车间	工人	21					21	0	
22	毕红	机加车间	工人	21					21	0	
23	吴淑敏	机加车间	工人	21					21	0	
24	毛龙生	机加车间	工人	21					21	0	
25	扈志明	机加车间	工人	21					21	0	
26	李龙吉	机加车间	工人	21					21	0	
27	吴官胜	机加车间	工人	21					21	0	
28	雷丹	机加车间	工人	21					21	0	
29	刘良生	机加车间	工人	21					21	0	
30	余俊美	机加车间	工人	21					21	0	
31	徐积福	机加车间	工人	21					21	0	
32	潘俊辉	机加车间	工人	21					21	0	
33	朱祥松	机加车间	工人	21					21	0	
34	刘文钦	机加车间	工人	21					21	0	

续表

工号	姓名	部门	岗位	本月应到/天	事假	病假	迟到/早退	旷工	本月实到/天	考勤扣款	备注
35	龚文辉	机加车间	工人	21					21	0	
36	王小强	机加车间	工人	21					21	0	
37	刘胜	机加车间	工人	21					21	0	
38	刘贞	机加车间	工人	21					21	0	
39	余永俊	组装车间	工人	21					21	0	
40	万能	组装车间	工人	21					21	0	
41	万俊俊	组装车间	工人	21					21	0	
42	张逸君	组装车间	工人	21					21	0	
43	言海根	组装车间	工人	21					21	0	
44	田勤	组装车间	工人	21					21	0	
45	肖鹏	组装车间	工人	21					21	0	
46	徐宏	组装车间	工人	21					21	0	
47	田军	组装车间	工人	21					21	0	
48	郑华珺	组装车间	工人	21					21	0	
49	洪梁	组装车间	工人	21					21	0	
50	冯奇	组装车间	工人	21					21	0	
51	黄聪	组装车间	工人	21					21	0	
52	薛萍	组装车间	工人	21					21	0	
53	张世平	组装车间	工人	21					21	0	
54	李小春	组装车间	工人	21					21	0	
55	蔡丽娟	组装车间	工人	21					21	0	
56	吴新祥	组装车间	工人	21					21	0	
57	胡首科	组装车间	工人	21					21	0	
58	邹建榕	组装车间	工人	21					21	0	
合计				1 218					1 218		

4. 职工薪酬统计表

人力资源部经理每月月底需核算公司全员当月工资，每季度结束后次月核算上一季度绩效奖金。人力资源部经理需将核算完成的职工薪酬统计表交财务部经理审核，经审核无误后交总经理审批。2016 年 12 月职工薪酬已经核算完毕，并经过相关的审批流程，见表 3 – 40。实际工作中数据为零项可以删除，本表为方便学员了解其全貌并未做此处理。

5. 企业代缴福利表

现行社会保险、住房公积金管理制度中规定，企业有义务为在职员工缴纳五险一金。企业缴费基数依照上一年度员工月平均工资数额，并规定最低、最高缴费基数。实习中企业职工缴费比例参见人力资源管理规则。人力资源部经理须依照人力资源助理核算的五险一金核算表制作企业代缴福利表，见表 3 – 41。

表3－40　职工薪酬统计表(部分)

工号	姓名	部门	岗位	基本工资	代扣款项 五险一金小计	应税工资	应扣个人所得税	实发工资
1001	梁天	企业管理部	总经理	12,000.00	2,427.00	9,573.00	457.3	9,115.70
1002	张万军	人力资源部	经理	7,500.00	1,518.00	5,982.00	29.46	5,952.54
1003	李斌	采购部	经理	7,500.00	1,518.00	5,982.00	29.46	5,952.54
1004	何明海	仓储部	经理	7,500.00	1,518.00	5,982.00	29.46	5,952.54
1005	钱坤	财务部	经理	7,500.00	1,518.00	5,982.00	29.46	5,952.54
1006	叶润中	生产计划部	经理	7,500.00	1,518.00	5,982.00	29.46	5,952.54
1007	杨笑笑	市场营销部	经理	7,500.00	1,518.00	5,982.00	29.46	5,952.54
1008	叶瑛	企业管理部	助理	5,500.00	1,114.00	4,386.00	0.00	4,386.00
1009	肖红	人力资源部	助理	5,500.00	1,114.00	4,386.00	0.00	4,386.00
1010	付海生	采购部	采购员	5,500.00	1,114.00	4,386.00	0.00	4,386.00
1011	王宝珠	仓储部	仓储员	5,500.00	1,114.00	4,386.00	0.00	4,386.00
1012	刘自强	财务部	成本会计	5,500.00	1,114.00	4,386.00	0.00	4,386.00
1013	朱中华	财务部	财务会计	5,500.00	1,114.00	4,386.00	0.00	4,386.00
1014	赵丹	财务部	出纳	5,500.00	1,114.00	4,386.00	0.00	4,386.00
1015	周群	生产计划部	生产计划员	5,500.00	1,114.00	4,386.00	0.00	4,386.00
1016	孙盛国	生产计划部	车间管理员	5,500.00	1,114.00	4,386.00	0.00	4,386.00
1017	马博	市场营销部	市场专员	4,500.00	912.00	3,588.00	0.00	3,588.00
1018	刘思羽	市场营销部	销售专员	4,500.00	912.00	3,588.00	0.00	3,588.00
1019	李良钊	机加车间	初级工人	3,600.00	730.20	2,869.80	0.00	2,869.80
1044	田勤	组装车间	中级工人	4,000.00	811.00	3,189.00	0.00	3,189.00

表3－41　企业代缴福利表(部分)

工号	姓名	部门	岗位	基本工资	企业缴纳五险一金							
					养老保险 20%	医疗保险 10%	失业保险 1.0%	工伤保险 0.3%	生育保险 0.8%	五险小计	住房公积金 10%	五险一金小计
1001	梁天	企业管理部	总经理	12,000.00	2,400.00	1,200.00	120.00	36.00	96.00	3,852.00	1,200.00	5,052.00
1002	张万军	人力资源部	经理	7,500.00	1,500.00	750.00	75.00	22.50	60.00	2,407.50	750.00	3,157.50
1003	李斌	采购部	经理	7,500.00	1,500.00	750.00	75.00	22.50	60.00	2,407.50	750.00	3,157.50
1004	何明海	仓储部	经理	7,500.00	1,500.00	750.00	75.00	22.50	60.00	2,407.50	750.00	3,157.50
1005	钱坤	财务部	经理	7,500.00	1,500.00	750.00	75.00	22.50	60.00	2,407.50	750.00	3,157.50
1006	叶润中	生产计划部	经理	7,500.00	1,500.00	750.00	75.00	22.50	60.00	2,407.50	750.00	3,157.50
1007	杨笑笑	市场营销部	经理	7,500.00	1,500.00	750.00	75.00	22.50	60.00	2,407.50	750.00	3,157.50
1008	叶瑛	企业管理部	助理	5,500.00	1,100.00	550.00	55.00	16.50	44.00	1,765.50	550.00	2,315.50
1009	肖红	人力资源部	助理	5,500.00	1,100.00	550.00	55.00	16.50	44.00	1,765.50	550.00	2,315.50
1010	付海生	采购部	采购员	5,500.00	1,100.00	550.00	55.00	16.50	44.00	1,765.50	550.00	2,315.50
1011	王宝珠	仓储部	仓储员	5,500.00	1,100.00	550.00	55.00	16.50	44.00	1,765.50	550.00	2,315.50
1012	刘自强	财务部	成本会计	5,500.00	1,100.00	550.00	55.00	16.50	44.00	1,765.50	550.00	2,315.50
1013	朱中华	财务部	财务会计	5,500.00	1,100.00	550.00	55.00	16.50	44.00	1,765.50	550.00	2,315.50
1014	赵丹	财务部	出纳	5,500.00	1,100.00	550.00	55.00	16.50	44.00	1,765.50	550.00	2,315.50
1015	周群	生产计划部	生产计划员	5,500.00	1,100.00	550.00	55.00	16.50	44.00	1,765.50	550.00	2,315.50
1016	孙盛国	生产计划部	车间管理员	5,500.00	1,100.00	550.00	55.00	16.50	44.00	1,765.50	550.00	2,315.50
1017	马博	市场营销部	市场专员	4,500.00	900.00	450.00	45.00	13.50	36.00	1,444.50	450.00	1,894.50
1018	刘思羽	市场营销部	销售专员	4,500.00	900.00	450.00	45.00	13.50	36.00	1,444.50	450.00	1,894.50
1019	李良钊	机加车间	初级工人	3,600.00	720.00	360.00	36.00	10.80	28.80	1,155.60	360.00	1,515.60
1044	田勤	组装车间	中级工人	4,000.00	800.00	400.00	40.00	12.00	32.00	1,284.00	400.00	1,684.00

6. 职工薪酬统计——部门汇总表

（1）一般企业中大多施行“秘薪”，只有进行工资核算的人员或高层管理人员掌握全部职员薪酬信息。本实习也采取这种方式，人力资源部人员、财务部经理、总经理知晓所有员工薪酬，其余人员只了解自身薪酬情况。

（2）人力资源部经理将职工薪酬统计表、企业代缴福利表制作完成后，依据表中的相关信息制作职工薪酬统计——部门汇总表，表格经过财务部经理审核、总经理审批后交给财务会计、成本会计，用于计提费用、成本。

7. 银企代发工资协议、职工薪酬发放表

（1）大部分企业会与银行签订工资代发协议，委托银行代发工资。银企代发工资合作协议如图 3－28 所示。

银行代发工资协议书

中国银行

（以下简称甲方）　　　　（以下简称乙方）

地址:　　　　地址:

负责人:　　　　法定代表人:

经过友好协商，就甲方为乙方提供代发工资服务达成如下协议:

1. 甲方为乙方代发工资是指甲方按乙方的请求，于指定的日期将每个员工的工资或奖金、津贴等存入其本人在甲方开立的个人结算帐户上，乙方员工凭甲方发给的已加密的存折和借记卡，可在中国银行青岛地区任一自动取款机（ATM）办理存取款、转帐业务。

2. 办理结算户开户手续：由乙方填写《代发工资清单》，提供其单位员工的姓名、工资金额及身份证原件，并加盖公章后连同转帐支票交给甲方，经甲方审核如发现不符有权要求乙方更正，直至完全相符为止。甲方集中开立结算户后，将存折及借记卡姓名、帐号清单交乙方经办人核对后书面签收，如乙方经办人经审核发现有误，乙方应立即通知甲方进行更正，直至无误；借记卡和密码信封由乙方指定会计人员统一领回，如果出现问题，由乙方承担，甲方不负任何责任。乙方员工在收到存折及借记卡后，本人可以持身份证及存折、借记卡到中国银行胶州市支行的 ATM 上按规定办理修改密码。

3. 甲方代乙方发放工资，甲方按每笔人民币壹元收取手续费，费用从乙方帐户转帐支付或以现金交纳。

4. 乙方必须在发放工资前三个工作日（星期天、节假日例外）将《代发工资清单》或数据软盘连同转帐支票送交甲方，以确保乙方员工工资及时入帐。

5. 乙方须按甲方要求的数据格式提供《代发工资清单》和数据软盘。乙方必须保证工资清单或数据软盘所提供的乙方员工姓名、帐号、工资数额的准确，甲方对乙方所提供的清单或软盘内容不作任何修改。如因数据有误而延误工资发放由乙方负责。工资发放后乙方员工自行核对工资。如发现不符应由乙方负责发放工资的财会人员及时与甲方联系。

6. 乙方员工应正确使用个人结算帐户并遵守个人结算帐户的有关规定。

7. 乙方员工在甲方开立的个人结算帐户的存折或借记卡遗失、被窃，当天应及时持本人身份证明，并提供帐号的姓名、金额、及住址等有关情况到开户银行办理书面挂失手续，在特殊情况下，可以用口头或者函电形式申请挂失，但必须在五天内补办书面申请挂失手续。如果在挂失前该帐号存款已被他人支取的，造成损失的，甲方不负赔偿责任。书面挂失七天后，乙方员工凭本人身份证和挂失申请书向甲方领取补发的新存折，并将新帐号报本单位的财会部门，如因乙方员工未在规定时限内报给财会部门造成损失的，甲方概不承担责任。

8. 本协议自　　年　　月　　日起生效，有效期一年，执行中如遇到问题，双方应本着友好合作的精神协商解决，协商不成可向甲方所在地法院提起公诉。

9. 缔约的双方，如需终止本协议，必须在终止前十天以书面形式通知对方，如未书面通知，则视为本协议按原定期限自动顺延。

10. 本协议一式两份，双方各持壹份，皆具同等效力。

甲方盖章　　　　乙方盖章

年　　月　　日　　　　年　　月　　日

图 3－28　企业代发工资协议

（2）职工薪酬统计表经审核、审批后，人力资源部经理依据已签完字的职工薪酬统计表制作职工薪酬发放表。表格经过审核、盖章后送交银行，由银行依据相关信息发放工资。实际业务中，企业并不向银行递交纸质表格作为发放工资的凭据，而是依据银行的要求将职工工资信息录盘，然后将有关信息传递给银行。

（3）人力资源部经理进行职工薪酬发放任务时，需要职工薪酬发放表（表 3－42）。此表自行制作并打印。

表3－42 职工薪酬发放表

工号	姓名	部门	岗位	基本工资/元	实发金额/元	银行卡号
1	梁天	企管部	总经理	12 000	8 884.6	×××
2	张万军	人力资源部	人力资源经理	7 500	5 818.55	×××
3	李斌	采购部	采购部经理	7 500	5 818.55	×××
4	何明海	仓储部	仓储部经理	7 500	5 818.55	×××
5	钱坤	财务部	财务部经理	7 500	5 818.55	×××
6	叶润中	生产计划部	生产计划部经理	7 500	5 818.55	×××
7	杨笑笑	市场营销部	营销部经理	7 500	5 818.55	×××
8	叶瑛	企管部	行政助理	5 500	4 343.41	×××
9	肖红	人力资源部	人力资源助理	5 500	4 343.41	×××
10	付海生	采购部	采购员	5 500	4 343.41	×××
11	王宝珠	仓储部	仓管员	5 500	4 343.41	×××
12	刘自强	财务部	成本会计	5 500	4 343.41	×××
13	朱中华	财务部	财务会计	5 500	4 343.41	×××
14	赵丹	财务部	出纳	5 500	4 343.41	×××
15	周群	生产计划部	生产计划员	5 500	4 343.41	×××
16	孙盛国	生产计划部	车间管理员	5 500	4 343.41	×××
17	马博	市场营销部	市场专员	4 500	3 572.26	×××
18	刘思羽	市场营销部	销售专员	4 500	3 572.26	×××
19	李良钊	机加车间	工人	3 600	2 859	×××
20	付玉芳	机加车间	工人	3 600	2 859	×××
21	张接义	机加车间	工人	3 600	2 859	×××
22	毕红	机加车间	工人	3 600	2 859	×××
23	吴淑敏	机加车间	工人	3 600	2 859	×××
24	毛龙生	机加车间	工人	3 600	2 859	×××
25	扈志明	机加车间	工人	3 600	2 859	×××
26	李龙吉	机加车间	工人	3 600	2 859	×××
27	吴官胜	机加车间	工人	3 600	2 859	×××
28	雷丹	机加车间	工人	3 600	2 859	×××
29	刘良生	机加车间	工人	3 600	2 859	×××
30	余俊美	机加车间	工人	3 600	2 859	×××
31	徐积福	机加车间	工人	3 600	2 859	×××
32	潘俊辉	机加车间	工人	3 600	2 859	×××
33	朱祥松	机加车间	工人	3 600	2 859	×××
34	刘文钦	机加车间	工人	3 600	2 859	×××

续表

工号	姓名	部门	岗位	基本工资/元	实发金额/元	银行卡号
35	龚文辉	机加车间	工人	3 600	2 859	×××
36	王小强	机加车间	工人	3 600	2 859	×××
37	刘胜	机加车间	工人	3 600	2 859	×××
38	刘贞	机加车间	工人	3 600	2 859	×××
39	余永俊	组装车间	工人	3 600	2 859	×××
40	万能	组装车间	工人	3 600	2 859	×××
41	万俊俊	组装车间	工人	3 600	2 859	×××
42	张逸君	组装车间	工人	3 600	2 859	×××
43	言海根	组装车间	工人	3 600	2 859	×××
44	田勤	组装车间	工人	4 000	3 177	×××
45	肖鹏	组装车间	工人	4 000	3 177	×××
46	徐宏	组装车间	工人	4 000	3 177	×××
47	田军	组装车间	工人	4 000	3 177	×××
48	郑华珺	组装车间	工人	4 000	3 177	×××
49	洪梁	组装车间	工人	4 000	3 177	×××
50	冯奇	组装车间	工人	4 000	3 177	×××
51	黄聪	组装车间	工人	4 000	3 177	×××
52	薛萍	组装车间	工人	4 000	3 177	×××
53	张世平	组装车间	工人	4 000	3 177	×××
54	李小春	组装车间	工人	4 000	3 177	×××
55	蔡丽娟	组装车间	工人	4 000	3 177	×××
56	吴新祥	组装车间	工人	4 000	3 177	×××
57	胡首科	组装车间	工人	4 000	3 177	×××
58	邹建榕	组装车间	工人	4 000	3 177	×××
合计					209 161.11	

8. 第4季度企业经营成果、绩效评定结果

2016年12月进行了第4季度绩效考核结果评价工作，形成2016年第4季度绩效评定结果（表3－43）。表中详细列出了非生产工人的18人绩效考核成绩及绩效评级情况。2016年第4季度经营成果（表3－44）中记录了该季度企业净利润、销售总额及产量信息。两个表格是核算绩效奖金的基础资料。

表3－43　2016年第4季度绩效评定结果

姓名	部门	职位	考核成绩	绩效评级	绩效系数
梁天	企管部	总经理	85	B	1
叶瑛	企管部	职能主管	75	B	1
杨笑笑	市场营销部	部门经理	82	B	0.2
马博	市场营销部	销售人员	70	C	0.4
刘思羽	市场营销部	销售人员	90	A	0.4
叶润中	生产计划部	部门经理	92	A	1.1
周群	生产计划部	职能主管	83	B	1
孙盛国	生产计划部	职能主管	82	B	1
张万军	人力资源部	部门经理	93	C	0.9
肖红	人力资源部	职能主管	84	A	1.1
何明海	仓储部	部门经理	85	C	0.9
王宝珠	仓储部	职能主管	81	B	1
李斌	采购部	部门经理	86	B	1
付海生	采购部	职能主管	84	B	1
钱坤	财务部	部门经理	88	A	1.1
刘自强	财务部	职能主管	87	B	1
朱中华	财务部	职能主管	80	B	1
赵丹	财务部	职能主管	81	B	1

表3－44　2016年第4季度经营成果

序号	项目	数额	数据来源
1	第4季度净利润	1 280 136.1元	财务部
2	第4季度销售总额	7 200 000元	财务部
3	第4季度童车总产量	12 000辆	生产计划部

十一、人力资源助理需读懂的期初数据

人力资源助理在业务工作开展之前需要理解、掌握下列信息：

1.人事登记表

人事登记表是用于记录员工基本信息及岗位、岗位调整、劳动合同期限等信息的表格。当发生入职、离职、岗位变动、续签合同等业务时，人力资源部工作人员需要及时更新人事登记表，保证数据的准确，因此人事登记表是张动态表格。

人事登记表包含在职人员、离职人员两部分信息。本实习将人事登记表信息做简化处理为职工花名册，只记录人员姓名、部门、岗位、身份证、性别、入职时间、劳动合同期限等基本信息，见表3－45。

表 3－45　在职人员花名册

工号	姓名	部门	岗位	身份证	性别	联系电话	入职时间	劳动合同期限
1	梁天	企管部	总经理		男		2016.1.1	2016.1.1—2020.12.31
2	张万军	人力资源部	人力资源经理		女		2016.1.1	2016.1.1—2020.12.31
3	李斌	采购部	采购部经理		男		2016.1.1	2016.1.1—2020.12.31
4	何明海	仓储部	仓储部经理		男		2016.1.1	2016.1.1—2020.12.31
5	钱坤	财务部	财务部经理		男		2016.1.1	2016.1.1—2020.12.31
6	叶润中	生产计划部	生产计划部经理		男		2016.1.1	2016.1.1—2020.12.31
7	杨笑笑	市场营销部	营销部经理		男		2016.1.1	2016.1.1—2020.12.31
8	叶瑛	企管部	行政助理		男		2016.1.1	2016.1.1—2020.12.31
9	肖红	人力资源部	人力资源助理		女		2016.1.1	2016.1.1—2020.12.31
10	付海生	采购部	采购员		男		2016.1.1	2016.1.1—2020.12.31
11	王宝珠	仓储部	仓管员		女		2016.1.1	2016.1.1—2020.12.31
12	刘自强	财务部	成本会计		女		2016.1.1	2016.1.1—2020.12.31
13	朱中华	财务部	财务会计		女		2016.1.1	2016.1.1—2020.12.31
14	赵丹	财务部	出纳		女		2016.1.1	2016.1.1—2020.12.31
15	周群	生产计划部	生产计划员		女		2016.1.1	2016.1.1—2020.12.31
16	孙盛国	生产计划部	车间管理员		男		2016.1.1	2016.1.1—2020.12.31
17	马博	市场营销部	市场专员		男		2016.1.1	2016.1.1—2020.12.31
18	刘思羽	市场营销部	销售专员		女		2016.1.1	2016.1.1—2020.12.31
19	李良钊	机加车间	工人		男		2017.1.1	2017.1.1—2020.12.31
20	付玉芳	机加车间	工人		女		2017.1.1	2017.1.1—2020.12.31
21	张接义	机加车间	工人		男		2017.1.1	2017.1.1—2020.12.31
22	毕红	机加车间	工人		男		2017.1.1	2017.1.1—2020.12.31
23	吴淑敏	机加车间	工人		男		2017.1.1	2017.1.1—2020.12.31
24	毛龙生	机加车间	工人		男		2017.1.1	2017.1.1—2020.12.31
25	扈志明	机加车间	工人		男		2017.1.1	2017.1.1—2020.12.31
26	李龙吉	机加车间	工人		男		2017.1.1	2017.1.1—2020.12.31
27	吴官胜	机加车间	工人		男		2017.1.1	2017.1.1—2020.12.31
28	雷丹	机加车间	工人		女		2017.1.1	2017.1.1—2020.12.31
29	刘良生	机加车间	工人		男		2017.1.1	2017.1.1—2020.12.31
30	余俊美	机加车间	工人		男		2017.1.1	2017.1.1—2020.12.31
31	徐积福	机加车间	工人		男		2017.1.1	2017.1.1—2020.12.31
32	潘俊辉	机加车间	工人		男		2017.1.1	2017.1.1—2020.12.31
33	朱祥松	机加车间	工人		男		2017.1.1	2017.1.1—2020.12.31
34	刘文钦	机加车间	工人		男		2017.1.1	2017.1.1—2020.12.31
35	龚文辉	机加车间	工人		男		2017.1.1	2017.1.1—2020.12.31
36	王小强	机加车间	工人		男		2017.1.1	2017.1.1—2020.12.31
37	刘胜	机加车间	工人		男		2017.1.1	2017.1.1—2020.12.31
38	刘贞	机加车间	工人		女		2017.1.1	2017.1.1—2020.12.31
39	余永俊	组装车间	工人		男		2017.1.1	2017.1.1—2020.12.31
40	万能	组装车间	工人		男		2017.1.1	2017.1.1—2020.12.31
41	万俊俊	组装车间	工人		男		2017.1.1	2017.1.1—2020.12.31
42	张逸君	组装车间	工人		男		2017.1.1	2017.1.1—2020.12.31
43	言海根	组装车间	工人		男		2017.1.1	2017.1.1—2020.12.31
44	田勤	组装车间	工人		男		2017.1.1	2017.1.1—2020.12.31
45	肖鹏	组装车间	工人		男		2017.1.1	2017.1.1—2020.12.31
46	徐宏	组装车间	工人		男		2017.1.1	2017.1.1—2020.12.31
47	田军	组装车间	工人		男		2017.1.1	2017.1.1—2020.12.31
48	郑华君	组装车间	工人		女		2017.1.1	2017.1.1—2020.12.31
49	洪梁	组装车间	工人		男		2017.1.1	2017.1.1—2020.12.31
50	马奇	组装车间	工人		男		2017.1.1	2017.1.1—2020.12.31
51	黄聪	组装车间	工人		女		2017.1.1	2017.1.1—2020.12.31
52	薛萍	组装车间	工人		女		2017.1.1	2017.1.1—2020.12.31
53	张世平	组装车间	工人		男		2017.1.1	2017.1.1—2020.12.31
54	李小春	组装车间	工人		女		2017.1.1	2017.1.1—2020.12.31
55	蔡丽娟	组装车间	工人		女		2017.1.1	2017.1.1—2020.12.31
56	吴新祥	组装车间	工人		男		2017.1.1	2017.1.1—2020.12.31
57	胡首科	组装车间	工人		男		2017.1.1	2017.1.1—2020.12.31
58	邹建榕	组装车间	工人		女		2017.1.1	2017.1.1—2020.12.31

2. 职工银行账号信息

职工银行账号信息见表3－46。

表3－46 职工银行账号信息

工号	姓名	部门	岗位	银行卡号
1	梁天	企管部	总经理	×××
2	张万军	人力资源部	人力资源经理	×××
3	李斌	采购部	采购部经理	×××
4	何明海	仓储部	仓储部经理	×××
5	钱坤	财务部	财务部经理	×××
6	叶润中	生产计划部	生产计划部经理	×××
7	杨笑笑	市场营销部	营销部经理	×××
8	叶瑛	企管部	行政助理	×××
9	肖红	人力资源部	人力资源助理	×××
10	付海生	采购部	采购员	×××
11	王宝珠	仓储部	仓管员	×××
12	刘自强	财务部	成本会计	×××
13	朱中华	财务部	财务会计	×××
14	赵丹	财务部	出纳	×××
15	周群	生产计划部	生产计划员	×××
16	孙盛国	生产计划部	车间管理员	×××
17	马博	市场营销部	市场专员	×××
18	刘思羽	市场营销部	销售专员	×××
19	李良钊	机加车间	工人	×××
20	付玉芳	机加车间	工人	×××
21	张接义	机加车间	工人	×××
22	毕红	机加车间	工人	×××
23	吴淑敏	机加车间	工人	×××
24	毛龙生	机加车间	工人	×××
25	扈志明	机加车间	工人	×××
26	李龙吉	机加车间	工人	×××
27	吴官胜	机加车间	工人	×××
28	雷丹	机加车间	工人	×××
29	刘良生	机加车间	工人	×××
30	余俊美	机加车间	工人	×××
31	徐积福	机加车间	工人	×××
32	潘俊辉	机加车间	工人	×××

续表

工号	姓名	部门	岗位	银行卡号
33	朱祥松	机加车间	工人	×××
34	刘文钦	机加车间	工人	×××
35	龚文辉	机加车间	工人	×××
36	王小强	机加车间	工人	×××
37	刘胜	机加车间	工人	×××
38	刘贞	机加车间	工人	×××
39	余永俊	组装车间	工人	×××
40	万能	组装车间	工人	×××
41	万俊俊	组装车间	工人	×××
42	张逸君	组装车间	工人	×××
43	言海根	组装车间	工人	×××
44	田勤	组装车间	工人	×××
45	肖鹏	组装车间	工人	×××
46	徐宏	组装车间	工人	×××
47	田军	组装车间	工人	×××
48	郑华珺	组装车间	工人	×××
49	洪梁	组装车间	工人	×××
50	冯奇	组装车间	工人	×××
51	黄聪	组装车间	工人	×××
52	薛萍	组装车间	工人	×××
53	张世平	组装车间	工人	×××
54	李小春	组装车间	工人	×××
55	蔡丽娟	组装车间	工人	×××
56	吴新祥	组装车间	工人	×××
57	胡首科	组装车间	工人	×××
58	邹建榕	组装车间	工人	×××

3. 北京市社会保险基数采集表

每年 3～4 月，北京市进行社会保险基数采集工作，采集上年度企业员工月平均工资信息并核定企业、个人缴费基数，见表 3－47、表 3－48、表 3－49、表 3－50。

表 3 – 47　北京市 2017 年社会保险缴费基数采集表 1

组织机构代码:745862890

单位名称(章):好佳童车厂

单位:元

序号	电脑序号	居民身份证	姓名	缴费人员类别	上年月均工资	缴费基数					职工签字	备注
						养老	失业	工伤	生育	医疗		
1		×××	梁天	非农业	12 000	12 000	12 000	12 000	12 000	12 000	梁天	
2		×××	叶瑛	非农业	5 500	5 500	5 500	5 500	5 500	5 500	叶瑛	
3		×××	张万军	农业	7 500	7 500	7 500	7 500	7 500	7 500	张万军	
4		×××	肖红	非农业	7 500	7 500	7 500	7 500	7 500	7 500	肖红	
5		×××	李斌	农业	7 500	7 500	7 500	7 500	7 500	7 500	李斌	
6		×××	付海生	非农业	7 500	7 500	7 500	7 500	7 500	7 500	付海生	
7		×××	叶润中	非农业	7 500	7 500	7 500	7 500	7 500	7 500	叶润中	
8		×××	周群	非农业	7 500	7 500	7 500	7 500	7 500	7 500	周群	
9		×××	孙盛国	非农业	5 500	5 500	5 500	5 500	5 500	5 500	孙盛国	
10		×××	何明海	农业	5 500	5 500	5 500	5 500	5 500	5 500	何明海	
11		×××	王宝珠	非农业	5 500	5 500	5 500	5 500	5 500	5 500	王宝珠	
12		×××	杨笑笑	非农业	5 500	5 500	5 500	5 500	5 500	5 500	杨笑笑	
13		×××	马博	农业	5 500	5 500	5 500	5 500	5 500	5 500	马博	
14		×××	刘思羽	非农业	4 500	4 500	4 500	4 500	4 500	4 500	刘思羽	
15		×××	钱坤	非农业	4 500	4 500	4 500	4 500	4 500	4 500	钱坤	
小计		—	—	—							—	—
合计		—	—	—							—	—

单位负责人:梁天　　经办人:社保　　复核人:

填报人:肖红　　联系电话:010 – 69706878

录入日期:2017. 1. 29　　填报日期:2017. 1. 30　　复核日期:

说明:1. 序号按自然顺序进行编号,一式两份。

2. 职工上年月均工资由单位按实际数填写。

3. 职工上年月均工资需经职工本人签字确认。

表 3-48 北京市 2017 年社会保险缴费基数采集表 2

组织机构代码:745862890

单位名称(章):好佳童车厂　　　　单位:元

序号	电脑序号	居民身份证	姓名	缴费人员类别	上年月均工资	缴费基数					职工签字	备注
						养老	失业	工伤	生育	医疗		
1		×××	刘自强	非农业	4 000	4 000	4 000	4 000	4 000	4 000	刘自强	
2		×××	朱中华	非农业	4 000	4 000	4 000	4 000	4 000	4 000	朱中华	
3		×××	赵丹	非农业	4 000	4 000	4 000	4 000	4 000	4 000	赵丹	
4		×××	李良钊	农业	3 600	3 600	3 600	3 600	3 600	3 600	李良钊	
5		×××	付玉芳	农业	3 600	3 600	3 600	3 600	3 600	3 600	付玉芳	
6		×××	张接义	农业	3 600	3 600	3 600	3 600	3 600	3 600	张接义	
7		×××	毕红	非农业	3 600	3 600	3 600	3 600	3 600	3 600	毕红	
8		×××	吴淑敏	农业	3 600	3 600	3 600	3 600	3 600	3 600	吴淑敏	
9		×××	毛龙生	农业	3 600	3 600	3 600	3 600	3 600	3 600	毛龙生	
10		×××	扈志明	非农业	3 600	3 600	3 600	3 600	3 600	3 600	扈志明	
11		×××	李龙吉	农业	3 600	3 600	3 600	3 600	3 600	3 600	李龙吉	
12		×××	吴官胜	农业	3 600	3 600	3 600	3 600	3 600	3 600	吴官胜	
13		×××	雷丹	非农业	3 600	3 600	3 600	3 600	3 600	3 600	雷丹	
14		×××	刘良生	非农业	3 600	3 600	3 600	3 600	3 600	3 600	刘良生	
15		×××	余俊美	农业	3 600	3 600	3 600	3 600	3 600	3 600	余俊美	
小计		—	—	—							—	—
合计		—	—	—							—	—

单位负责人:梁天　　　　经办人:社保　　　　复核人:

填报人:肖红　　　　联系电话:010-69706878

录入日期:2017.1.29　　　　填报日期:2017.1.30　　　　复核日期:

说明:1. 序号按自然顺序进行编号,一式两份。

2. 职工上年月均工资由单位按实际数填写。

3. 职工上年月均工资需经职工本人签字确认。

表 3-49　北京市2017年社会保险缴费基数采集表3

组织机构代码:745862890

单位名称(章):好佳童车厂　　　　单位:元

序号	电脑序号	居民身份证	姓名	缴费人员类别	上年月均工资	缴费基数					职工签字	备注
						养老	失业	工伤	生育	医疗		
1		×××	徐积福	非农业	3 600	3 600	3 600	3 600	3 600	3 600	徐积福	
2		×××	潘俊辉	农业	3 600	3 600	3 600	3 600	3 600	3 600	潘俊辉	
3		×××	朱祥松	农业	3 600	3 600	3 600	3 600	3 600	3 600	朱祥松	
4		×××	刘文钦	非农业	3 600	3 600	3 600	3 600	3 600	3 600	刘文钦	
5		×××	龚文辉	非农业	3 600	3 600	3 600	3 600	3 600	3 600	龚文辉	
6		×××	王小强	非农业	3 600	3 600	3 600	3 600	3 600	3 600	王小强	
7		×××	刘胜	非农业	3 600	3 600	3 600	3 600	3 600	3 600	刘胜	
8		×××	刘贞	非农业	3 600	3 600	3 600	3 600	3 600	3 600	刘贞	
9		×××	余永俊	非农业	3 600	3 600	3 600	3 600	3 600	3 600	余永俊	
10		×××	万能	农业	3 600	3 600	3 600	3 600	3 600	3 600	万能	
11		×××	万俊俊	非农业	3 600	3 600	3 600	3 600	3 600	3 600	万俊俊	
12		×××	张逸君	非农业	3 600	3 600	3 600	3 600	3 600	3 600	张逸君	
13		×××	言海根	非农业	3 600	3 600	3 600	3 600	3 600	3 600	言海根	
14		×××	田勤	非农业	3 600	3 600	3 600	3 600	3 600	3 600	田勤	
15		×××	肖鹏	农业	3 600	3 600	3 600	3 600	3 600	3 600	肖鹏	
小计		—	—	—							—	—
合计		—	—	—							—	—

单位负责人:梁天　　　　经办人:社保　　　　复核人:

填报人:肖红　　　　联系电话:010-69706878

录入日期:2017.1.29　　　　填报日期:2017.1.30　　　　复核日期:

说明:1. 序号按自然顺序进行编号,一式两份。

2. 职工上年月均工资由单位按实际数填写。

3. 职工上年月均工资需经职工本人签字确认。

表 3－50 北京市 2017 年社会保险缴费基数采集表 4

组织机构代码:745862890

单位名称(章):好佳童车厂

单位:元

序号	电脑序号	居民身份证	姓名	缴费人员类别	上年月均工资	缴费基数					职工签字	备注
						养老	失业	工伤	生育	医疗		
1		×××	徐宏	非农业	3 600	3 600	3 600	3 600	3 600	3 600	徐宏	
2		×××	田军	非农业	3 600	3 600	3 600	3 600	3 600	3 600	田军	
3		×××	郑华珺	农业	3 600	3 600	3 600	3 600	3 600	3 600	郑华珺	
4		×××	洪梁	非农业	3 600	3 600	3 600	3 600	3 600	3 600	洪梁	
5		×××	冯奇	农业	3 600	3 600	3 600	3 600	3 600	3 600	冯奇	
6		×××	黄聪	农业	3 600	3 600	3 600	3 600	3 600	3 600	黄聪	
7		×××	薛萍	农业	3 600	3 600	3 600	3 600	3 600	3 600	薛萍	
8		×××	张世平	非农业	3 600	3 600	3 600	3 600	3 600	3 600	张世平	
9		×××	李小春	非农业	3 600	3 600	3 600	3 600	3 600	3 600	李小春	
10		×××	蔡丽娟	非农业	3 600	3 600	3 600	3 600	3 600	3 600	蔡丽娟	
11		×××	吴新祥	农业	3 600	3 600	3 600	3 600	3 600	3 600	吴新祥	
12		×××	胡首科	农业	3 600	3 600	3 600	3 600	3 600	3 600	胡首科	
13		×××	邹建榕	农业	3 600	3 600	3 600	3 600	3 600	3 600	邹建榕	
小计		—	—	—							—	—
合计		—	—	—							—	—

单位负责人:梁天　　经办人:社保　　复核人:

填报人:肖红　　联系电话:010－69706878

录入日期:2017.1.29　　填报日期:2017.1.30　　复核日期:

说明:1. 序号按自然顺序进行编号,一式两份。

2. 职工上年月均工资由单位按实际数填写。

3. 职工上年月均工资需经职工本人签字确认。

4. 北京市社会保险费缴费月报表

社会保险月报表(表 3－51)中记录企业缴纳五险一金人数、缴费基数、金额等信息,由社保中心每月提供,人力资源助理每月进行申报、缴纳工作后向社保中心索要当月月报,用于核定企业五险一金缴费信息。

表 3-51　北京市社会保险费缴费月报表

结算日期:2017.1

组织机构代码:745862890　　　　单位名称(章):好佳童车厂　　　　单位:元

项目		栏号	养老	失业	工伤	生育	医疗	住房公积金	合计
缴费单位个数		1	1	1	1	1	1	1	—
缴费人数	本月合计	2	58	58	58	58	58	58	—
	上月人数	3	58	58	58	58	58	58	—
	本月增加	4	0	0	0	0	0	0	—
	本月减少	5	0	0	0	0	0	0	—
缴费基数合计		6	151 000	151 000	151 000	151 000	151 000	151 000	—
应缴金额	应缴合计	7	42 280	3 020	755	1 208	18 294	30 200	95 757
	单位缴费	8	30 200	2 265	755	1 208	15 100	15 100	64 628
	个人缴费	9	12 080	755	0	0	3 194	15 100	31 129
	其他缴费	10	—	—	—	—	—	—	—

单位负责人:梁天　　　　填报人:肖红　　　　联系电话:

填报日期:2017.1.30

说明:1. 此表由社保经(代)办机构按月生成。

2. 此表也可根据社保经(代)办机构要求按月申报。

3. 如按月申报此表一式两份,单位与社保经(代)办机构核对一致后各留存一份。

4. 2栏=3栏+4栏-5栏;7栏=8栏+9栏+10栏

5. 委托银行代收社会保险协议

委托银行代收社会保险协议,如图 3-29 所示。

6. 社会保险、住房公积金同城委托扣款

依据"委托银行代收社会保险协议"有关规定,社保中心将企业应缴、代缴社会保险缴费金额及明细发给银行,银行直接从企业账户中扣除相应款项后通知企业社会保险扣款情况。

社会保险缴纳完成后,人力资源部助理应跟进相关扣款信息,告知出纳去银行领取社保、公积金扣款凭证。人力资源部留存社会保险、住房公积金同城委托扣款凭证的复印件,财务部留存原件。人力资源助理用此凭证核对当月五险一金核算表中的统计金额是否正确,发现错误时,找到错误并于下月改正,多退少补。

2017 年 1 月 5 日,财务部取得银行五险一金扣款的业务回单,如图 3-30 所示。

深圳市社会保险基金管理局
委托银行代收社会保险费合同书

No:

甲方(参保人):　　　　　　　　乙方：深圳市社会保险基金管理局

为便于甲乙双方社会保险基金的收付结算，经双方认可，特制订如下合同：

一、甲、乙双方共同遵守中国人民银行深圳市分行关于深圳市特种委托收款结算办法以及社会保险的有关制度和规定，甲方同意每月由________银行通过电脑将应缴的保险费自动划入乙方帐户。

二、甲方应提供在建行、农行、工行、中行四家银行中的任一家开立的缴交保险金专用存折帐号。

三、乙方在每月15～25日期间划款，甲方每月15日前应在自己的帐户上留有足够的资金。如甲方帐户在乙方划款期间的资金不足以支付当月的保险费，乙方将在下月划款时一并划转，并自15日起每日按应划款项的2‰加收滞纳金，如果连续三个月未能划款成功，乙方将停止甲方的所有保险业务，由此造成的损失由甲方负责。

四、甲方在开立帐户后，不得随意更改为其他帐号；如存折不慎遗失，应及时通知乙方和开户银行，更换新帐号。由于甲方未通知或迟通知乙方和开户银行，使乙方不能按划款而造成的加收滞纳金和其他后果，均由甲方负责。

五、甲方如对划款有疑问，可到乙方查询，乙方应及时给予查对。属于电脑错误等原因而造成错收的，双方协定在下月划款时多退少补，当月一般不作更改。

六、每月由乙方提供划款收据，并定期邮寄到甲方所填通讯地址。

七、为保证甲、乙双方能够正常联系，甲方在更改通讯地址、联系电话等之后，应立即通知乙方。

八、本协议一式三份，甲、乙双方及甲方开户行各执一份。

甲方（参保人）填写	乙方（市社保局）填写
姓　　名：	个人电脑号：
通信地址：	参保起始时间：
邮政编码：	联系电话：
联系电话：	

甲方帐号（银行填写）：□□□□□□□□□□□□□□□□□□□□

开户银行：________________________

签订时间：20　　年　　月　　日

图3－29　委托银行代收社会保险协议

中国工商银行 INDUSTRIAL AND COMMERCIAL BANK OF CHINA

银行业务回单

回执单编号：2017010008					
日期：	20170105	业务类型：	代扣转账	流水号：	0002
付款人信息			收款人信息		
户名：	好佳童车厂		户名：	人力资源与社会保障局	
付款账号：	0100229999333823		收款账号：	0100229999000099028	
开户行：	中国工商银行北京分行		开户行：	中国工商银行	
金额：	壹拾陆万柒仟柒佰零肆元伍角整			￥167 704.50	
摘要：代扣五险一金					

经办人：银行柜员　　第 1 打印　　　　　打印日期：20170105

提示：已在银行柜台领回业务回单的单位，请注意核对，勿重复记账使用。

图3－30　五险一金扣款通知

附　　　　　　　　　　　　**授权划缴税款协议书**

协议序号:TCSK20150011

甲方(纳税人):好佳童车厂

地址:北京市海淀区北清路6号

联系电话:010－62347783

乙方(国税机关):税务局北京海淀区税务所

地址:北京市海淀区新光路78号

联系电话:010－69883322

根据《中华人民共和国税收征收管理法》及其《实施细则》《中华人民共和国合同法》《中华人民共和国电子签名法》《财政部、国家税务总局、中国人民银行关于印发<财税库银税收收入电子缴库横向联网管理暂行办法>的通知》等法律、法规,为方便纳税人缴税,本着"平等自愿,协商一致"的原则,甲方和乙方就授权划缴税款事项达成如下协议:

一、协议事项

甲方自行选择在银行开立结算账户,该账户作为唯一的缴税账户,甲方授权乙方通过开户银行从该结算账户直接划缴甲方向乙方办理申报纳税等相关涉税事项产生的各项税(费)、滞纳金及罚款等应纳税(费)并缴入国库。

二、甲方的权利与义务

(一)甲方委托乙方划缴税(费)款,有关账户信息如下:

开户银行名称:中国工商银行北京分行

开户银行行号(12位):×××

清算银行名称:中国工商银行北京分行

清算银行行号(12位):×××

纳税人名称(全称):好佳童车厂

纳税人国税税务登记证号:×××

国税征收机关名称:税务局北京市海淀区税务所

国税征收机关代码(11位):×××

纳税人缴税账户账号:×××

甲方保证以上内容填写真实准确,并承担因内容填写错误而产生的相关责任。

(二)甲方保证在银行开设的缴税账户名称和账号与报送乙方的账户名称和账号完全一致。

(三)甲方应保证缴税账户可正常使用并且账户中可用存款余额不少于发出的申报缴款金额。若甲方账户内存款余额不足或账户冻结等情况造成乙方划款不成功时,由此产生的滞纳金及其他法律责任由甲方承担。

(四)甲方指定的缴税账户信息发生变更时,应在发生纳税义务的前7个工作日内到乙方办理变更手续并重新签定协议书。若因甲方没有及时到乙方办理变更手续,造成乙方划缴税(费)款失败或无法在税(费)款法定限缴期内划缴的,由甲方承担由此产生的责任,乙方将按《中华人民共和国税收征管管理法》和其他法律法规的有关规定处理。

(五)甲方有权决定终止授权划缴税款协议书,到乙方办理相关终止手续后,即终止执行本协议。

三、乙方的权利与义务

(一)乙方收到甲方因办理申报纳税等相关涉税事项产生的应纳税(费)款电子信息时至当日结账止,按规定由开户银行直接从本协议书指定的结算账户划缴各项税(费)、滞纳金及罚款,因乙方无正当理由造成未及时划缴的,乙方应承担相应责任。正当理由包含:甲方存款余额不足,甲方账号被国家司法机关或行政机关冻结,不可抗力、非人为系统故障,因开户银行责任未入时划缴,甲方申报纳税时间超过国库营业时间等。

(二)乙方应严格按甲方办理申报纳税等相关涉税事项产生的应纳税(费)款电子信息划缴税款。乙方未接到甲方办理申报纳税等相关涉税事项产生的应纳税(费)款电子信息而对甲方账户进行划款,或未按确认后的甲方办理申报纳税等相关涉税事项产生的应纳税(费)款电子信息对甲方账户进行划款,或对甲方的非本协议指定账户进行划款,均应承担相应的法律责任。

(三)乙方划转税(费)款成功后,甲方可以按有关规定向乙方申请开具完税凭证。

(四)在乙方信息系统无法正常运行的特殊情况出现时,乙方应当在当天及时告知甲方,必要时应通知甲方采取其他方式缴款。

(五)乙方应本着为纳税人服务的原则,积极协调、妥善处理好划缴税款过程中遇到的问题。

四、法律责任及其他事项

(一)因不可抗力因素造成不能继续履行或不能完全履行本协议的,任何一方均不承担相关法律责任。

(二)如遇国家政策调整,应根据有关文件规定执行。

(三)双方在履行本协议过程中,如发生争议,应协商解决。协商不成的,任何一方均可依法申请复议、仲裁或提起诉讼。

(四)本协议自签订之日起具有法律效力。本协议一式 3 份,双方各执 1 份,另 1 份由甲方报开户银行备案。

甲方(印章):好佳童车厂　　　　乙方(印章):税务局北京市海淀区税务所

2017 年01 月05 日　　　　2017 年01 月05 日

说明:协议序号统一为 13 位数字,前 7 位为国税征收机关代码前 7 位,后 6 位为国税机关自行编制的流水号。

任务二　制造企业日常业务

一、制造企业日常任务

1. 制造企业支付水电费

(1)业务概述

实训中制造企业的水电费由服务公司收取。

(2)业务流程步骤

制造企业支付水电费的业务流程步骤见表3－52。

表3－52　制造企业支付水电费业务流程步骤表

序号	操作步骤	职位	操作内容
1	填写付款申请单	车间管理员	1. 查看发票记录表,确认未支付的发票信息。 2. 对照发票记录表上的未支付发票信息,填写付款申请单。 3. 将付款申请提交给生产计划经理审核
2	审核付款申请	生产计划经理	1. 审核付款申请单和发票金额是否一致,确认无误后在付款申请上签字。 2. 将付款申请单交车间管理员传递给财务部经理审核
3	审核付款申请	财务部经理	1. 审核付款申请单,确认无误后在申请单上签字。 2. 将付款申请单交还给出纳人员安排付款
4	开具转账支票	出纳	1. 收到财务部经理转交的批复后的付款申请单。 2. 确认后对照付款申请单金额开具转账支票
5	登记支票领用登记簿	出纳	1. 登记支票领用登记簿,支票领用人签字。 2. 将支票正联交给财务部经理审核,盖章
6	审核支票	财务部经理	1. 审核支票填写得是否正确。 2. 确认无误,签字,加盖公司财务章和法人章。 3. 将支票正联交给车间管理员,车间管理员交给服务公司
7	将支票送至服务公司	车间管理员	1. 将支票交给服务公司完成支付。 2. 登记发票记录表,将支票付款状态标注为“已支付”
8	填制记账凭证	财务会计	1. 财务会计根据审核的付款申请单和支票存根填制记账凭证。 2. 将支票存根和付款申请单粘贴在记账凭证后作为附件。 3. 将记账凭证交给财务部经理审核

续表

序号	操作步骤	职位	操作内容
9	审核记账凭证	财务部经理	1. 审核财务会计填制的记账凭证，并对照相关附件检查是否正确。 2. 审核无误，签字确认。 3. 将确认后的记账凭证交给出纳登记日记账
10	登记日记账	出纳	1 根据记账凭证登记簿登记银行存款日记账。 2. 记账后在记账凭证上签字或盖章。 3. 将记账凭证交给财务会计登记科目明细账
11	登记科目明细账	财务会计	1. 接收出纳交还的记账凭证。 2. 根据记账凭证登记科目明细账。 3. 记账后在记账凭证上签字或盖章
12	登记总账	财务部经理	1. 接收财务会计给的记账凭证。 2. 根据记账凭证登记总账。 4. 记账后在记账凭证上签字或盖章
13	收到转账支票并到银行办理转账	服务公司总经理	1. 向企业催收水电费。 2. 拿到企业的转账支票。 3. 根据转账支票填写进账单。 4. 携带转账支票与进账单到银行进行转账
14	办理转账——水电费（银行）并打印银行回单（银行）	银行柜员	1. 收到企业提交的进账单与支票。 2. 根据进账单信息办理转账业务。 3. 根据办理的转账业务，打印银行业务回单。 4. 将银行业务回单交给企业办事员

2. 制造企业购买增值税发票

（1）业务概述

发票是指一切单位和个人在购销商品、提供或接受服务，以及从事其他经营活动中，所提供给对方的收付款的书面证明，是会计核算的原始依据，也是审计机关、税务机关执法检查的重要依据。

（2）业务流程步骤

制造企业购买增值税发票业务流程步骤见表 3－53。

表 3－53　制造企业购买增值税发票业务流程步骤表

序号	操作步骤	职位	操作内容
1	申请领用发票	出纳	1. 申领人携带营业执照副本、经办人身份证到税务局。 2. 向税务专员说明申请发票类型及数量

续表

序号	操作步骤	职位	操作内容
2	登记并发放发票	税务专员	1. 收到企业的申请后，将信息录入发票领用表。 2. 发票号由税务专员按序号排列即可。 3. 填写后，发放发票

3. 制造企业购买支票

(1)业务概述

支票是出票人签发的，委托办理支票存款业务的银行或者其他金融机构在见票时无条件支付确定的金额给收款人或持票人的票据。

开立基本存款账户后便可以在开户行购买现金支票和转账支票，在开户行购买支票时需要带上在银行预留的印鉴(法人章和财务章)。

(2)业务流程步骤

制造企业购买支票业务流程步骤见表3－54。

表3－54　制造企业购买支票业务流程步骤表

序号	操作步骤	职位	操作内容
1	填写票据领用单	出纳	1. 制造企业出纳到银行，向银行柜员索要票据领用单。 2. 填写票据领用单，将现金一并交给银行柜员
2	发放支票	银行柜员	收到企业提交的票据领用单，根据领用单填写数量，为企业准备支票，并发放支票
3	编制记账凭证	出纳	1. 领用相关票据。 2. 编制记账凭证。 3. 将电汇回单粘贴到记账凭证后面。 4. 将记账凭证交财务部经理审核
4	审核记账凭证	财务部经理	1. 审核出纳填制的记账凭证并对照相关附件检查是否正确。 2. 审核无误，签字确认。 3. 将确认后的记账凭证交给出纳登记日记账
5	登记日记账	出纳	1 根据记账凭证登记簿登记银行存款日记账。 2. 记账后在记账凭证上签字或盖章。 3. 将记账凭证交给财务会计登记科目明细账
6	登记科目明细账	财务会计	1. 根据记账凭证登记科目明细账。 2. 记账后在记账凭证上签字或盖章
7	登记总账	财务部经理	1. 根据记账凭证登记总账。 2. 记账后在记账凭证上签字或盖章

4. 企管部借款

（1）业务概述

为方便公司各部门工作人员结算因公需要而发生的零星开支、业务采购、差旅费报销等款项。新团队接手部门经营后，各部门需借一定金额的备用金。在 VBSE 实训中各部门备用金金额均为 500 元。

公司的日常费用包括办公费、差旅费、通信费等。有些业务可以先借款，再报销；有些业务费用发生后直接持票报销。借款时员工需填写借款单，经部门主管、财务部经理审批后，到出纳处领取现金，财务做记账处理。

（2）业务流程步骤

企管部借款业务流程步骤见表 3－55。

表 3－55　企管部借款业务流程步骤表

序号	操作步骤	职位	操作内容
1	填写借款单	行政助理	1. 去出纳处领取空白借款单。 2. 填写借款单，借款作为部门备用金。 3. 拿借款单找部门经理（总经理兼）审核
2	审核借款单	总经理	1. 审核借款单填写的准确性。 2. 审核借款业务的真实性。 3. 审核无误，签字
3	审核借款单	财务部经理	1. 审核借款单填写的准确性。 2. 审核借款业务的真实性。 3. 审核无误，签字
4	确认借款单并支付现金	出纳	1. 接收行政助理交给的已审核过的借款单。 2. 支付现金给借款人并由借款人签字。 3. 将借款单交给财务会计作凭证
5	填制记账凭证	财务会计	1. 接收出纳交给的借款单。 2. 填制记账凭证，将借款单粘贴在后面作为附件。 3. 送财务部经理审核
6	审核记账凭证	财务部经理	1. 接收财务会计交给的记账凭证，进行审核。 2. 审核后，交出纳登记现金日记账
7	登记现金日记账	出纳	1. 接收财务部经理审核后的记账凭证。 2. 根据记账凭证登记现金日记账。 3. 将记账凭证交财务会计登记科目明细账
8	登记科目明细账	财务会计	1. 接收出纳交给的记账凭证。 2. 根据记账凭证登记科目明细账
9	登记总账	财务部经理	1. 接收财务会计交给的记账凭证。 2. 根据记账凭证登记科目总账

5. 人力资源部借款

(1)业务概述

同企管部借款。

(2)业务流程步骤

人力资源部借款业务流程步骤见表3－56。

表3－56　人力资源部借款业务流程步骤表

序号	操作步骤	职位	操作内容
1	填写借款单	人力资源助理	1. 到出纳处领取空白借款单。 2. 填写借款单,借款作为部门备用金。 3. 拿借款单找人力资源部经理审核
2	审核借款单	人力资源部经理	1. 审核借款单填写的准确性和业务的真实性。 2. 审核无误,签字
3	审核借款单	财务部经理	1. 审核借款单填写的准确性和业务的真实性。 2. 审核无误,签字
4	确认借款单并支付现金	出纳	1. 接收人力资源助理交给的已审核过的借款单。 2. 支付现金给借款人并由借款人签字。 3. 将借款单交给财务会计作凭证
5	填制记账凭证	财务会计	1. 接收到出纳交给的借款单。 2. 填制记账凭证,将借款单粘贴在后面作为附件。 3. 送财务部经理审核
6	审核记账凭证	财务部经理	1. 接收财务会计交给的记账凭证,进行审核。 2. 审核后,交出纳登记现金日记账
7	登记现金日记账	出纳	1. 接收财务部经理审核后的记账凭证。 2. 根据记账凭证登记现金日记账。 3. 将记账凭证交财务会计登记科目明细账
8	登记科目明细账	财务会计	1. 接收出纳交给的记账凭证。 2. 根据记账凭证登记科目明细账
9	登记总账	财务部经理	1. 接收财务会计交给的记账凭证。 2. 根据记账凭证登记科目总账

6. 仓储部借款

(1)业务概述

同企管部借款。

(2)业务流程步骤

仓储部借款业务流程步骤见表3－57。

表 3－57　仓储部借款业务流程步骤表

序号	操作步骤	职位	操作内容
1	填写借款单	仓管员	1. 到出纳处领取空白借款单。 2. 填写借款单，借款作为部门备用金。 3. 拿借款单找仓储部经理审核。 4. 拿借款单找财务部经理审核。 5. 拿借款单到出纳处领取现金
2	审核借款单	仓储部经理	1. 审核借款单填写的准确性。 2. 审核借款业务的真实性。 3. 审核无误，签字
3	审核借款单	财务部经理	1. 审核借款单填写的准确性。 2. 审核借款业务的真实性。 3. 审核无误，签字
4	确认借款单并支付现金	出纳	1. 接收仓管员交给的已审核过的借款单。 2. 支付现金给借款人并由借款人签字。 3. 将借款单交给财务会计作凭证
5	填制记账凭证	财务会计	1. 接收到出纳交给的借款单。 2. 填制记账凭证，将借款单粘贴在后面作为附件。 3. 送财务部经理审核
6	审核记账凭证	财务部经理	1. 接收财务会计交给的记账凭证，进行审核。 2. 审核后，交出纳登记现金日记账
7	登记现金日记账	出纳	1. 接收财务部经理审核后的记账凭证。 2. 根据记账凭证登记现金日记账。 3. 将记账凭证交财务会计登记科目明细账
8	登记科目明细账	财务会计	1. 接收出纳交给的记账凭证。 2. 根据记账凭证登记科目明细账
9	登记总账	财务部经理	1. 接收财务会计交给的记账凭证。 2. 根据记账凭证登记科目总账

7. 营销部借款

(1) 业务概述

同企管部借款。

(2) 业务流程步骤

营销部借款业务流程步骤见表 3－58。

表 3－58　营销部借款业务流程步骤表

序号	操作步骤	职位	操作内容
1	填写借款单	销售专员	1. 到出纳处领取空白借款单。 2. 填写借款单，借款作为部门备用金。 3. 拿借款单找营销部经理审核
2	审核借款单	营销部经理	1. 审核借款单填写的准确性和业务的真实性。 2. 审核无误，签字
3	审核借款单	财务部经理	1. 审核借款单填写的准确性和业务的真实性。 2. 审核无误，签字
4	确认借款单并支付现金	出纳	1. 接收销售专员交给的已审核过的借款单。 2. 支付现金给借款人并由借款人签字。 3. 将借款单交给财务会计作凭证
5	填制记账凭证	财务会计	1. 接收出纳交给的借款单。 2. 填制记账凭证，将借款单粘贴在后面作为附件。 3. 送给财务部经理审核
6	审核记账凭证	财务部经理	1. 接收财务会计交给的记账凭证，进行审核。 2. 审核后，交出纳登记现金日记账
7	登记现金日记账	出纳	1. 接收财务部经理审核后的记账凭证。 2. 根据记账凭证登记现金日记账。 3. 将记账凭证交财务会计登记科目明细账
8	登记科目明细账	财务会计	1. 接收出纳交给的记账凭证。 2. 根据记账凭证登记科目明细账
9	登记总账	财务部经理	1. 接收财务会计交给的记账凭证。 2. 根据记账凭证登记科目总账

8. 生产计划部借款

(1) 业务概述

同企管部借款。

(2) 业务流程步骤

生产计划部借款业务流程步骤见表 3－59。

表 3－59　生产计划部借款业务流程步骤表

序号	操作步骤	职位	操作内容
1	填写借款单	生产计划员	1. 到出纳处领取空白借款单。 2. 填写借款单，借款作为部门备用金。 3. 拿借款单找生产计划部经理审核

续表

序号	操作步骤	职位	操作内容
2	审核借款单	生产计划部经理	1. 审核借款单填写的准确性和业务的真实性。 2. 审核无误,签字
3	审核借款单	财务部经理	1. 审核借款单填写的准确性和业务的真实性。 2. 审核无误,签字
4	确认借款单并支付现金	出纳	1. 接收生产计划员交给的已审核过的借款单。 2. 支付现金给借款人并由借款人签字。 3. 将借款单交给财务会计作凭证
5	填制记账凭证	财务会计	1. 接收出纳交给的借款单。 2. 填制记账凭证,将借款单粘贴在后面作为附件。 3. 送财务部经理审核
6	审核记账凭证	财务部经理	1. 接收财务会计交给的记账凭证,进行审核。 2. 审核后,交出纳登记现金日记账
7	登记现金日记账	出纳	1. 接收财务部经理审核后的记账凭证。 2. 根据记账凭证登记现金日记账。 3. 将记账凭证交财务会计登记科目明细账
8	登记科目明细账	财务会计	1. 接收出纳交给的记账凭证。 2. 根据记账凭证登记科目明细账
9	登记总账	财务部经理	1. 接收出纳交给的记账凭证。 2. 根据记账凭证登记科目总账

9. 采购部借款

(1)业务概述

同企管部借款。

(2)业务流程步骤

采购部借款业务流程步骤见表 3 – 60。

表 3 – 60 采购部借款业务流程步骤表

序号	操作步骤	职位	操作内容
1	填写借款单	采购员	1. 到出纳处领取空白借款单。 2. 填写借款单,借款作为部门备用金。 3. 拿借款单找采购部经理审核
2	审核借款单	采购部经理	1. 审核借款单填写的准确性和业务的真实性。 2. 审核无误,签字
3	审核借款单	财务部经理	1. 审核借款单填写的准确性和业务的真实性。 2. 审核无误,签字

续表

序号	操作步骤	职位	操作内容
4	确认借款单并支付现金	出纳	1. 接收采购员交给的已审核过的借款单。 2. 支付现金给借款人并由借款人签字。 3. 将借款单交给财务会计作凭证
5	填制记账凭证	财务会计	1. 接收出纳交给的借款单。 2. 填制记账凭证,将借款单粘贴在后面作为附件。 3. 送财务部经理审核
6	审核记账凭证	财务部经理	1. 接收财务会计交给的记账凭证,进行审核。 2. 审核后,交出纳登记现金日记账
7	登记现金日记账	出纳	1. 接收财务部经理审核后的记账凭证。 2. 根据记账凭证登记现金日记账。 3. 将记账凭证交财务会计登记科目明细账
8	登记科目明细账	财务会计	1. 接收出纳交给的记账凭证。 2. 根据记账凭证登记科目明细账
9	登记总账	财务部经理	1. 接收出纳交给的记账凭证。 2. 根据记账凭证登记科目总账

10. 制造企业编制采购计划

(1)业务概述

编制采购计划是在掌握市场供求情况,并综合考虑运输成本、存货成本、每次订货成本等因素,将物料需求计划转变为采购计划,确定发出订单的时机和订购数量的过程。

(2)业务流程步骤

编制采购计划业务流程步骤见表3-61。

表3-61　编制采购计划业务流程步骤表

序号	操作步骤	职位	操作内容
1	编制采购计划	采购部经理	1. 收到生产部的物料净需求计划表。 2. 核对库存及在途信息,编制采购计划。 3. 初步填制采购计划表。 4. 根据供应商的折扣等相关信息调整计划。 5. 采购计划表交给采购员下发
2	分发采购计划表	采购员	1. 采购计划表一式三份。 2. 分发采购计划表,仓储部、生产计划部和采购部各一份

11. 制造企业编制主生产计划

(1)业务概述

主生产计划(Moster Production Schedule,MPS)是闭环计划系统的一部分。主生产计划的实质是保证销售规划和生产规划对规定的需求(需求什么、需求多少和什么时候需求)与所使用的资源保持一致。主生产计划考虑了经营规划和销售规划,使生产规划同它们相协调。它着眼于销售什么和能够制造什么,这就能为车间制订一个合适的“主生产进度计划”,并且以粗能力数据调整这个计划,直到负荷平衡。

(2)业务流程步骤

编制主生产计划业务流程步骤见表3－62。

表3－62　编制主生产计划业务流程步骤表

序号	操作步骤	职位	操作内容
1	编制主生产计划	生产计划员	1. 依据接收的销售订单汇总表,结合各车间的生产能力及产品库存状况,编制主生产计划计算表。 2. 根据主生产计算表填写主生产计划表。 3. 将主生产计划表交车间管理员核验,然后交生产计划部经理审批
2	核验主生产计划	车间管理员	1. 根据车间产能检查主生产计划是否可行,如不可行返回第一步重新调整编制。 2. 核对确认后签字,交还给生产计划员
3	审批主生产计划	生产部经理	审批车间管理员核验过的主生产计划,签字后交还给生产计划员

12. 制造企业编制物料净需求计划

(1)业务概述

净需求计划是通过计算得来的,即在总需求量上扣除现有库存量、已订购量、在途量,最后得出净需求,其实就是还需要的订购量。

(2)业务流程步骤

编制物料净需求计划业务流程步骤见表3－63。

表3－63　编制物料净需求计划业务流程步骤表

序号	操作步骤	职位	操作内容
1	编制物料净需求计划	生产计划员	1. 依据主生产计划、物料库存、物料清单,通过填制物料需求计算表进行物料净需求计算。 2. 将结果填写到物料净需求计划表中。 3. 将物料净需求计划表送到车间管理员处进行校对,再送生产计划部经理处进行审批

续表

序号	操作步骤	职位	操作内容
2	审核物料净需求计划	生产计划部经理	1. 收到生产计划员的物料净需求计划，核对计算是否正确。 2. 审核物料净需求计划中物料需求时间与数量是否同主生产计划一致。 3. 确认后批准交还给生产计划员
3	将物料净需求计划送交相关部门	生产计划员	1. 第一联留下，生产计划员用来安排生产。 2. 第二联送采购部经理处，以便其安排采购

13. 与供应商签订采购合同

(1)业务概述

签订采购合同是企业与选择的供应商针对商品的品种、规格、技术标准、质量保证、订购数量、包装要求、售后服务、价格、交货日期与地点、运输方式、付款条件等进行反复磋商，双方无异议后，为建立双方满意的购销关系而办理的法律手续。

(2)业务流程步骤

采购合同业务流程步骤见表3－64。

表3－64　采购合同业务流程步骤表

序号	操作步骤	职位	操作内容
1	收到工贸企业送来的购销合同	采购员	1. 根据采购计划选择合适的工贸企业，沟通采购细节内容。 2. 拟定购销合同，并由工贸企业先签字盖章，一式两份
2	填写合同会签单	采购员	1. 根据合同的信息填写合同会签单。 2. 将购销合同和合同会签单提交给采购部经理
3	合同会签单签字	采购部经理	1. 接收采购员提交的购销合同及合同会签单。 2. 审核购销合同内容填写的准确性和合理性，审核同意后在合同会签单上签字确认。 3. 将购销合同和合同会签单转给财务部经理
4	合同会签单签字	财务部经理	1. 接收采购部经理交送的购销合同及合同会签单。 2. 审核购销合同的准确性和合理性，审核同意后在合同会签单上签字。 3. 将购销合同和合同会签单提交给总经理

续表

序号	操作步骤	职位	操作内容
5	合同会签单签字	总经理	1. 接收财务部经理提交的购销合同及合同会签单。 2. 审核采购部经理和财务部经理是否审核签字，审核购销合同的准确性和合理性，审核同意后在合同会签单、购销合同上签字。 3. 将购销合同和合同会签单转给行政助理
6	购销合同盖章	行政助理	1. 接收总经理交送的购销合同和合同会签单。 2. 检查合同会签单总经理是否签字，确认无误后给合同盖章。 3. 将购销合同一份送给采购员，另一份存档
7	购销合同存档	行政助理	1. 更新合同管理表。 2. 登记完，将购销合同留存备案
8	登记采购合同执行情况表	采购员	1. 接收行政助理交送来的购销合同。 2. 根据制造企业与工贸企业签订好的购销合同，登记采购合同执行情况表
9	将购销合同返给工贸企业一份	采购员	将签订好并已登记的购销合同，返还给工贸企业

14. 制造企业录入采购订单（与供应商）

（1）业务概述

制造企业与供应商经过磋商签订了采购合同后，制造企业的采购员将采购订单的基本信息录入 VBSE 系统，系统将根据录入的信息执行未来的采购收货及付款等业务。

（2）业务流程步骤

采购订单业务流程步骤见表 3－65。

表 3－65　采购订单业务流程步骤表

操作步骤	职位	操作内容
在系统中录入采购订单	采购员	根据制造企业与工贸企业签订好的购销合同，将采购订单信息录入 VBSE 系统

15. 制造企业采购入库

（1）业务概述

采购入库是指供应商发出的货物抵达企业，同时开具了该张采购订单所对应的发票。采购员协助仓管员办理采购入库手续，仓管员填写入库单确认货物入库，仓储部经理登记库存台账，材料会计登记存货明细账，成本会计凭发票确认应付账款。

(2)业务流程步骤

采购入库业务流程步骤见表3－66。

表3－66　采购入库业务流程步骤表

序号	操作步骤	职位	操作内容
1	运输车辆到达，收到物流的运单	仓管员（兼原料质检）	接收供应商发来的材料，附有物流运单和实物
2	物料验收并办理入库	仓管员（兼原料质检）	1. 根据发货单和质量检验标准进行质量、数量、包装等检测。 2. 根据检验结果填写物料检验单，并签字确认。 3. 检验无误，在发货单上签字收货。 4. 在VBSE系统中办理采购入库
3	填写原材料入库单	仓管员（兼原料质检）	1. 根据物料检验单填写原材料入库单（一式三联）。 2. 将原材料入库单提交给仓储部经理。 3. 将审核后的入库单自留一份，另外两联交采购部和财务部
4	登记采购合同执行情况表	采购员	1. 接收仓储部送来的原材料入库单。 2. 登记采购合同执行情况表。 3. 将发票（发票联和抵扣联）和对应的原材料入库单的财务联送交财务部门
5	登记库存台账	仓储部经理	1. 接收仓管员入库单。 2. 根据物料卡登记库存台账

16. 制造企业材料款支付

(1)业务概述

采购员查看采购合同执行情况表，确认应付款情况，找到相应的采购订单和采购入库单，并据此填写支出凭单，经财务部门审核通过，向供应商支付上期已到货材料款。

(2)业务流程步骤

材料款支付业务流程步骤见表3－67。

表3－67　材料款支付业务流程步骤表

序号	操作步骤	职位	操作内容
1	收到供应商开具的增值税专用发票	采购员	1. 收到供应商依据发货情况开具的专用增值税发票。 2. 在系统中录入发票并填写付款单。 3. 将发票和付款单提交给采购部经理审核

续表

序号	操作步骤	职位	操作内容
2	审核付款申请单	采购部经理	1. 收到采购员提交的发票和付款申请单。 2. 审核付款申请单与发票信息是否一致,付款要求是否合理。 3. 确认合理后,签字并交还采购员,采购员交给财务部经理
3	审核付款申请单	财务部经理	1. 收到采购部经理审核同意的付款单和发票。 2. 审核付款单的准确性和合理性。 3. 确认后在付款申请单上签字
4	办理网银付款(转账)	出纳	1. 收到采购员转交的财务部经理和采购部经理批复的付款单及发票。 2. 检查财务部经理是否签字,确认后对照付款申请办理网银付款
5	填制记账凭证	财务会计	1. 接收出纳送来的发票。 2. 编制记账凭证。 3. 将记账凭证提交给财务部经理
6	审核记账凭证	财务部经理	1. 接收财务会计提交的记账凭证和发票。 2. 审核记账凭证填写的准确性、合法性和真实性。 3. 审核资金使用的合理性。 4. 审核无误,签字。 5. 将记账凭证和发票返还给出纳
7	登记银行存款日记账	出纳	1 根据记账凭证登记簿登记银行存款日记账。 2. 在记账凭证上签字或盖章。 3. 将记账凭证交财务会计登记
8	登记科目明细账	财务会计	1. 接收出纳给的记账凭证和发票。 2. 根据记账凭证登记科目明细账。 3. 将科目明细表发送给成本会计
9	登记数量金额明细账	成本会计	1. 接收财务会计送来的科目明细和发票。 2. 根据登记科目明细账凭证登记数量金额明细账
10	登记总账	财务部经理	1. 接收出纳交给的记账凭证。 2. 根据记账凭证登记科目总账

17. 制造企业与客户签订合同

(1)业务概述

签订购销合同是企业与客户针对商品的品种、规格、技术标准、质量保证、订购数量、包装要求、售后服务、价格、交货日期与地点、运输方式、付款条件等进行反复磋商、双方无异议后,为建立双方满意的购销关系而办理的法律手续。

(2)业务流程步骤

制造企业与客户签订合同业务流程步骤,见表3－64。

18. 制造企业录入销售订单(与客户)

(1)业务概述

制造企业与客户经过磋商签订销售合同后,制造企业的销售专员将销售订单的基本信息录入VBSE系统,系统将根据录入的信息执行未来的销售发货及收款等业务。

(2)业务流程步骤

录入销售订单业务流程步骤见表3－68。

表3－68 录入销售订单业务流程步骤表

操作步骤	职位	操作内容
在系统中确认经销商的采购订单	销售专员	1. 根据制造企业与经销商签订的销售合同,在系统中确认经销商的采购订单。 2. 根据系统的采购订单信息填写销售订单、销售订单明细表

19. 制造企业查看与虚拟客户的销售订单

(1)业务概述

制造企业与客户经过磋商签订了销售合同后,制造企业的销售专员将销售订单的基本信息录入VBSE系统,系统将根据录入的信息执行未来的销售发货及收款等业务。

(2)业务流程步骤

查看与虚拟客户的销售订单业务流程步骤见表3－69。

表3－69 查看与虚拟客户的销售订单业务流程步骤表

操作步骤	职位	操作内容
查看订单并确定预期订单	销售专员	1. 在系统中查看可选订单。 2. 将订单打印出来,在A4纸上进行预选。 3. 接到服务公司通知后,到服务公司进行选单

20. 确认制造企业销售订单

(1)业务概述

制造企业销售专员根据制造企业与客户签订的销售合同录入销售订单后,客户在VBSE系统中,对录入的订单进行确认操作。

(2)业务流程步骤

确认制造企业销售订单业务流程步骤见表3－70。

表 3－70　确认制造企业销售订单业务流程步骤表

操作步骤	职位	操作内容
查看订单并确定预期订单	销售专员	1. 在系统中查看可选订单。 2. 打印出来后,在 A4 纸上进行预选。 3. 服务公司通知后,到服务公司进行选单

21. 制造企业发货给客户

(1)业务概述

销售发货是指销售员依据销售订单交货日期填写产品发货单,仓管员填写出库单,由销售员发货给客户,财务部根据发货出库单开具销售发票,当客户确认收货后销售员需登记销售发货明细。

(2)业务流程步骤

给客户发货业务流程步骤见表 3－71。

表 3－71　给客户发货业务流程步骤表

序号	操作步骤	职位	操作内容
1	接受物流运单并填制产品出库单	仓管员	1. 接受物流运单运输发票,根据发货单填制产品的销售出库单。 2. 提交至仓储部经理审批
2	审核产品出库单	仓储部经理	1. 收到仓管员开具的产品销售出库单。 2. 审核填写得是否正确。 3. 确认无误,签字并交还仓管员去办理出库手续
3	登记库存台账	仓管员	接收仓储部经理审核批准的产品销售出库单后填写库存台账,留存备案
4	销售发运并申请开票	销售专员	1. 根据销售出库单进行销售发运,并将销售出库单第四联送交客户。 2. 向出纳申请开发票
5	开具发票	出纳	1. 从销售专员处获取销售给该客户的销售价格。 2. 根据产品出库单,结合销售价格,开具销售发票
6	发票送给客户	销售专员	销售专员将发票交物流公司,由物流公司送给客户
7	填制记账凭证	财务会计	1. 根据开具的发票填制记账凭证。 2. 将记账凭证交给财务部经理审核
8	审核记账凭证	财务部经理	1. 接收财务会计交给的记账凭证,进行审核。 2. 审核后,交财务会计登记科目明细账

续表

序号	操作步骤	职位	操作内容
9	登记明细账	财务会计	1. 接收财务部经理交给的记账凭证。 2. 核对财务部经理是否已审核。 3. 根据审核后的记账凭证登记科目明细账
10	登记总账	财务部经理	1. 接收财务会计交给的记账凭证。 2. 根据记账凭证登记科目总账

22. 制造企业收取虚拟企业货款

(1)业务概述

销售实现之后，销售专员需要按照销售合同的约定期限跟踪、催促货款的收回。在VBSE系统里销售货物给虚拟企业，只要根据销售订单执行货款回收即可。

(2)业务流程步骤

收取虚拟企业货款业务流程步骤见表3－72。

表3－72 收取虚拟企业货款业务流程步骤表

序号	操作步骤	职位	操作内容
1	到银行取回电子银行转账回单	出纳	1. 到银行取回电子银行转账回单。 2. 将电子银行转账回单交给财务会计
2	编制记账凭证	财务会计	1. 接收出纳送来的银行进账单回单。 2. 编制记账凭证。 3. 将电汇回单粘贴到记账凭证后面。 4. 将记账凭证交财务部经理审核
3	审核记账凭证	财务部经理	1. 接收财务会计送来的记账凭证。 2. 审核记账凭证的附件是否齐全、正确。 3. 审核记账凭证的编制是否正确。 4. 审核完毕，交出纳登记银行存款日记账
4	登记银行日记账	出纳	1. 根据审核后的记账凭证登记银行存款日记账。 2. 登记完毕后，交财务会计登记明细账
5	登记科目明细账	财务会计	1. 接收出纳送来的记账凭证。 2. 核对财务部经理是否已审核。 3. 根据审核后的记账凭证登记科目明细账
6	登记总账	财务部经理	1. 接收财务会计交给的记账凭证。 2. 根据记账凭证登记科目总账

23. 机加车间生产派工、领料、车架生产

(1)业务概述

生产计划部经理依据之前编制的生产加工计划查看车间产能状况，向车间派工，对各个

工作岗位的生产任务进行具体安排，并检查各项生产准备工作，保证现场按生产作业计划进行生产。

车间管理员根据生产计划部经理下达的半成品车架派工单，查看物料结构，填写领料单，进行生产领料。仓管员检查生产用料，办理材料出库，填写材料出库单和物料卡，生产工人开始这个月的车架生产。

(2)业务流程步骤

机加车间生产派工、领料、车架生产业务流程步骤见表3-73。

表3-73　机加车间生产派工、领料、车架生产业务流程步骤表

序号	操作步骤	职位	操作内容
1	填写派工单	生产计划员	1. 根据主生产计划表编制车架派工单，车架派工单一式两份。 2. 下达车架派工单给车间管理员。 3. 另一份车架派工单自己留存
2	填写领料单	车间管理员	1. 根据派工单和物料清单填写一式三联领料单。 2. 送给仓库管理员办理领料
3	核对生产用料	仓管员	1. 仓管员接到领料单。 2. 核对领料单上物料的库存情况。 3. 确认可以满足后在领料单上签字
4	填写原材料出库单	仓管员	根据领料单填写原材料出库单
5	办理材料出库	仓管员	1. 在VBSE系统中办理材料出库，车间管理员在原材料出库单上签字确认。 2. 原材料出库单的生产计划部联交车间管理员随材料一起拿走。 3. 原材料出库单的财务部联交给成本会计。 4. 原材料出库单的仓储部联交给仓储部经理登记库存台账
6	登记库存台账	仓储部经理	1. 接收仓管员送来的原材料出库单。 2. 根据原材料出库单登记库存台账。 3. 登记完交仓管员留存
7	机加车间开工	车间管理员	车间依据物料、人员、设备的齐全状况开始生产

24. 组装车间生产领料、童车组装

(1)业务概述

车间管理员根据生产部经理下达的成品组装派工单，查看产品组装结构明细，填写领料单。仓管员检查整车组装所需的齐套料，办理出库手续。生产管理员领料生产并进行整车组装。

(2)业务流程步骤

生产领料、童车组装业务流程步骤见表3-74。

表3－74　生产领料、童车组装业务流程步骤表

序号	操作步骤	职位	操作内容
1	填写派工单	生产计划员	1. 根据主生产计划表编制整车派工单。 2. 整车派工单一式两份，其中一份给车间管理员，另一份自己留存
2	填写领料单	车间管理员	根据派工单和物料清单填写一式三联领料单
3	核对生产用料	仓管员	1. 仓管员接到车间管理员的领料单。 2. 核对领料单上物料的库存情况。 3. 确认可以满足后在领料单上签字
4	填写原材料出库单、半成品出库单	仓管员	根据领料单填写原材料出库单、半成品出库单
5	办理材料出库	仓管员	1. 在VBSE系统中办理材料出库，车间管理员在原材料出库单、半成品出库单上签字确认。 2. 原材料出库单、半成品出库单的生产计划部联交给车间管理员随材料一起拿走。 3. 原材料出库单、半成品出库单的财务部联交给成本会计。 4. 原材料出库单、半成品出库单的仓储部联交给仓储部经理登记库存台账
6	登记库存台账	仓储部经理	1. 接收仓管员送来的原材料出库单、半成品出库单。 2. 根据原材料出库单、半成品出库单登记库存台账。 3. 登记完交仓管员留存备案
7	组装车间开工	车间管理员	根据人员、物料、设备的状况是否齐全，确定后开始生产

25. 整车完工入库

(1)业务概述

整车组装、完工质检入库是指车间管理员对上月开始组装的产品进行完工处理，填写产成品完工单。质检员(生产计划员兼)对成品进行质检，到仓储部办理入库手续，填写入库单和物料单。仓储部经理登记存货台账。

(2)业务流程步骤

整车完工入库业务流程步骤见表3－75。

表3－75　整车完工入库业务流程步骤表

序号	操作步骤	职位	操作内容
1	填写完工送检单	车间管理员	(根据整车生产计划完成生产任务) 1. 填写完工送检单(一式两联)。 2. 送生产计划部经理处进行审验

续表

序号	操作步骤	职位	操作内容
2	审核完工送检验单	生产计划部经理	1. 接到车间管理员送来的完工送检单。 2. 对整车进行检验。 3. 将检验结果填入完工送检单
3	生成完工单	车间管理员	1. 根据生产计划部经理批复的完工送检单生成与之数量相同的整车生产完工单。 2. 根据完工单和完工送检单填写生产执行情况表。 3. 将生产完工单第一联自行留存,第二联交给仓管员
4	填写成品入库单,办理入库	仓管员	1. 核对完工单、完工送检单及实物。 2. 根据完工单填写一式三联的产品入库单。 3. 车间管理员在产品入库单上签字确认。 4. 在系统中办理组装完工入库。 5. 把审核完的产品入库单的财务联交给财务部,生产部联交给生产部,仓库联自留
5	登记库存台账	仓储部经理	根据产品入库单登记库存台账

26. 车架完工入库

(1)业务概述

车架完工入库业务是指车间管理员对上月开工生产的半成品车架进行生产更新处理,产品完工后填写车架完工单。仓管员办理车架入库手续并填写物料卡,仓储部经理登记存货台账。

(2)业务流程步骤

车架完工入库业务流程步骤见表3-76。

表3-76 车架完工入库业务流程步骤表

序号	操作步骤	职位	操作内容
1	生成完工单	车间管理员	1. 机加工车间车架生产完工,车间管理员根据派工单填写完工单。 2. 将派工单及填写的完工单交给生产部经理审核
2	审核完工单并签字	生产计划部经理	1. 接收车间管理员送来的派工单和完工单。 2. 依据派工单对照审核完工单所填写的产品是否已经完工。 3. 审核无误签字。 4. 将完工单第一联留存车间管理员,并由车间管理员将车架完工单第二联和车架交给仓管员
3	填写半成品入库单	仓管员	1. 核对车架完工单和实物是否相符。 2. 根据车架完工单填写一式三联的半成品入库单。 3. 车间管理员在半成品入库单上签字确认

续表

序号	操作步骤	职位	操作内容
4	办理入库	仓管员	1. 收到车间管理员确认的半成品入库单登记办理入库手续。 2. 把审核完的半成品入库单的财务联交给财务部，生产部联交给生产部，仓库联自留。 3. 在系统中办理车架完工入库
5	登记库存台账	仓储部经理	根据半成品入库单登记库存台账

27. 制造企业考勤汇总查询

(1)业务概述

实训中开始新一天的任务后，学生需要进行上班签到，每月经营完成后人力资源部助理进行考勤统计，制作考勤统计表，以便计算工资。本次教学系统自动签到、统计考勤。

(2)业务流程步骤

考勤汇总查询业务流程步骤见表3－77。

表3－77　考勤汇总查询业务流程步骤表

操作步骤	职位	操作内容
考勤信息查询	人力资源部助理	1. 点击考勤统计查询，获取公司员工考勤明细信息。 2. 依照明细信息制作考勤统计表(考勤统计表自制)。 3. 将制作完成的考勤统计表交人力资源部经理计算工资用

28. 制造企业薪酬核算

(1)业务概述

薪酬核算主要是对员工货币性薪酬的计算，现行制度中货币性薪酬包括基本薪酬、奖励薪酬(奖金)、附加薪酬(津贴)、补贴薪酬、红利、酬金和福利等。

实训中薪酬由基本工资、绩效工资、辞退福利、五险一金构成。因实训不提供薪酬核算的纸质表格，故需要学生在进入本工作任务后下载电子表格，并保存。

(2)业务流程步骤

薪酬核算业务流程步骤见表3－78。

表3－78　薪酬核算业务流程步骤表

序号	操作步骤	职位	操作内容
1	收集工资数据	人力资源部助理	1. 下载企业员工花名册信息，收集整理当月新增和离职人员记录，确定员工人员及信息。 2. 整理、汇总当月考勤数据。 3. 核算薪酬并填制相应表格(考勤统计表、职工薪酬统计表、企业代缴福利表、职工薪酬统计—部门汇总表和职工薪酬发放表)。自制Excel

续表

序号	操作步骤	职位	操作内容
2	审核工资	人力资源部经理	1. 审核薪酬核算金额，重点对人员变动的正确性进行核查。 2. 审核所有表单后，在表单对应位置签字。 3. 将签字完成的表单返还人力资源部助理
3	审核工资	总经理	1. 收到人力资源部助理交给的薪酬发放表。 2. 审核薪酬核算金额，重点对人员变动的正确性进行核查。 3. 审核完成后在表单对应位置签字。 4. 将签字完成的表单返还人力资源部助理
4	填制记账凭证	财务会计	1. 收到人力资源部交来的薪酬表单。 2. 编制本月薪酬发放的记账凭证
5	审核记账凭证	财务部经理	1. 收到财务会计交来的薪酬表单和记账凭证。 2. 审核记账凭证的正确性，并登记总账。 3. 交还给财务会计薪酬表单和记账凭证
6	登记科目明细账	财务会计	根据记账凭证和薪酬表单，填写明细账

29. 制造企业五险一金的计算

(1) 业务概述

五险一金是指养老保险、失业保险、工伤保险、生育保险、医疗保险、住房公积金。北京市现行制度中各项缴费比例见表 3－79。

表 3－79　北京市现行制度中五险一金缴费比例

		养老保险	失业保险	工伤保险	生育保险	基本医疗保险	
						基本医疗	大额互助
本市城镇职工	单位	20%	1%	核定比例(0.2% ~2%)	0.8%	9%	1%
	个人	8%	0.2%	0%	0%	2%	3 元
外埠城镇职工	单位	20%	1%	核定比例(0.2% ~2%)	0.8%	9%	1%
	个人	8%	0.2%	0%	0%	2%	3 元
本市农村劳动力	单位	20%	1%	核定比例(0.2% ~2%)	0.8%	9%	1%
	个人	8%	0%	0%	0%	2%	3 元
外埠农村劳动力	单位	20%	1%	核定比例(0.2% ~2%)	0.8%	9%	1%
	个人	8%	0%	0%	0%	2%	3 元

公积金缴费比例：根据企业的实际情况，选择住房公积金缴费比例。北京市现行制度中住房公积金单位、个人缴费比例均为 12%。

实训中五险一金的缴费比例请参见相关的设计规则。

（2）业务流程步骤

五险一金缴费业务流程步骤见表3－80。

表3－80　五险一金缴费业务流程步骤表

序号	操作步骤	职位	操作内容
1	查询新进/离职员工信息	人力资源部助理	登录系统界面，查询当月新入职/离职人员信息
2	填写北京市社会保险参保人员增加表	人力资源部助理	根据新增/减少人员实际情况填写社会保险参保人员增加/减少表，北京市社会保险参保人员增加表一式两份，缴费基数按照参保人员基本工资标准填写
3	审核北京市社会保险参保人员增加表	人力资源部经理	1. 审核北京市社会保险参保人员增加表。 2. 确认无误，签字并交还给人力资源部助理
4	登录更新北京市社会保险增加表	人力资源部助理	1. 收到人力资源部经理审核批准的北京市社会保险参保人员增加表。 2. 登录系统并在线更新北京市社会保险参保人员增加表

30. 制造企业五险一金的财务记账

（1）业务概述

每月，出纳去银行领取社会保险、住房公积金委托扣款凭证，即付款通知单，并交财务会计记账处理。同时告知人力资源部助理本月社会保险、住房公积金扣款金额。

（2）业务流程步骤

五险一金财务记账业务流程步骤见表3－81。

表3－81　五险一金财务记账业务流程步骤表

序号	操作步骤	职位	操作内容
1	去银行领取社会保险、住房公积金扣款回单	出纳	到银行取五险一金银行扣款回单
2	代扣社会保险	银行柜员	为企业代理扣缴社会保险
3	代扣公积金	银行柜员	为企业代理扣缴住房公积金
4	打印五险一金扣款回单	银行柜员	1. 接到客户打印请求，查询相关交易记录。 2. 确认交易记录存在，即可为客户打印回单。 3. 打印后将回单交于客户
5	编制记账凭证	财务会计	1. 依据银行回单填制记账凭证，将银行扣款凭证和五险一金扣款通知粘贴在记账凭证后作为附件。 2. 将记账凭证交给财务部经理审核

续表

序号	操作步骤	职位	操作内容
6	审核记账凭证	财务部经理	1. 接收财务会计送来的记账凭证。 2. 审核记账凭证。 3. 审核无误,将记账凭证交给出纳登记日记账
7	登记银行日记账	出纳	1. 接收财务部经理交给的审核后的记账凭证。 2. 根据记账凭证登记银行存款日记账。 3. 将记账凭证交财务会计登记科目明细账
8	登记科目明细账	财务会计	1. 接收出纳交给的记账凭证。 2. 根据记账凭证登记科目明细账
9	登记总账	财务部经理	1. 接收财务会计交给的记账凭证。 2. 根据记账凭证登记科目总账

31. 制造企业薪酬发放

(1)业务概述

薪酬是指员工向其所在单位提供所需要的劳动而获得的各种形式的补偿,包括经济性薪酬和非经济性薪酬两大类。经济性薪酬分为直接经济性薪酬和间接经济性薪酬。

直接经济性薪酬是单位按照一定的标准以货币形式向员工支付的薪酬。

间接经济性薪酬不直接以货币形式发放给员工,但通常可以给员工带来生活上的便利,减少员工额外开支或者免除员工后顾之忧。

非经济性薪酬是指无法用货币等手段来衡量,但会给员工带来满足感的一些因素。

薪酬发放是单位向员工支付直接性经济薪酬的途径、操作流程。薪酬发放一般是由人力资源部门和财务部门协同配合完成的一项基础性工作。

(2)业务流程步骤

薪酬发放业务流程步骤见表 3 - 82 所示。

表 3 - 82　薪酬发放业务流程步骤表

序号	操作步骤	职位	操作内容
1	薪资录盘	人力资源助理	1. 在 VBSE 系统里打开“薪资录盘”界面。 2. 依据工资表信息,录入人员薪资,完成后保存并导出。 3. 将导出的“薪酬发放”的文件拷贝到 U 盘中
2	填写支出凭单	出纳	1. 依据职工薪酬发放表数据填写支出凭单。 2. 将填好的支出凭单拷贝到 U 盘,将 U 盘交人力资源部经理和财务部经理进行审核
3	审核支出凭单和薪酬发放表	人力资源部经理	1. 审核支出凭单信息和薪酬发放表是否一致、正确。 2. 审核支出凭单的日期、金额、支出方式、支出用途及金额大小写是否正确。 3. 审核完成后在支出凭单上签字确认

续表

序号	操作步骤	职位	操作内容
4	审核支出凭单和薪酬发放表	财务部经理	1. 审核支出凭单信息和薪酬发放表是否一致、正确。 2. 审核支出凭单的日期、金额、支出方式、支出用途及金额大小写是否正确。 3. 审核完成后在支出凭单上签字确认
5	开具转账支票	出纳	1. 根据支出凭单的信息开具转账支票。 2. 检查支票填写无误后加盖公司财务章和法人章
6	登记支票使用登记簿	出纳	1. 根据签发的支票登记支票使用登记簿。 2. 支票领用人在支票使用登记簿上签字
7	去银行办理薪资发放	财务会计	带齐薪资发放资料(职工薪酬发放表、转账支票、薪资录盘)去银行办理工资发放
8	银行柜台发放薪酬	银行柜员	1. 将职工薪酬发放表导入。 2. 按照企业的职工薪酬发放表发放薪酬
9	取得银行业务回单	财务会计	取得银行的业务回单(可以直接在柜台办理时由银行柜员打印取回;在柜台未打印,次日可以在回单柜中取得)
10	填制记账凭证	财务会计	1. 依据银行业务回单、转账支票存根、支出凭单填制记账凭证。 2. 编制记账凭证,将原始单据作为附件粘贴在记账凭证后面。 3. 将记账凭证和相关原始单据交给财务部经理审核
11	审核记账凭证	财务部经理	1. 审核出纳提交的记账凭证。 2. 核对记账凭证与原始凭证的一致性,审核无误后签字或盖章。 3. 将审核后的记账凭证交给出纳登记日记账
12	登记银行存款日记账	出纳	1. 根据审核后的记账凭证登记银行存款日记账。 2. 记账后,在记账凭证上签字或盖章。 3. 将记账凭证交回财务会计登记科目明细账
13	登记科目明细账	财务会计	1. 接收出纳交还的记账凭证。 2. 根据记账凭证登记科目明细账。 3. 记账后在记账凭证上签字或盖章
14	登记总账	财务部经理	1. 接收财务会计交给的记账凭证。 2. 根据记账凭证登记科目总账

32. 制造企业申报个人所得税

(1)业务概述

地税综合纳税申报的主要功能是纳税人进入企业综合申报界面后,纳税人可以选择本期要申报的税目,填写相应的申报数据。数据保存后,系统会生成相应的缴款书数据。

(2)业务流程步骤

申报个人所得税业务流程步骤见表3-83。

表 3－83　申报个人所得税业务流程步骤表

序号	操作步骤	职位	操作内容
1	整理、提交个人所得税纳税申报资料	人力资源部助理	1. 收集整理员工信息。 2. 根据实际的员工信息编制员工工资表。 3. 将员工信息和工资表一同交给财务会计
2	收到工资表、员工信息	财务会计	1. 收到人力资源部助理提交的个人所得税申报表。 2. 与人力资源部助理确认个人所得税数额，提交财务部经理审核
3	审核工资表、员工信息	财务部经理	1. 收到财务会计提交的个人所得税申报表。 2. 审核个人所得税申报表。 3. 确定个人所得税的数额。 4. 交给财务会计
4	网上提交员工信息	财务会计	1. 收到财务部经理审核的个人所得税申报表。 2. 在 VBSE 系统中根据确认的金额进行个人所得税申报。 3. 填写完成后提交税务机关审核
5	审核企业提交的申报资料	税务专员	在 VBSE 系统中审核企业提交的个人所得税申报
6	网上个人所得税申报并扣缴	财务会计	1. 在 VBSE 系统中下载扣缴个人所得税报告表模板。 2. 根据工资表和员工信息填写扣缴个人所得税报告表模板。 3. 将填好的扣缴个人所得税报告表模板导入系统中并扣缴个人所得税

33. 制造企业缴纳个人所得税

(1) 业务概述

出纳取得个税扣款通知后，按照公司财务的工作流程依次进行财务处理。

(2) 业务流程步骤

制造企业缴纳个人所得税业务流程步骤见表 3－84。

表 6－84　缴纳个人所得税业务流程步骤表

序号	操作步骤	职位	操作内容
1	打印缴税凭证	银行柜员	1. 查询转账记录。 2. 确认后打印缴税证明
2	收到缴税证明	出纳	取回缴税证明并交给财务会计
3	填制记账凭证	财务会计	1. 根据扣款通知和税收缴款书填制记账凭证。 2. 将扣款通知和税收缴款书粘贴在记账凭证后作为原始单据。 3. 提交给财务部经理审核

续表

序号	操作步骤	职位	操作内容
4	审核记账凭证	财务部经理	1. 收到记账凭证和相关原始单据。 2. 审核记账凭证是否正确。 3. 确认无误签字或盖章，将记账凭证交给出纳登记银行存款日记账
5	登记银行存款日记账	出纳	1. 根据审核后的记账凭证登记银行存款日记账。 2. 记账后在记账凭证上签字或盖章。 3. 将记账凭证交给财务部经理登记科目明细账
6	登记科目明细账	财务会计	1. 根据审核后的记账凭证登记科目明细账。 2. 记账后在记账凭证上签字或盖章
7	登记总账	财务部经理	1. 根据审核后的记账凭证登记总账。 2. 记账后在记账凭证上签字或盖章

34. 制造企业增值税的计算

(1)业务概述

增值税是以生产和流通各环节的增值额(也称附加值)为征税对象征收的一种税。从实际操作上看，是采用间接计算办法，即从事货物销售以及提供应税劳务的纳税人，要根据货物或应税劳务的销售额和适用税率计算税款，然后从中扣除上一环节已纳增值税款，其余额为纳税人本环节应纳增值税税款。

(2)业务流程步骤

增值税计算业务流程步骤见表3－85。

表3－85　增值税计算业务流程步骤表

序号	操作步骤	职位	操作内容
1	计算增值税	财务会计	对应缴纳的增值税进行计算
2	审核增值税的计算结果	财务部经理	审核财务会计计算的增值税结果

35. 制造企业增值税的申报

(1)业务概述

征收增值税有利于贯彻公平税负原则，有利于生产经营结构的合理化，有利于扩大国际贸易往来，有利于国家普遍、及时、稳定地取得财政收入。所以，各企业都要及时申报增值税。

(2)业务流程步骤

增值税申报业务流程步骤见表3－86。

表 3－86 增值税申报业务流程步骤表

序号	操作步骤	职位	操作内容
1	填写增值税纳税申报表	财务部经理	1. 准备上期的进项税，汇总并整理。 2. 准备上期的销项税，汇总并整理
2	网上增值税纳税申报	财务部经理	1. 在 VBSE 系统中根据确认的金额进行增值税纳税申报。 2. 填写完成后提交税务机关审核
3	审核企业增值税申报	税务专员	在 VBSE 系统中审核企业提交的增值税申报

36. 制造企业增值税的缴纳

(1)业务概述

确认申报状态为审核通过后，提交扣款并进行账务处理。

(2)业务流程步骤

制造企业缴纳企业增值税业务流程步骤见表 3－87。

表 3－87 制造企业缴纳企业增值税业务流程步骤表

序号	操作步骤	职位	操作内容
1	确认申报状态为审核通过后，提交扣款	财务部经理	1. 在 VBSE 系统中查看申报状态。 2. 审核通过后点击“扣缴”
2	查询网银扣款情况	总经理	1. 查询网银，确认增值税是否已扣款成功。 2. 扣款成功后，通知财务部经理到银行打印税收缴税证明
3	打印缴税凭证	银行柜员	1. 查询转账记录。 2. 确认后打印缴税证明
4	填制记账凭证	财务部经理	1. 根据缴税证明编制记账凭证。 2. 将银行税收缴款单和税收完税证明粘贴在记账凭证后面作为附件。 3. 将记账凭证交给总经理审核
5	审核记账凭证	总经理	1. 收到记账凭证和缴款证明。 2. 审核记账凭证无误后签字或盖章。 3. 将记账凭证交给财务部经理，登记银行存款日记账
6	登记日记账	财务部经理	1. 根据审核后的记账凭证登记银行存款日记账。 2. 记账后在记账凭证上签字或盖章
7	登记科目明细账	财务部经理	1. 根据审核后的记账凭证登记科目明细账。 2. 记账后在记账凭证上签字或盖章
8	登记总账	财务部经理	1. 根据审核后的记账凭证登记总账。 2. 记账后在记账凭证上签字或盖章

37. 增值税抵扣联认证

(1)业务概述

纳税人取得的防伪税控系统开具的增值税专用发票,其在申请抵扣前必须持专用发票的抵扣联向税务机关申请认证,经过认证后的进项税额才可以进行抵扣。

(2)业务流程步骤

增值税抵扣联认证业务流程步骤见表3-88。

表3-88 增值税抵扣联认证业务流程步骤表

序号	操作步骤	职位	操作内容
1	收集抵扣联	财务会计	统一收集抵扣联
2	到税务局认证	财务会计	1. 持抵扣联到税务局认证。 2. 取回税务局盖章的认证结果通知书
3	装订抵扣联	财务会计	装订增值税发票抵扣联及认证结果通知书,归档备查

38. 填写工作日志

(1)业务概述

为使整个学习过程有的放矢,增强学习效果,VBSE实习中要求填写岗位工作日志、任务流程学习表。此类表格属自制表格,没有固定格式。岗位工作日志用于记录工作内容,落实工作过程中遇到的问题及解决、优化建议;任务流程学习表用于强化学员对任务流程、资料与数据传递过程的理解。

(2)业务流程步骤

填写工作日志业务流程步骤见表3-89。

表3-89 填写工作日志业务流程步骤表

操作步骤	职位	操作内容
填写岗位工作日志	全体岗位	1. 填写岗位工作日志。 2. 将岗位工作日志提交给实习指导教师

39. 制造企业计提折旧

(1)业务概述

财务会计和成本会计在每个会计期末按照会计制度中确定的固定资产折旧方法计提折旧,并登记科目明细账。生产部门固定资产的折旧计入制造费用,其他部门的折旧计入期间费用。固定资产购买当月不计提折旧,从次月开始计提折旧,出售当期照提折旧。在实训中固定资产折旧按照直线法计提折旧。

(2)业务流程步骤

计提折旧业务流程步骤见表3-90。

表 3－90 计提折旧业务流程步骤表

序号	操作步骤	职位	操作内容
1	计算折旧	财务会计	1. 根据固定资产政策及固定资产明细账计提折旧。 2. 填写企管部门固定资产折旧计算表、生产部门固定资产折旧计算表
2	编制企管部门折旧记账凭证	财务会计	1. 根据企管部门固定资产折旧计算表填写管理部门折旧记账凭证。 2. 将生产部门固定资产折旧计算表交成本会计填制凭证。 3. 交财务部经理审核记账凭证
3	编制生产部门折旧记账凭证	成本会计	1. 接收财务会计提供的生产部门固定资产折旧计算表，填写生产部门折旧记账凭证。 2. 交财务部经理审核记账凭证
4	审核记账凭证	财务部经理	1. 接收财务会计、成本会计交给的记账凭证，进行审核。 2. 审核后登记总分类账，并将记账凭证分别返还财务会计和成本会计登记科目明细账
5	登记科目明细账	成本会计	1. 接收财务部经理已审核的记账凭证。 2. 登记制造费用明细账。 3. 登记完明细账后，将记账凭证交财务会计登记累计折旧明细账
6	登记科目明细账	财务会计	1. 接收财务部经理已审核的记账凭证。 2. 登记管理费用明细账。 3. 根据管理部门折旧记账凭证和生产部门折旧记账凭证登记累计折旧明细账。 4. 登记完明细账后，与其他记账凭证放一起

40. 车架成本核算

(1) 业务概述

成本会计根据车架生产成本明细账统计生产车架领用原材料、直接人工和制造费用，编制车架的产品成本计算表。成本计算完成后编制记账凭证，经财务部经理审核后登记科目明细账。

(2) 业务流程步骤

车架成本核算业务流程步骤见表 3－91。

表 3－91 车架成本核算业务流程步骤表

序号	操作步骤	职位	操作内容
1	分配制造费用，并编制记账凭证	成本会计	1. 根据制造费用明细账，结出发生额和月末余额。 2. 根据制造费用明细账的余额，编制制造费用分配表。 3. 编制记账凭证

续表

序号	操作步骤	职位	操作内容
2	原材料出库价格计算，并编制记账凭证	成本会计	1. 根据原材料明细账、本月的原材料出库单，计算本月原材料的出库成本。 2. 编制记账凭证
3	车架成本计算，并编制记账凭证	成本会计	1. 根据车架物料清单和生产成本明细账，分别汇总直接材料、直接人工、制造费用本月发生数额。 2. 编制车架的产品成本计算表。 3. 编制记账凭证
4	车架出库价格计算，并编制记账凭证	成本会计	1. 根据车架明细账、本月的半成品出库单，计算本月车架的出库成本。 2. 编制记账凭证
5	审核记账凭证	财务部经理	1. 接收成本会计交给的记账凭证，进行审核，并登记总分类账。 2. 审核后，返还成本会计登记科目明细账
6	登记科目明细账	成本会计	1. 接收财务部经理审核完的记账凭证。 2. 根据记账凭证登记科目明细账

41. 童车成本核算

(1)业务概述

成本会计首先根据出库单统计组装童车领用车架的数量，根据自制半成品明细账按照全月平均法计算车架出库成本；根据出库单统计组装童车领用原材料的数量，根据原材料明细账按照全月平均法计算材料出库成本，并填制记账凭证，待财务部经理审核后登记科目明细账。

然后编制童车的成本计算表。成本计算完成后编制记账凭证，经财务部经理审核后登记科目明细账。

(2)业务流程步骤

童车成本核算业务流程步骤见表3-92。

表3-92　童车成本核算业务流程步骤表

序号	操作步骤	职位	操作内容
1	童车成本计算并填写记账凭证	成本会计	1. 编制童车的产品成本计算表，包括料工费。 2. 编制记账凭证
2	审核记账凭证	财务部经理	1. 接收成本会计交给的记账凭证，进行审核，并登记总分类账。 2. 审核后，返还成本会计登记科目明细账
3	登记科目明细账	成本会计	1. 接收财务部经理审核完的记账凭证。 2. 根据记账凭证登记科目明细账

42. 制造企业结转销售成本

（1）业务概述

销售成本是指已销售产品的生产成本或已提供劳务的劳务成本以及其他销售的业务成本。月末，按照销售商品的名称及数量，分别根据库存商品中结出的其平均成本价，算出总成本进行主营业务成本的计算结转，其计算公式为

主营业务成本 = 产品销售数量或提供劳务数量 × 产品单位生产成本或单位劳务成本

就销售产品而言，产品销售数量可直接在库存商品明细账上获得；产品单位生产成本可采用多种方法进行计算确定，如先进先出法、移动加权平均法、全月一次加权平均法等，但企业一经选定某一种方法后，不得随意变动，这是会计核算一贯性原则的要求。实训中采用全月一次加权平均法计算产品单位成本。

（2）业务流程步骤

结转销售成本业务流程步骤见表 3－93 所示。

表 3－93 结转销售成本业务流程步骤表

序号	操作步骤	职位	操作内容
1	编制销售产品成本汇总表，填制记账凭证	成本会计	1. 根据产品出库单，汇总销售出库的产品数量。 2. 根据销售数量和库存商品平均单价，用 Excel 编制销售成本结转明细表（线下学生自己完成）。 3. 根据销售出库单及销售成本结转明细表反映的业务内容，编制记账凭证。 4. 在记账凭证“制单”处签字或加盖名单
2	审核记账凭证	财务部经理	1. 审核记账凭证的附件、记账科目、金额、手续是否正确与齐全。 2. 经审计无误的记账凭证，财务部经理在“复核”和“财务主管”处签字或盖章。 3. 根据已审核记账凭证登记总分类账
3	计提企业所得税费用并结转	财务会计	1. 根据本年利润余额计算企业所得税。 2. 填制记账凭证
4	审核记账凭证	财务部经理	收到已填制的记账凭证，进行审核，并登记总账
5	结转本年利润	财务会计	根据本年利润余额，结转至利润分配中，填制记账凭证
6	审核记账凭证	财务部经理	收到填制的记账凭证，进行审核，并登记总账
7	计提法定盈余公积并结转	成本会计	1. 按本年净利润（减去弥补以前亏损后）的 10% 提取法定盈余公积，法定盈余公积累计额达到注册资本的 50% 时可以不再提取。 2. 将提取的法定盈余公积结转至利润分配中，登记记账凭证
8	审核记账凭证	财务部经理	收到填制的记账凭证，进行审核，并登记总账
9	登记科目明细账	财务会计	1. 根据审核后的记账凭证登记科目明细账。 2. 记账后在记账凭证上签字或盖章

43. 制造企业出售设备

(1)业务概述

处置设备业务是指企业根据设备利用率情况或资金短缺状况而将部分生产设备进行出售。生产计划部经理进行生产设备的出售合同拟定。

(2)业务流程步骤

出售设备业务流程步骤见表3－94。

表3－94　出售设备业务流程步骤表

序号	操作步骤	职位	操作内容
1	填写购销合同	采购员	1. 根据公司需求,确定设备销售需求,到服务公司协商销售设备的价格。 2. 准备购销合同并签署相关内容(用厂房、仓库的购销合同即可)
2	填写合同会签单	采购员	1. 拿到签订的购销合同。 2. 根据购销合同,填写合同会签单
3	审核合同会签单	采购部经理	1. 接收采购员送来的合同和合同会签单。 2. 审核合同及合同会签单,并在合同会签单上签字
4	审核合同会签单	财务部经理	1. 接收采购部经理送来的合同和合同会签单。 2. 审核合同及合同会签单,并在合同会签单对应位置上签字
5	审核合同会签单	总经理	1. 接收财务部经理审核的合同和合同会签单。 2. 审核合同及合同会签单,并在合同会签单对应位置上盖章。 3. 将合同送给采购员
6	将购销合同送交服务公司	采购员	1. 接收总经理送来的合同。 2. 拿本公司已盖章的合同,去服务公司盖章
7	服务公司盖章	服务公司总经理	1. 收到企业盖章后的合同,审核并盖章。 2. 将盖章后的合同,送给制造企业的行政助理
8	合同归档	行政助理	1. 更新合同管理表。 2. 登记完,把合同留存备案
9	办理设备销售	车间管理员	按照合同,在系统中将对应的设备进行出售
10	办理设备回收	服务公司业务员	在系统中回收合同中签订的设备
11	开具发票	财务部经理	依据合同金额,为服务公司开具发票

44. 购买设备

(1)业务概述

企业根据中长期生产计划及资金状况,确定购买新设备来扩大产能。生产计划部提起设备需求计划，生产计划员开始走设备购买流程。

(2)业务流程步骤

购买设备业务流程步骤见表3－95。

表3－95　购买设备业务流程步骤表

序号	操作步骤	职位	操作内容
1	填写购销合同	采购员	1. 根据公司需求，确定购买需求，到服务公司协商生产设备的价格。 2. 准备购销合同并签署相关内容(用厂房、仓库购销合同即可)
2	填写合同会签单	采购员	1. 拿到签订的购销合同。 2. 根据购销合同，填写合同会签单
3	审核合同会签单	采购部经理	1. 接收采购员送来的合同和合同会签单。 2. 审核合同及合同会签单，并在合同会签单上签字
4	审核合同会签单	财务部经理	1. 接收采购部经理送来的合同和合同会签单。 2. 审核合同及合同会签单，并在合同会签单对应位置上签字
5	审核合同会签单	总经理	1. 接收财务部审核的合同和合同会签单。 2. 审核合同及合同会签单，并在合同会签单对应位置上盖章。 3. 将合同送给采购员
6	将购销合同送交给服务公司	采购员	1. 接收总经理送来的合同。 2. 拿本公司已盖章的合同，去服务公司盖章
7	服务公司盖章	服务公司总经理	1. 收到企业盖章后的合同审核并盖章。 2. 将盖章后的合同，送交制造企业行政助理
8	合同归档	行政助理	1. 行政助理更新合同管理表。 2. 行政部经理登记完，把采购合同留存备案
9	办理设备销售	服务公司业务员	按照合同，在系统中为对应的企业选择相应的设备
10	开具发票	服务公司总经理	依据合同金额，为企业开具发票

45. 设备验收建卡入账

设备采购到货后，资产会计要根据购买发票对设备进行固定资产建卡及登账业务。

46. 制造企业支付设备款

(1)业务概述

服务公司向制造企业出售各种其所需的设备，制造企业向服务公司支付设备款。

(2)业务流程步骤

制造企业支付设备款业务流程步骤见表3－96。

表 3－96 制造企业支付设备款业务流程步骤表

序号	操作步骤	职位	操作内容
1	收到催款单	采购部经理	收到服务公司的催款单
2	填写付款申请单	采购部经理	1. 对照服务公司的催款单填写付款申请单。 2. 将付款申请单及催款单交给财务部经理审核
3	审核付款申请单	财务部经理	1. 审核收到的付款申请单与催款单是否相符，并审核其正确性。 2. 将催款单留档。 3. 将付款申请单交总经理审核
4	审核付款申请单	总经理	1. 审核付款申请单，确认无误后在申请单上签字。 2. 将付款申请单交给出纳付款
5	支付货款	出纳	1. 收到总经理转交的批复后的付款申请单，审核其准确性。 2. 按付款申请单金额开具转账支票。 3. 将转账支票交给服务公司总经理
6	填制记账凭证	出纳	1. 根据付款申请单和银行回单填制记账凭证。 2. 将银行回单、付款申请单和支票存根粘贴在记账凭证后作为附件
7	审核记账凭证	财务部经理	1. 审核出纳编制的记账凭证并对照相关附件检查是否正确。 2. 审核无误，签字确认。 3. 将确认后的记账凭证交给出纳登记日记账
8	登记日记账	出纳	1 根据记账凭证登记银行存款日记账。 2. 记账后在记账凭证上签字或盖章。 3. 将记账凭证交给财务会计登记科目明细账
9	登记科目明细账	财务会计	1. 根据记账凭证登记科目明细账。 2. 记账后在记账凭证上签字或盖章
10	登记总账	财务部经理	1. 根据记账凭证登记总账。 2. 记账后在记账凭证上签字或盖章

47. 支付设备回购款

(1)业务概述

制造企业为了融资的需要，将从服务公司购买的设备再卖给服务公司，解决资金问题，服务公司支付给制造企业设备回购款。

(2)业务流程步骤

支付设备回购款业务流程步骤见表 3－97。

表 3－97 支付设备回购款业务流程步骤表

序号	操作步骤	职位	操作内容
1	催收货款	采购员	1. 向购买设备的服务公司催收设备销售款。 2. 收到服务公司的转账支票。 3. 依据购销合同审核支票的金额。 4. 将支票交出纳处理
2	支付货款	出纳	1. 收到采购员递交的支票，审核支票的正确性。 2. 填写进账单，连同支票一起送交银行进行入账
3	银行转账	银行柜员	1. 收到企业提交的支票与进账单。 2. 审核支票的正确性。 3. 根据进账单进行转账。 4. 打印银行业务回单，交给企业办事员
4	填制记账凭证	出纳	1. 根据银行回单填制记账凭证。 2. 将银行回单、付款申请书和支票存根粘贴在记账凭证后作为附件
5	审核记账凭证	财务部经理	1. 审核出纳编制的记账凭证并对照相关附件检查是否正确。 2. 审核无误，签字确认。 3. 将确认后的记账凭证传递给出纳登记日记账
6	登记日记账	出纳	1. 根据记账凭证登记簿登记银行存款日记账。 2. 记账后在记账凭证上签字或盖章。 3. 将记账凭证交给财务部经理登记科目明细账
7	登记科目明细账	财务部经理	1. 根据记账凭证登记科目明细账。 2. 记账后在记账凭证上签字或盖章
8	登记总账	财务部经理	1. 根据记账凭证登记总账。 2. 记账后在记账凭证上签字或盖章

48. 购买产品生产许可

(1) 业务概述

新产品开发是指从研究选择适应市场需要的产品开始到产品设计、工艺制造设计，再到投入正常生产的一系列决策过程。从广义而言，新产品开发既包括新产品的研制，也包括原有老产品的改进与换代。新产品开发是企业研究与开发的重点内容。本实习中采用购买生产许可来模拟新产品研发的过程。

(2) 业务流程步骤

购买产品生产许可业务流程步骤见表 3－98。

表3－98 购买产品生产许可业务流程步骤表

序号	操作步骤	职位	操作内容
1	申请开拓市场并编制开拓市场申请表	市场专员	根据公司经营策略,选择要开拓的市场及投放金额,填写市场开拓申请单
2	审批开拓市场	营销部经理	1. 接到市场专员的申请开拓市场报告。 2. 根据公司的经营策略及资金使用计划,审核其合理性。 3. 确认同意后,签字批准
3	到服务公司办理市场开拓	市场专员	1. 走访客户,获得潜在客户的需求信息。 2. 与客户沟通,落实意向客户。 3. 与意向客户就供货时间、数量、价格、结算条件、运输方式等进行磋商,为签订购销合同做准备
4	确认市场开拓结果	市场专员	到服务公司确认市场开拓结果

49. 招聘生产工人

(1)业务概述

员工招聘是指按照企业经营战略规划的要求把优秀、合适的人招聘进企业,把合适的人放在合适的岗位,包括征召、甄选和录用三个阶段。

本任务是企业通过人才服务公司招聘生产工人。

(2)业务流程步骤

招聘生产工人业务流程步骤见表3－99。

表3－99 招聘生产工人业务流程步骤表

序号	操作步骤	职位	操作内容
1	人才招聘	人力资源部经理	1. 要求生产计划部经理依照生产计划安排统计生产工人缺口,并告知人力资源部。 2. 与生产计划部经理沟通人才素质要求及职称等。 3. 登录系统进行简历筛选
2	人才服务公司确认招聘人员	人才服务公司业务员	1. 获取录用人员的需求。 2. 开始招聘
3	招聘人员选定	人力资源部经理	结合招聘需求确定录用名单
4	查询已聘人员、开具发票	服务公司业务员	1. 依据确定的人员录用名单在系统中查询已聘人员。 2. 根据协定的人才推介服务费用金额开具服务业发票,并将发票交给招聘企业,要求其尽快支付费用
5	申请支票付款	人力资源部经理	1. 依据发票显示内容和金额填写支出凭单。 2. 将填写完成的支出凭单交财务部经理审核

续表

序号	操作步骤	职位	操作内容
6	开具支票	出纳	1. 依据支出凭单开具转账支票,收款单位名称及账号信息要求人力资源部经理提供。 2. 将开具好的转账支票交财务部经理审核、盖章
7	审核支票	财务部经理	1. 检查支票填写是否规范。 2. 在支票上盖财务章。 3. 将支票交还出纳
8	支付支票	出纳	1. 在支票登记簿上登记转账支票。 2. 将支票交给人力资源部经理
9	填制记账凭证	成本会计	1. 依据支出凭单填制记账凭证。 2. 依据记账凭证登记三栏式明细账。 3. 将填写完成的记账凭证和三栏式明细账交财务部经理审核签字
10	审核记账凭证	财务部经理	1. 接到并审核成本会计填写的记账凭证和三栏式明细账。 2. 审核无误,依据记账凭证、三栏式明细账做总分类账。 3. 把记账凭证、三栏式明细账交还财务部成本会计
11	支付支票	人力资源部经理	人力资源部经理将支票交给人才服务公司

50. 制造企业解聘工人

(1) 业务概述

企业与职工签订的劳动合同未到期之前,企业由于种种原因需要提前终止劳动合同而辞退员工。实训中只模拟生产工人的解聘业务。

(2) 业务流程步骤

解聘工人业务流程步骤见表 3－100。

表 3－100　解聘工人业务流程步骤表

操作步骤	职位	操作内容
解聘工人	人力资源部经理	1. 询问生产计划部经理是否需要裁减冗余的生产工人。 2. 登录系统查询生产工人信息,辞退不需要的工人。 3. 依照规则结算工人工资并补偿

51. 制造企业申请资质认证

(1) 业务概述

获取企业资质认证是提高企业竞争力的有力手段。具有资质认证的制造企业生产出的产品使客户更加信赖。

ISO 9000 是指质量管理体系标准，其系列管理标准已经为提供产品和服务的各行各业所接纳和认可，拥有一个由世界各国及社会广泛承认的质量管理系统具有巨大的市场优越性。

CCC 认证的全称为强制性产品认证制度。它是我国政府为保护消费者人身和动植物生命安全，保护环境，保护国家安全，依照法律法规实施的一种产品合格评定制度。

企业资质认证的步骤非常繁杂，在本虚拟商业社会中，由服务公司模拟提供资质认证服务，由制造企业提出申请，并支付一定费用后，即表示制造企业完成了资质认证过程。

(2)业务流程步骤

申请资质认证业务流程步骤见表 3－101 所示。

表 3－101　申请资质认证业务流程步骤表

序号	操作步骤	职位	操作内容
1	填写付款申请表	生产计划员	1. 根据发票填写付款申请表。 2. 将发票粘贴在付款单后
2	审核付款申请表	生产计划部经理	1. 收到生产计划员交给的付款申请表。 2. 查看 ISO 9000 认证合同的执行情况，审核付款申请表的准确性和合理性。 3. 确认后在付款申请表上签字。 4. 将付款申请表交给生产计划员，送给财务部经理审核
3	审核付款申请表	财务部经理	1. 收到计划部经理审核同意的付款申请表。 2. 审核付款申请表的准确性和合理性。 3. 确认后在付款申请表上签字
4	填写支票	出纳	填写转账支票
5	审核支票	财务部经理	1. 审核 ISO 9000 认证的发票是否正确。 2. 审核支票填写的是否正确。 3. 确认无误，签字确认
6	填写支票登记簿	出纳	1. 填写支票登记簿。 2. 将支票正联交给生产计划员。 3. 让市场专员在支票登记簿上签收
7	填制记账凭证	财务会计	1. 接收出纳交来的 ISO 9000 认证发票的付款单。 2. 核对出纳交来的 ISO 9000 认证的发票。 3. 根据付款申请表及支票金额编制记账凭证
8	登记银行存款日记账	出纳	1. 根据记账凭证登记簿登记银行存款日记账。 2. 在记账凭证上签字或盖章。 3. 将记账凭证交财务会计登账
9	登记科目明细账	财务会计	根据记账凭证登记科目明细账

续表

序号	操作步骤	职位	操作内容
10	登记总账	财务部经理	1. 接收财务会计交给的记账凭证。 2. 根据记账凭证登记科目总账
11	将支票送服务公司	生产计划员	生产计划员将支票送交服务公司
12	收到转账支票并到银行办理转账	服务公司总经理	1. 拿到办理 ISO 9000 认证费转账支票。 2. 根据转账支票填写进账单。 3. 携带转账支票与进账单到银行进行转账
13	办理转账并打印银行回单(银行)	银行柜员	1. 收到企业提交的进账单与支票。 2. 根据进账单信息办理转账业务。 3. 根据办理的转账业务,打印银行业务回单。 4. 将银行业务回单交给企业办事员

52. 制造企业申请办理广告投放

(1)业务概述

广告投放是企业通过广告活动向目标沟通对象提供各种信息;建立本企业的品牌偏好,改变顾客对本企业产品的态度,诱导顾客购买;提醒消费者使用本企业产品,以及本企业产品在何处购买。

(2)业务流程步骤

申请办理广告投放业务流程步骤见表 3－102。

表 3－102　申请办理广告投放业务流程步骤表

序号	操作步骤	职位	操作内容
1	申请广告投放并编制广告预算申请表	市场专员	根据公司销售策略,按照广告的主题结构、内容、金额等提交投放广告的申请表
2	审批广告投放预算	营销部经理	1. 接收市场专员交来的广告预算申请表。 2. 审核广告预算申请表填写的准确性。 3. 审核广告预算费用是否合理。 4. 审核通过确认,进行广告投放
3	到服务公司办理广告投放	市场专员	1. 得到营销部经理批准后到服务公司办理广告投放业务。 2. 与服务公司经理确认广告费金额,签订广告投放合同
4	签订广告合同	服务公司业务员	1. 接待携带申请单到服务公司的制造企业的市场专员。 2. 在制造企业的申请单上进行盖章后即可办理业务

续表

序号	操作步骤	职位	操作内容
5	办理广告投放	服务公司业务员	1. 查看制造企业市场专员要办理的广告费投放地点。 2. 依据广告投放地区,为制造企业办理广告投放。 3. 告知制造企业办理人员业务办理完成,到总经理处领取发票

53. 制造企业支付广告费

(1)业务概述

制造企业销售专员根据收到的服务公司的广告费催款单填制支出凭单,申请对广告费用进行支付。

(2)业务流程步骤

支付广告费业务流程步骤见表3-103。

表3-103　支付广告费业务流程步骤表

序号	操作步骤	职位	操作内容
1	填写付款申请单	市场专员	1. 查看广告费用催款单。 2. 对照催款单填写付款申请单(发票号、开票单位、金额、日期、到期日等)。 3. 将催款单粘贴在付款申请单后面,交给营销部经理审核
2	审核付款申请	营销部经理	1. 收到市场专员给的广告费支出凭单。 2. 对照合同内容,对金额进行审核。 3. 审核无误后,将付款申请单交由市场专员提交财务部
3	审核付款申请	财务部经理	1. 审核市场专员交给的付款申请单和催款单。 2. 依据合同审核付款申请单填写得是否无误,确认后签字,并交给出纳
4	填写支票并登记支票登记簿	出纳	1. 填写转账支票并登记。 2. 将支票正联交给市场专员。 3. 将支票根粘贴在支出凭单后面
5	填制记账凭证	财务会计	1. 接收市场专员送来的广告费用支出凭单。 2. 核对金额。 3. 根据支出凭单金额编制记账凭证,并上交财务部经理审核
6	审核记账凭证	财务部经理	1. 审核财务会计编制的记账凭证是否正确。 2. 审核支票填写得是否正确。 3. 确认无误,签字确认

续表

序号	操作步骤	职位	操作内容
7	登记银行存款日记账	出纳	1. 根据记账凭证登记银行存款日记账。 2 在记账凭证上签字或盖章。 3. 将记账凭证交财务会计登账
8	登记科目明细账	财务会计	1. 根据记账凭证登记广告费用明细账。 2. 记账完成后在记账凭证上签字或盖章
9	登记总账	财务部经理	1. 根据记账凭证登记总账。 2. 记账完成后在记账凭证上签字或盖章
10	将支票送服务公司	市场专员	1. 在支票登记簿上签收。 2. 将收到的支票交给服务公司。 3. 登记费用记录表,将付款状态标注为“已支付”
11	收到转账支票并到银行办理转账	服务公司总经理	1. 拿到制造企业办理广告投放的转账支票。 2. 根据转账支票填写进账单。 3. 携带转账支票与进账单到银行进行转账
12	办理转账并打印银行回单(银行)	银行柜员	1. 收到企业提交的进账单与支票。 2. 根据进账单信息办理转账业务。 3. 根据办理的转账业务,打印银行业务回单。 4. 将银行业务回单交给企业办事员

54. 制造企业期末结账

(1)业务概述

期末结账包括科目汇总、期末结转、结账和编制财务报告等几项工作。

第一,科目汇总。出纳、财务会计和成本会计分别根据科目明细账进行科目汇总。

第二,期末结转。财务会计将本期发生的“收入”和“费用”类科目结转;计算并结转所得税。成本会计结转产成品及主营业务成本。

第三,结账。为了正确反映一定时期内在账簿中记录的经济业务,总结有关经济业务活动和财务状况,各单位必须在每一个会计期末结账。

结账是在将本期内所发生的经济业务全部登记入账并对账无误的基础上,按照规定的方法对该期内的账簿记录进行小结,结算出本期发生额合计数和余额,并将其余额结转下期或者转入新账。

第四,编制财务报告。财务部经理编制企业资产负债表和利润表。

(2)业务流程步骤

期末结账业务流程步骤见表 3 - 104。

表 3－104　期末结账业务流程步骤表

序号	操作步骤	职位	操作内容
1	编制销售产品成本汇总表，填制记账凭证	成本会计	1. 根据产品出库单，汇总销售出库的产品数量。 2. 根据销售数量和库存商品平均单价，用 Excel 编制销售成本结转明细表（线下学生自己完成）。 3. 根据销售出库单及销售成本结转明细表反映的业务内容，编制记账凭证。 4. 在记账凭证“制单”处签字或加盖名章
2	审核记账凭证	财务部经理	1. 审核记账凭证的附件、记账科目、金额、手续是否正确与齐全。 2. 经审计无误的记账凭证，财务部经理在“复核”和“财务主管”处签字或盖章。 3. 根据已审核记账凭证登记总分类账
3	计提企业所得税费用并结转	财务会计	1. 根据本年利润余额计算企业所得税。 2. 填制记账凭证
4	审核记账凭证	财务部经理	收到已填制记账凭证，进行审核，并登记总账
5	结转本年利润	财务会计	根据本年利润余额，结转至利润分配中，填制记账凭证
6	审核记账凭证	财务部经理	收到填制记账凭证，进行审核，并登记总账
7	计提法定盈余公积并结转	成本会计	1. 按本年净利润（减去弥补以前亏损后）的 10% 提取法定盈余公积，法定盈余公积累计额达到注册资本的 50% 时可以不再提取。 2. 将提取的法定盈余公积结转至利润分配中，登记记账凭证
8	审核记账凭证	财务部经理	收到填制记账凭证，进行审核，并登记总账
9	登记科目明细账	财务会计	1. 根据审核后的记账凭证登记科目明细账。 2. 记账后在记账凭证上签字或盖章

二、各岗位工作职责

1. 人力资源部经理岗位职责

（1）建立、健全企业人力资源管理制度；

（2）制订招聘计划、培训计划，组织技能考核鉴定和培训实施；

（3）人力资源支出预算的编制，进行成本控制；

（4）负责企业人员的招聘活动；

（5）人事材料及报表的检查、监督；

（6）制定公司考核制度，定期进行员工考核；

（7）负责公司全员薪资核算与发放；

（8）建立人力资源管理信息系统，为公司的人力资源管理决策提供参考；

（9）部门内组织、管理、协调工作。

2. 人力资源部助理岗位职责
(1)招聘渠道的管理与维护,发布招聘信息;
(2)筛选应聘简历,预约人员安排面试,跟进面试流程;
(3)员工档案管理、劳动合同的管理;
(4)招聘和培训的组织和实际开展;
(5)人事政策和管理制度的执行和贯彻;
(6)负责人事信息的实时更新与维护;
(7)负责企业员工考勤管理及汇总整理;
(8)办理社会保险、住房公积金缴纳等相关手续;
(9)协助上级做好人力资源各模块日常性事务工作;
(10)负责协助人力资源部经理做好部门内其他工作。
3. 营销部经理岗位职责
(1)根据公司发展战略和总体目标,负责制定企业营销总体规划并组织实施;
(2)负责制订本部门业务计划并监督执行;
(3)负责营销经费的预算和控制;
(4)负责营销方案审核、批准与监督执行;
(5)负责营销管理制度的拟定、实施与改善;
(6)负责对本部门员工绩效结果进行评定;
(7)负责本部门年度经营分析;
(8)负责本部门员工的培训工作;
(9)负责本部门员工队伍建设工作;
(10)总经理交办的其他工作。
4. 市场专员岗位职责
(1)负责公司业务相关市场信息的收集与分析,为公司决策及业务拓展提供支持;
(2)根据市场调研与分析的结果,对公司的产品销售进行预测;
(3)根据市场调研与分析的结果,进行新市场开发;
(4)根据市场调研与分析的结果,制订公司新产品开发计划;
(5)负责公司广告方案的策划与实施,负责编制公司广告预算;
(6)负责公司其他促销活动方案的策划与实施,负责编制公司促销活动预算;
(7)部门经理安排的其他工作。
5. 销售专员岗位职责
(1)负责搜集寻找潜在客户,开发新客户,拓展与老客户的业务,建立和维护客户档案;
(2)负责制订销售工作计划,并按计划拜访客户;
(3)负责与客户进行产品销售沟通与商务谈判;
(4)负责销售合同的签订工作;
(5)负责销售合同的履行与管理等相关工作,包括及时组织货源、发货与货款回收等。
(6)负责客户关系维护工作;

(7)负责产品临时项目投标工作;

(8)部门经理安排的其他工作。

6. 仓储部经理岗位职责

(1)依据企业经营计划,配合公司总目标,制定本部门的目标及工作规划;

(2)根据仓储规划和目标,改进仓库的工作流程和标准,优化库存方案,加快存货周转速度,降低库存成本;

(3)合理规划公司仓储场所,对公司仓储场所进行全面管理,达到最佳利用率;

(4)监督执行仓库的安全管理和现场规范管理;

(5)督促仓库管理员对物料收、发、存的管理,并监督仓库进行盘点清查,发现账、物、卡不符时找出原因,并予以调账或上报处理;

(6)设计、推行及改进仓储管理制度,并确保其有效实施;

(7)负责安全库存分析与制定。通过以往经验对每个季度销售或会计周期进行预测,对库龄进行评估,避免呆滞死货占用资金;

(8)负责制定本部门各级人员的职责和权限,负责指导、管理、监督本部人员的业务工作,做好下属人员的绩效考核和奖励、惩罚工作,进行部门建设、部门内员工的管理培训工作;

(9)运用有效领导方法,有计划的培养、教育和训练,激励所属人员的士气,提高工作效率,并督导其按照工作标准或要求,有效执行其工作,确保本部门的目标高效达成;

(10)完成上级领导交办的其他临时性工作。

7. 仓管员岗位职责

(1)严格执行仓库保管制度及其细则规定,执行仓库的物料保管、验收、入库、出库等日常工作;

(2)合理安排物料在仓库内的存放次序,按物料种类、规格、等级分区堆码,不得混合乱堆,保持库区的整洁;

(3)手续检验不合格不允许入库,协助采购部处理退货工作;出库时手续不全不发货,特殊情况须经有关领导签批;

(4)负责仓库区域内的安全、防盗、消防工作,发现事故隐患及时上报,对意外事件及时处置;

(5)负责将物料的储存环境调节到最适条件,经常关注温度、湿度、通风、腐蚀等因素,并采取相应措施;

(6)负责定期对仓库物料盘点清仓,做到账、物、卡三者相符;

(7)负责处理仓库管理中的入出库单、验收单等原始资料,账册的收集、整理和建档工作,及时编制相关的统计报表,逐步应用计算机管理仓库工作;

(8)做到以企业利益为重,爱护企业财产,不得监守自盗;

(9)完成仓库经理交办的其他临时性工作。

8. 采购部经理岗位职责

(1)统筹采购规划和确定采购内容,保证满足经营活动的需要,降低库存成本;

(2)制订采购计划和目标,改进采购的工作流程和标准,降低库存成本;

(3)参与收集供应商信息,开发、选择、处理与考核供应商,建立供应商档案管理制度;

(4)负责采购物流、资金流、信息流的管理工作;

(5)审核、签署与监督执行采购合同,审核采购订单和物资调拨单;

(6)根据需要采取相应的应急行动或进行后续跟踪,保证完成紧急采购任务;

(7)解决与供应商在合同上产生的分歧以及支付条款问题;

(8)负责制定本部门各级人员的职责和权限,负责指导、管理、监督本部人员的业务工作,做好下属人员的绩效考核和奖励、惩罚工作,进行部门建设、部门内员工的管理培训工作;

(9)负责并确保所采取的采购行为符合有关政策、法规和道德规范。

9. 采购员岗位职责

(1)依据销售订单和商品的库存情况,编制采购计划,报采购部经理审批,并贯彻实施;

(2)收集供应商信息,开发、选择、处理与考核供应商,建立健全供应商网络图和档案管理;

(3)根据采购计划制作采购合同,拟购货合同的相关条款,如价格、付款方式和交期等,报上级领导审批;

(4)根据采购计划和采购合同制作采购订单;

(5)实时掌握物资材料的库存和生产情况,对所订购的物资从订购至到货进行全程跟踪;

(6)严格把好质量关,对不符合标准的物料,坚决拒收;尽量避免不合格品积压,提高资金周转率;

(7)制作商品入库的相关单据,积极配合仓储部保质保量地完成采购货物的入库;

(8)负责物料货款和采购费用的申请与支付;

(9)监控库存变化,及时补充库存,使库存维持合理的结构和合理的数量;

(10)负责建立供应商档案,并及时更新;

(11)确保所采取的采购行为符合有关政策、法规和道德规范;

(12)完成上级领导交办的其他临时性工作。

10. 财务部经理岗位职责

(1)根据公司发展战略,协助企业领导组织制定公司财务部的战略规划,制定部门工作目标和计划并分解到个人;

(2)负责公司的全面财务会计工作;

(3)负责制定并完成公司的财务会计制度、规定和办法;

(4)解释、解答与企业的财务会计有关的法规和制度;

(5)分析、检查企业财务收支和预算的执行情况;

(6)审核企业的原始单据和办理日常的会计业务;

(7)编制财务报表、登记总账及财务数据审定;

(8)日常会计的凭证审核,包括总账会计的凭证审核和成本会计的凭证审核;

(9)部门预算制定；

(10)负责定期财产清查；

(11)负责企业预算制定与监控。包括预算体系建设、日常预算控制、预算支出审核；

(12)负责资金管理、筹融资管理、资金使用计划等；

(13)组织期末结算与决算，进行经营分析；

(14)保证按时纳税，负责按照国家税法和其他规定，严格审查应交税金，督促有关岗位人员及时办理手续；

(15)管理与维护、更新部门所需的信息。

11. 成本会计岗位职责

(1)材料采购入库登记；

(2)材料领用登记及计价；

(3)产品出入库登记；

(4)费用归集与分摊；

(5)产成品成本计算；

(6)销售成本结转；

(7)成本分析及控制；

(8)生产成本的核算，认真进行成本、开支的事前审核；

(9)认真核对各项原料、物料、成品、在制品收付事项；

(10)保管好各种凭证、账簿、报表及有关成本计算资料，防止丢失或损坏，按月装订并定期归档；

(11)参与存货的清查盘点工作，在财产清查中盘盈、盘亏的资产，要分情况进行不同的处理。

12. 出纳

(1)根据会计凭证，每日进行现金的收付业务；

(2)严格遵守现金管理制度，现金要尽量做到日清月结，月结盘库后做现金盘库表；

(3)负责每日营业额的追缴，按主管、经理的安排筹集现金；

(4)负责企业的工资发放。按时发放工资、奖金，并填制有关的记账凭证；

(5)根据现金收付凭证，每日登记现金日记账及辅助记录；

(6)负责银行账务和支票办理；

(7)会计凭证的汇总与管理。

13. 财务会计

(1)熟悉掌握财务制度、会计制度和有关法规。遵守各项收费制度、费用开支范围和开支标准，保证专款专用；

(2)编制并严格执行部门预算，对执行中发现的问题，提出建议和措施；

(3)按照会计制度，审核记账凭证。做到凭证合法、内容真实、数据准确、手续完备；账目健全、及时记账算账、按时结账、如期报账、定期对账(包括核对现金实有数)。保证所提供的会计信息合法、真实、准确、及时、完整；

(4)严格票据管理,保管和使用空白发票、收据要合规范。票据领用要登记,收回要销号;

(5)妥善保管会计凭证、会计账簿、财务会计报表和其他会计资料,负责会计档案的整理和移交;

(6)及时清理往来款项,协助资产管理部门定期做好财产清查和核对工作,做到账实相符;

(7)遵守《中华人民共和国会计法》,维护财经纪律,执行财务制度,实行会计监督。负责对出纳及其他有关财务人员的业务指导;

(8)对主管部门和审计、财政、税务等部门依照法律和有关规定进行的监督,要如实提供会计凭证、会计账簿、财务会计报表和有关资料,不得拒绝、隐匿、谎报;

(9)会计调离本岗位时,要将会计凭证、会计账簿、财务会计报表、预算资料、印章、票据、有关文件、会计档案、债权债务和未了事项,向接办人移交情楚,并编制移交清册,办妥交接手续。

14. 生产计划部经理岗位职责

(1)组织编制生产管理等方面的规章制度;

(2)监督、检查和指导规章制度的执行,确保生产活动有序进行;

(3)组织、协调、监督下属各职能部门和生产车间的生产活动;

(4)定期组织召开生产调度会等生产会议,研究解决生产过程中遇到的问题;

(5)对所辖部门发生的费用进行严格控制,制订费用控制与审批流程;

(6)向下属部门下达各项费用的控制标准,并监督检查其执行情况;

(7)定期对安全生产情况进行检查、监督,制订和落实安全生产防范措施;

(8)排除生产中出现的安全隐患,妥善处理生产中的重大事故;

(9)审批各有关职能部门和生产单位新增设备购置计划等流程;

(10)安排生产设备的维修、保养工作,确保企业生产任务的顺利完成;

(11)依据企业历年销售情况,编制部门预算计划;

(12)全面组织、协调生产车间的原材料、物料供应工作;

(13)负责指导、管理、监督分管部门的业务工作,不断提高工作效率和工作质量;

(14)做好下属人员的培训、考核和奖惩工作,最大限度地调动员工的积极性;

(15)依据生产加工计划对车间生产人员进行派工,并跟踪派工的执行情况。

15. 生产计划员岗位职责

(1)根据企业市场预测组织制定生产规划;

(2)根据生产规划和销售订单组织编制主生产计划;

(3)合理调配人力、物力,调整生产布局和生产负荷,提高生产效率;

(4)根据市场预测和生效的主生产计划,做出生产规划;

(5)根据生产能力规划,产能标准,提出设备、人员需求;

(6)确定产品总需求量、实际需求量,进行物料需求计划计算;

(7)确定生产加工计划及物料净需求计划,并提交给各相关岗位。

16. 车间管理员岗位职责

(1)负责车间内原辅材料的领取、退库;

(2)根据生产作业计划核对物料的需求,负责所需物料的跟催工作;

(3)对生产中物料的使用情况及不良品进行控制;

(4)对车间内产成品的缴库情况进行管理;

(5)协调、督促生产车间零部件、各工序产成品的流转事宜;

(6)监督、检查车间各项工作,做好生产任务和车间各项工作检查;

(7)记录班组内员工工时,准确核算员工的绩效工资;

(8)配合人力资源部做好车间员工考勤及工资核算等事宜;

(9)实时记录员工的产量,做好车间生产产量的统计工作;

(10)每天按时收集、填报各车间的生产报表;

(11)负责协调与相关部门的关系;

(12)及时与上级领导沟通,汇报车间生产情况;

(13)完成领导交办的其他任务。

17. 总经理岗位职责

(1)组织实施经董事会批准的企业年度工作计划、财务预算报告及利润分配、使用方案,组织实施经董事会批准的决议;

(2)组织企业的日常经营管理工作,在董事会委托权限内,以法人代表的身份代表企业签署有关协议、合同、合约和处理有关事宜;

(3)决定组织体制和人事编制,决定行政助理,各职能部门和各部门经理,以及其他管理职员的任免、奖惩,建立健全企业统一、高效的组织体系和工作体系。

18. 行政助理岗位职责

(1)协助总经理做好企业文化建设,筹划增强员工认同感、凝聚力的各种宣传、教育活动;

(2)协助总经理做好综合、协调各部门工作和处理日常事务;

(3)及时收集和了解各部门的工作动态,协助总经理对各部门之间的业务工作领导,掌握公司主要经营活动情况;

(4)协助参与企业发展规划的制订,年度经营计划的编制和公司重大决策事项的讨论;

(5)协助审核、修订企业各项管理规章制度,进行日常行政工作的组织与管理;

(6)配合执行企业管理体系运行,及各项工作进度的监督与跟进;

(7)及时处理各种合同、公文、函电、报表等文字资料的签收、拆封、登记、呈报、传阅、催办,并做好整理归档工作;

(8)企业证照的办理、年审、更换、作废等管理,印章的保管、使用管理等;

(9)参与企业行政、设备采购管理,负责企业各部门办公用品的领用和分发工作。

三、物料需求计划

1. 物料需求计划的概念

物料需求计划是对主生产计划的各个项目所需的全部制造件和全部采购件的需求计划。

它是根据主生产计划对最终产品的需求数量和交货期,推导出构成产品的零部件及材料的需求数量和需求日期,直至导出自制零部件的制造订单下达日期和采购件的采购订单发放日期,并进行需求资源和可用能力之间的进一步平衡。

2. 物料需求计划的作用

物料需求计划的基本作用,是利用有关输入信息,实现各计划时间段(即计划周期)的采购计划(即采购订单)和制造计划(即生产订单)。

物料需求计划是生产管理的核心,它将主生产计划排产的产品分解成各自制零部件的生产计划和采购件的采购计划,其主要解决以下五个问题:

(1)要生产(含采购或制造)什么?生产(含采购或制造)多少?这些数据从主生产计划中获得。

(2)要用到什么?这些数据根据物料清单表展开获得。

(3)已经有了什么?这些数据根据物料库存信息获得。

(4)还缺什么?这些数据根据物料需求计划计算结果获得。

(5)何时安排(包括何时开始采购制造、何时完成采购制造)?这些数据依据物料的提前期获得。

3. 物料需求计划工作原理

物料需求计划工作原理如图 3-31 所示。

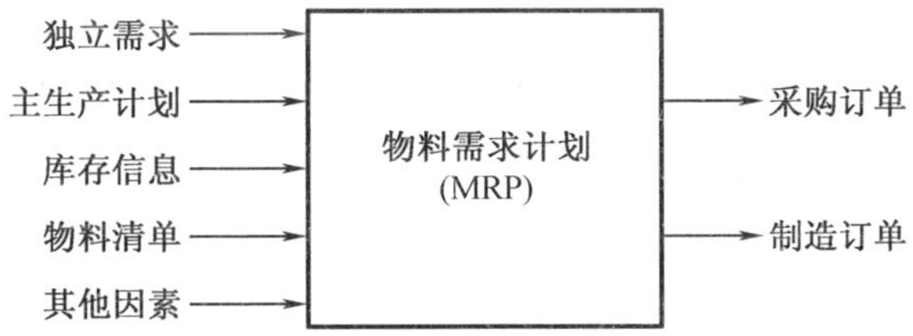

图 3-31 物料需求计划工作原理

物料需求计划工作原理的有关说明。

(1)物料需求计划的输入数据项

①独立需求

当一个项目的需求不能直接从另一个项目的需求计划得到时,这种需求称为独立需求;

否则,为相关需求。独立需求与相关需求的概念是相对的。例如,若生产圆珠笔,则笔的需求是独立需求,其需求数量是由预测得到的,而对构成笔的笔芯和弹簧等类的项目而言便是相关需求。其需求数量是通过计划得到的。但是,若想单独销售笔芯,则笔芯又是独立需求。在编制物料需求计划时,必须认真地分析与收集独立需求与相关需求。

②主生产计划

主生产计划说明一个企业在一个时期内(即计划展望期内)计划生产的产品名称、数量和日期。主生产计划为物料需求计划提供基本的数据。开始编制物料需求计划时,必须首先得到一个有效的主生产计划。

③库存信息

库存信息说明物料清单中列出的每个项目的物料可用数据和编制订单数据。

物料可用数据包括:

a. 现有库存量,指仓库中实际存放的可用库存量。

b. 计划入库量(或计划接收量),指在将来某个时间某项目的入库量。该入库量一般来源于正在执行中的采购订单或生产订单。

c. 已分配量,指已经分配给某使用者,但还没有从仓库中领走的项目数量。这些项目在仓库中存放着,但不能使用。

编制订单数据包括:

a. 制造/采购标识码,即一个项目是采购件还是制造件的标识码。采购或制造标识码通常用一个字母 P 或 M 表示。当物料需求计划运行时,该码决定做采购订单计划还是制造订单计划。对于采购项目(外购件),不需要产生项目制造的需求。对于制造项目,就必须利用物料清单来决定用哪些零部件或原材料来制造这个项目。

b. 提前期,以交货或完工工期为基准,倒推到加工或采购的开始日期的这段时间。

c. 安全库存,是在库存中保存的多余项目数量。设置安全库存的目的在于预防需求或供应方面不可预料的波动,避免造成生产或供应中断,缓减用户需求与工厂之间、供应商和工厂之间、制造和装配之间的矛盾。

d. 批量规则(批量政策)。实际计划生产或采购的交付数量和订货数量并非等于净需求量,这是由于在实际生产或订货中,准备加工、订货、运输、包装等都必须是按照一定的数量来进行的,这一定的数量称为生产或订货的批量。批量规则是库存管理人员根据库存管理的要求和目标权衡利弊后选择的。批量过大,占用的流动资金过多,但加工或采购的费用减少;批量过小,占用流动资金减少,但增加了加工或采购的费用。考虑批量的主要原因是降低订货成本、降低准备成本、降低运输成本、降低在制品成本。

目前,物料需求批量的计算方法主要有直接批量法、固定批量法、固定周期法、经济批量法等。

④物料清单

物料清单是为装配或生产一种产品所需要的零部件、配料或原材料的清单。物料清单说明产品是由什么组成的,各需要多少。物料需求计划从物料清单中得到有关主生产计划项目的零部件、原材料的数据。

⑤其他因素

a. 低位码(low level code,LLC),又称层次码或低层码,是系统分配给物料清单上的每个物品一个从0至N的数字码。在产品物料清单结构中,最上层的层级码为0,下一层部件的层级码则为1,依此类推。一个物品只能有一个物料需求计划低层码,当一个物品在多个产品中所处的产品结构层次不同或即使处于同一产品结构中但却处于不同产品结构层次时,则取处在最底层的层级码作为该物品的低层码,即取层次最低的、数字最大的层级码(图3-32)。在图3-32中,零件C分别处于产品结构图的1层和2层,于是零件C的低位码就是2,而其他零件的低位码与它们位于产品结构图的层次相同。低位码的作用在于指出各种物料最早使用的时间。在物料需求计划运算中,使用低位码能简化运算。

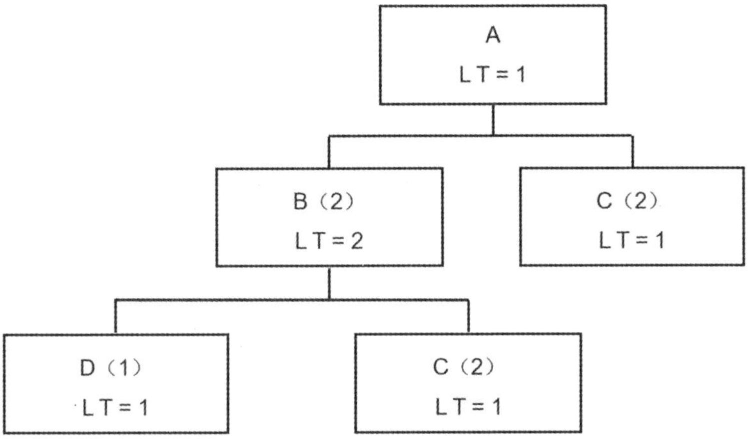

图3-32 物料需求结构图

b. 损耗系数。在生产各个环节中,有各种各样的损耗,因此在物料需求计划的计算过程中,要考虑有关损耗系数,包括组装废品系数、零件废品系数、材料利用率等。

组装废品系数是对部件毛需求的调整。当一个零部件在装配它的父项时,能估计到零部件的损失或毁坏,考虑到组装废品系数。它以百分数表示,存放在物料清单中。例如,在装配产品A时,估计有5%的玻璃管毁坏,因此在生产A所需的玻璃管的毛需求时要增加组装时的损耗部分。如装配100件A的订单,当考虑其组装废品系数5%时,要有105(即100+100×5%=105)个玻璃管部件的需求。

零件废品系数是对订单数量的调整,是对项目本身在采购或生产过程中出现的损耗而考虑的。例如,产品A的零件废品系数为2%,在组装时的组装废品系数为5%,针对该需求制定物料需求计划时,首先考虑2%的废品系数来计算产品A的计划订单数,计划订单数量要比计算的需要多2%。如A需求为100时,订单应为100+100×2%=102,然后根据计划订单数量再考虑组装A时的组装废品系数。在这种情况下,A项目102的订单对玻璃管的毛需求量应为108(即102+102×5%)个。

材料利用率是有效产出与总输入的比率,即材料利用率=有效产出/总投入。它同零件废品系数一样,均说明预计的生产损耗情况,只是表述方法(术语)不同而已。例如,某装配件的材料利用率是95%,那么为了要100件的产成品就要有106(即100/95%≈106)个装配件才能保证零件废品系数与材料利用率。

(2)物料需求计划的输出项

物料需求计划的输出项主要有两项:采购订单和制造订单。

采购订单主要包括四项内容,即采购什么、采购多少、何时开始采购、何时完成采购。

制造订单也包括四项内容,即制造什么、制造多少、何时开始制造、何时完成制造。

需要注意的是,上述物料需求计划输出的采购订单和制造订单,必须经过企业的计划人员检查确认后,才能下达到采购部门和生产车间去执行。

4. 物料需求计划处理过程

每一个项目的处理步骤,如下:

(1)计算毛需求

物料毛需求 = 物料独立需求 + 父项的相关需求

父项的相关需求 = 父项的计划订单数量 × 项目用量因子

(2)计算净需求

a. 计算各个时间段上的预计库存量:

预计库存量 = 前期库存 + 计划接收量 - 毛需求 - 已分配量 - 安全库存量

其中,在第一个时间段上的前期库存为库存文件中的现有库存量。

b. 确定净需求。如果在某个时间段上的预计库存量小于零,则产生的净需求为

净需求 = 预计库存的相反数

(3)确定订单下达日期和下达数量

a. 利用批量规则确定订单数量。

b. 考虑损耗因子和提前期下达订单计划(又称计划订单下达),包括计划投入量和投入的时间。

计划投入量 = 计划产出量/损耗系数

计划投入时间 = 计划产出时间 - 提前期

(4)计算更低一层的毛需求

利用计划订单数量计算同一周期内更低一层相关项目的毛需求,进入下一个循环。

5. 物料需求计划的更新方法

(1)导致订单无效的情况

物料需求计划生成之后,由于某些情况发生变化将可能导致订单(制造订单、采购订单)无效。这些情况包括:

①工程设计改变;

②客户订单数量和交货日期改变;

③供应商拖期发货;

④工作订单提早或拖期完工;

⑤废品比预期的高或低;

⑥关键工作中心或工作单元损坏;

⑦计划中使用的数据有错误。

(2)物料需求计划系统更新方法

为了保持物料需求计划的准确性,在发生上述变化时必须更新物料需求计划系统。目前更新物料需求计划系统的方法有两种:一种是再生法,另一种是净改变法。

①再生法,又称再生式物料需求计划,是更新计划的整个系统,即对物料需求计划系统控制下的所有项目的需求和库存状态进行重新计算和更新。再生法是采用批处理方式进行的,每次只能按一定的时间间隔定期进行。在两次批处理之间发生的所有变化,如主生产计划的变化、产品结构的变化等都要累计起来,等到下次批处理时一起处理。在每次批处理作业中,每一个库存项目的总需求量和净需求量都要加以重新计算;每一项计划下达订货的日程计划也都要重新安排。处理的全过程是逐层进行的,从最高层次(最终产品)直到最低层次(外购订单、制造订单)。

在使用再生法时,其处理过程包括:

a. 主生产计划中列出来的每一个最终项目的需求都要加以分解;

b. 每一个物料清单文件都访问到;

c. 每一个库存状态记录都要经过重新处理。

现行的企业资源计划系统多采用再生法实施物料需求计划。

②净改变法,只对主生产计划中因改变而受到影响的那些物料清单进行局部分解处理。

所谓局部分解是从以下两种意义上说的:

a. 每次运行系统时,都只需要分解主生产计划中的一部分内容;

b. 只局限产品的部分结构及其下属层次项目(含需求数量、需求时间)上。

净改变式系统的实施可以采用以下两种方式:

a. 较频繁地重排计划(通常每天批处理一次);

b. 连续地重排计划,即实时处理。

净改变法一般适用于环境变化较大、计算复杂、更新物料需求计划系统时间较长的企业。

素质拓展

管理思想分析

[实训目标]

增强对现代管理思想的感性认识;培养对组织的管理思想的分析能力。

[实训形式]

1. 在实际企业或网上、报纸杂志中,搜集一个或几个我国改革开放后的有关管理的案例或资料(最好是一事一议性的简短事例)。

2. 应用所学理论,分析其管理思想。

3. 在班级组织一次关于管理理论与管理思想的沙龙。每个成员都可以做介绍、谈体会,放开思路,自由畅想。

4. 可以小组为单位，每组6～10人，由学生推荐的组长主持；或者按照模拟公司的分组进行活动策划。

［实训要求］

1. 通过调研，占有较为充分的材料。

2. 每组准备一份发言提纲。

3. 各小组事先准备好管理沙龙活动的组织准备。

4. 发言要围绕管理思想主题，并结合理论进行分析。

5. 能结合我国传统文化来阐述和分析中国式管理的内容。

［成果检测］

1. 每个人都要拟写一份方案。

2. 各组派代表发言；各组分别对其他各组评分，并指出优点与不足；各组对组员进行评分。

3. 由教师与学生共同对每组在管理沙龙中的表现进行评估，确定成绩。

第四部分　工贸企业(供应商)业务

章前导读

拍头决策应杜绝

《梦溪笔谈》记载：海州知府孙冕很有经济头脑，他听说发运司准备在海州设置三个盐场，便坚决反对，并提出了许多理由。后来发运使亲自来海州谈盐场设置之事，还是被孙冕拒绝了。当地百姓拦住孙冕的轿子，向他诉说设置盐场的好处，孙冕解释道："你们不懂得做长远打算。官家买盐虽然能获得眼前的利益，但如果盐太多卖不出去，三十年后就会自食恶果了。"然而，孙冕的警告并没有引起人们的重视。他离任后，海州很快就建起了三个盐场。几十年后，当地刑事案件上升，流寇盗贼、徭役赋税等都比过去大大增多。由于运输、销售不通畅，囤积的盐日益增加，盐场亏损，负债很多，许多人都破了产。这时，百姓才开始明白，在这里建盐场确实是个祸患。

启示：

1. 一时的利益显而易见，人们往往趋利而不考虑后果。这种现象，古今皆然。看到什么行当赚钱，就一窝蜂而上，结果捷足先登者也许能获利，步人后尘者则亏损严重。这样的例子数不胜数。作为一个企业的经营者，在制定一个经营决策的时候，一定要综合考虑各方面的因素，而不能被一时的利益蒙蔽了双眼。

2. 一个团队的领导一定要学会发挥集体的力量，特别是做事关企业命运决策的时候，万万不可因一时冲动，拍拍脑袋就制定个决策而毁掉自己经营一生的成果。决策时拍脑袋，指挥时拍胸脯，失误时拍大腿，追查时拍屁股，这种"四拍"型领导需要反思了。

教学内容

本章主要学习 VBSE 跨专业综合实训项目——工贸企业(供应商)业务。教学内容主要包括工贸企业(供应商)期初建账和日常业务两部分。

知识要点

工贸企业(供应商)期初建账　工贸企业(供应商)日常业务

实训任务

任务一　工贸企业(供应商)期初建账

一、期初建账

1. 财务部期初建账

(1)业务概述

工贸企业(供应商)期初建账工作,由财务部经理和总经理共同完成,根据提供的期初科目余额表,分别填写现金日记账、银行存款日记账、科目明细账、总账等账簿信息(总经理负责出纳相关的工作)。

(2)业务流程步骤

期初建账业务流程步骤见表4-1。

表4-1　期初建账业务流程步骤表

序号	操作步骤	职位	操作内容
1	接到交接清单	财务部经理	接到本企业的期初清单
2	核对清单信息	财务部经理	核对清单信息
3	确认交接结果	财务部经理	核对清单信息无误后确认交接结果

2. 仓储部期初建账

(1)业务概述

仓储部期初建账业务是指仓管员(实训中为业务部经理)将本企业的期初库存数据填写到库存台账上,在后期业务数据发生时,在期初库存台账上进行更新。

(2)业务流程步骤

仓储部业务流程步骤见表4-2。

表4-2　仓储部业务流程步骤表

序号	操作步骤	职位	操作内容
1	接到交接清单	业务部经理	接到本企业的期初清单
2	核对清单信息	业务部经理	核对清单信息
3	确认交接结果	业务部经理	核对清单信息无误后确认交接结果

二、岗位工作要求

(1)期初建账工作,由财务部经理和总经理共同完成,总经理负责出纳相关的工作。

(2)财务部经理和总经理分别填写现金日记账、银行存款日记账、科目明细账、总账等账簿信息。

(3)财务部经理和总经理要认真核对清单信息无误后确认交接结果。

任务二　工贸企业(供应商)日常业务

一、日常任务

1. 批量办理个人银行卡

(1)业务概述

行政部经理收集员工信息,审核后到银行办理个人银行卡。

(2)业务流程步骤

办理个人银行卡业务流程步骤见表4－3。

表4－3　办理个人银行卡业务流程步骤表

序号	操作步骤	职位	操作内容
1	填写借记卡集体申领登记表	行政部经理	1. 收集员工信息并在借记卡集体申领登记表中填写相关内容。 2. 将填写完整的登记表交给财务部经理审核
2	审核借记卡集体申领登记表	财务部经理	1. 审核登记表无误后签字并加盖“财务专用”章。 2. 将审核后的登记表交给行政部经理到银行办理开卡手续
3	去银行办理开卡业务	行政部经理	带着借记卡集体申领登记表及身份证复印件,到银行柜台递交开卡申请
4	办理银行开卡	银行柜员	办理开卡完毕后,把银行卡交给办卡申请人
5	从银行领回银行卡并发放	行政部经理	1. 从银行柜员处领取银行卡,核对银行卡卡号与登记表中记录是否一致。 2. 把银行卡卡号、姓名等信息进行归档备案。 3. 提交一份银行卡信息给财务部经理备案

2. 签订代发工资协议

(1)业务概述

与银行签订代发工资协议。

(2)业务流程步骤

与银行签订代发工资协议业务流程步骤见表4－4。

表4-4 与银行签订代发工资协议业务流程步骤表

序号	操作步骤	职位	操作内容
1	填写公章、印鉴、资质证件使用申请表	行政部经理	1. 填写公章、印鉴、资质证件使用申请表,注明使用缘由是去银行签订代发工资协议。 2. 将申请表提交给总经理审核
2	审核公章、印鉴、资质证件使用申请表	总经理	1. 审核公章、印鉴、资质证件使用申请表。 2. 审核无误后在申请表上签字确认
3	到银行签订代发工资协议书	行政部经理	1. 根据审核后的申请表,整理相关资料,带好营业执照、组织机构代码证、税务登记证、法人身份证、公章、预留印鉴等去银行(注意:实训中带上营业执照、组织机构代码证、税务登记证和公章即可)。 2. 与银行签订代发工资协议(两份)
4	办理工资代发协议	银行柜员	1. 接收、审核客户提交的各种证件和代发协议。 2. 审核通过后给协议(两份)盖章,将各种证件和一份协议返还给客户
5	协议书归档	行政部经理	1. 收到银行签字盖章的代发工资协议书。 2. 审核无误后将协议书归档。 3. 登记合同管理表,填写协议书信息

3. 核算薪酬

(1)业务概述

行政部经理核算职工薪酬,制作工资表。

(2)业务流程步骤

核算薪酬业务流程步骤见表4-5。

表4-5 核算薪酬业务流程步骤表

序号	操作步骤	职位	操作内容
1	收集工资数据	行政部经理	1. 依据期初数据查找当月入职人员记录,收集整理新增数据。 2. 依据期初数据查找当月离职人员记录,收集整理减少的数据。 3. 依据期初数据查找当月晋升、调动及工资调整记录,收集整理变更数据。 4. 依据期初数据查找当月考勤信息,整理汇总当月考勤数据。 5. 依据期初数据查找当期绩效考核评价评分资料,整理汇总绩效考核结果。 6. 依据期初数据查找当月奖励、处罚记录,并做汇总整理。 7. 依据期初数据查找当月五险一金增减、缴费数据,计算五险一金

续表

序号	操作步骤	职位	操作内容
2	计算工资	行政部经理	1. 下载企业员工花名册信息。 2. 依照薪酬规则，参照发放的期初各类有关职工薪酬的各种表格，制作职工薪酬计算的各种表格，包含职工薪酬统计表、五险一金缴费统计表、部门汇总等。 3. 按照薪酬体系中每个项目的计算规则进行工资核算。 4. 将工资表交给总经理审核
3	审核工资表	总经理	1. 收到行政部经理交给的工资表。 2. 审核工资结算总金额，了解总人工成本及波动幅度，并就变动的合理性进行核查。 3. 审核完成后在表单对应位置签字。 4. 将签字完成的表单交还行政部经理，由行政部经理交给财务部记账
4	填制记账凭证	财务部经理	1. 收到行政部经理送来的工资表。 2. 依据工资表编制本月工资记账凭证，计提本月工资
5	审核记账凭证	总经理	1. 收到财务部经理交来的工资表和记账凭证。 2. 审核记账凭证的正确性。 3. 交还给财务部经理工资表和记账凭证
6	登记科目明细账	财务部经理	1. 根据记账凭证登记科目明细账。 2. 记账后在记账凭证上签字或盖章
7	登记总账	财务部经理	1. 根据记账凭证登记总账。 2. 记账后在记账凭证上签字或盖章

4. 签订五险一金同城委托收款协议

(1)业务概述

与银行签订五险一金同城委托收款协议。

(2)业务流程步骤

与银行签订五险一金同城委托收款协议业务流程步骤见表4－6。

表4－6　与银行签订五险一金同城委托收款协议业务流程步骤表

序号	操作步骤	职位	操作内容
1	填写公章、印鉴、资质证照使用申请表	行政部经理	1. 填写公章、印鉴、资质证件使用申请表，注明使用缘由是去银行签订五险一金同城委托收款协议。 2. 将申请表提交给总经理审核
2	审核公章、印鉴、资质证件使用申请表	总经理	1. 审核公章、印鉴、资质证件使用申请表。 2. 审核无误后在申请表上签字确认

续表

序号	操作步骤	职位	操作内容
3	到人力资源和社会保障局办理五险一金同城委托收款协议	行政部经理	携带相关资料到人力资源和社会保障局办理三方协议
4	审核并办理	社保专员	1. 接收企业提交的资料并审核。 2. 审核通过后下发特约委托收款协议书(待企业填写完成后盖章即可)
5	填写特约委托收款协议书	财务部经理	1. 在社会保险/住房公积金中心填写特约委托收款协议书,并盖企业公章,协议书一式三份。 2. 填写完成后由社保专员盖章
6	去银行办理委托收款业务	财务部经理	1. 到银行办理委托收款业务。 2. 提交相关资料给银行柜员
7	办理企业委托收款业务	银行柜员	1. 接收企业提交的一式三份的特约委托收款协议书并审核。 2. 审核通过后盖银行公章,留存一联,其余两联返还客户
8	送交人力资源和社会保障局	财务部经理	1. 收到银行签字、盖章的委托银行代收协议书。 2. 将一份银行签字、盖章的协议书交给行政部经理归档。 3. 将一份银行签字、盖章的协议书交给人力资源和社会保障局
9	接收企业返还的特约委托收款协议书	社保专员	1. 接收企业返还的特约委托收款协议书。 2. 将特约委托收款协议书进行归档
10	协议书归档	行政部经理	1. 收到人力资源和社会保障局、银行签字、盖章的委托银行代收五险一金协议书。 2. 审核无误后进行归档。 3. 登记合同管理表,填写协议书信息

5. 发放薪酬

(1)业务概述

财务部发放上月薪酬。

(2)业务流程步骤

发放薪酬业务流程步骤见表4-7。

表 4－7　发放薪酬业务流程步骤表

序号	操作步骤	职位	操作内容
1	薪资录盘	行政部经理	1. 在 VBSE 系统里打开“薪资录盘”界面。 2. 依据工资表信息，录入人员薪资，完成后保存并导出。 3. 将导出的“薪酬发放”的文件拷贝到 U 盘中
2	填写支出凭单	行政部经理	1. 依据工资表数据填写支出凭单。 2. 将填好的支出凭单、工资表交总经理和财务部经理进行审核
3	审核支出凭单和薪酬发放表	财务部经理	1. 审核支出凭单信息和工资表是否一致、正确。 2. 审核支出凭单的日期、金额、支出方式、支出用途及金额大小写是否正确。 3. 审核完成后在支出凭单上签字确认
4	审核支出凭单和薪酬发放表	总经理	1. 审核支出凭单信息和工资表是否一致、正确。 2. 审核支出凭单的日期、金额、支出方式、支出用途及金额大小写是否正确。 3. 审核完成后在支出凭单上签字确认
5	开具转账支票	总经理	1. 根据支出凭单的信息开具转账支票。 2. 检查支票填写无误后加盖公司财务章和法人章
6	登记支票使用登记簿	总经理	1. 根据签发的支票登记支票使用登记簿。 2. 支票领用人在支票使用登记簿上签字
7	去银行办理薪资发放	财务部经理	1. 填写进账单。 2. 带齐薪资发放资料(转账支票、薪资录盘)，去银行办理薪资发放
8	办理薪资发放	银行柜员	1. 接到薪资录盘文件和支票。 2. 检查文件和支票。 3. 在系统中导入薪资录盘文件，完成薪资发放
9	获取银行业务回单	财务部经理	获取银行的业务回单(可以在柜台办理时由银行柜员打印取回；在柜台未打印，次日可以在回单柜中获取)
10	填制记账凭证	财务部经理	1. 依据银行业务回单、转账支票存根、支出凭单填制记账凭证。 2. 编制记账凭证，将原始单据作为附件粘贴在记账凭证后面。 3. 将记账凭证和相关原始单据交给总经理审核
11	审核记账凭证	总经理	1. 审核记账凭证。 2. 核对记账凭证与原始凭证一致性，审核无误后签字或盖章。 3. 将审核后的记账凭证登记日记账
12	登记银行存款日记账	总经理	1. 根据审核后的记账凭证登记银行存款日记账。 2. 记账后在记账凭证上签字或盖章。 3. 将记账凭证交给财务部经理登记科目明细账

续表

序号	操作步骤	职位	操作内容
13	登记科目明细账	财务部经理	1. 依据记账凭证登记科目明细账。 2. 记账后在记账凭证上签字或盖章
14	登记总账	财务部经理	1. 依据记账凭证登记总账。 2. 记账后在记账凭证上签字或盖章

6. 对银行扣缴五险一金回单的处理

(1)业务概述

收到银行代扣五险一金的业务回单之后,企业对此回单的处理。

(2)业务流程步骤

对银行扣缴五险一金回单的业务流程步骤见表4-8。

表4-8 对银行扣缴五险一金回单的业务流程步骤表

序号	操作步骤	职位	操作内容
1	到银行取五险一金银行扣款回单	财务部经理	到银行取五险一金银行扣款回单
2	代扣社会保险	银行柜员	为企业代理扣缴社会保险
3	代扣公积金	银行柜员	为企业代理扣缴公积金
4	打印五险一金扣款回单	银行柜员	1. 接到客户打印请求,查询相关交易记录。 2. 确认交易记录存在,即可为客户打印回单。 3. 打印后将回单交于客户
5	填制记账凭证	财务部经理	1. 财务部经理依据银行回单填制记账凭证,将银行扣款凭证和五险一金扣款通知粘贴在记账凭证后作为附件。 2. 将记账凭证交给总经理审核
6	审核记账凭证	总经理	1. 审核财务部经理填制的记账凭证,并对照相关附件检查是否正确。 2. 审核无误,签字确认。 3. 将确认后的记账凭证登记日记账
7	登记日记账	总经理	1. 根据记账凭证登记簿登记银行存款日记账。 2. 记账后在记账凭证上签字或盖章
8	登记科目明细账	财务部经理	1. 根据记账凭证登记科目明细账。 2. 记账后在记账凭证上签字或盖章
9	登记总账	财务部经理	1. 根据记账凭证登记总账。 2. 记账后在记账凭证上签字或盖章

7. 签订税务同城委托收款协议

(1)业务概述

与银行签订税务同城委托收款协议。

(2)业务流程步骤

与银行签订税务同城委托收款协议业务流程步骤见表4－9。

表4－9　与银行签订税务同城委托收款协议业务流程步骤表

序号	操作步骤	职位	操作内容
1	填写公章、印鉴、资质证件使用申请表	行政部经理	1. 填写公章、印鉴、资质证件使用申请表,注明使用缘由是去银行签订税务同城委托收款协议。 2. 将申请表提交给总经理审核
2	审核公章、印鉴、资质证件使用申请表	总经理	1. 审核公章、印鉴、资质证件使用申请表。 2. 审核无误后在申请表上签字确认
3	到税务局办理税务同城委托收款协议	行政部经理	携带相关资料到税务局办理三方协议
4	审核并办理	税务专员	1. 接收企业提交的资料并审核。 2. 审核通过后下发税收特约委托收款协议书(待企业填写完成后盖章即可)
5	填写税收特约委托收款协议书	财务部经理	1. 在税务局填写税收特约委托收款协议书并盖企业公章,协议书一式三份。 2. 填写完成后由税务专员盖章
6	到银行办理税收特约委托收款协议书	财务部经理	1. 到银行办理委托收款业务。 2. 提交相关资料给银行柜员
7	办理企业提交的税收特约委托收款协议书	银行柜员	1. 接收企业提交的一式三份的税收特约委托收款协议书并审核。 2. 审核通过后盖银行公章,留存一联,其余两联返还客户
8	送交税务局	财务部经理	1. 收到银行签字、盖章的委托银行代收税金协议书。 2. 将一份银行签字、盖章的协议书交给行政部经理归档。 3. 将一份银行签字、盖章的协议书交给税务局
9	接收企业返还的税收特约委托收款协议书	税务专员	1. 接收企业返还的税收特约委托收款协议书。 2. 将税收特约委托收款协议书进行归档
10	协议书归档	行政部经理	1. 收到税务局、银行签字、盖章的委托银行代收税金协议书。 2. 审核无误后进行归档。 3. 登记合同管理表,填写协议书信息

8. 申领增值税发票

(1)业务概述

向税务机关领用发票。

(2)业务流程步骤

申领增值税发票业务流程步骤见表4－10。

表4－10　申领增值税发票业务流程步骤表

序号	操作步骤	职位	操作内容
1	申请领用发票	财务部经理	1. 携带营业执照副本、经办人身份证到税务局。 2. 向税务专员说明申请发票类型及数量
2	登记并发放发票	税务专员	1. 收到企业的申请后，填写发票领用表。 2. 发票号由税务专员按序号排列即可。 3. 填写后，发放发票

9. 购买支票

(1)业务概述

企业向银行购买支票。

(2)业务流程步骤

购买支票业务流程步骤见表4－11。

表4－11　购买支票业务流程步骤表

序号	操作步骤	职位	操作内容
1	填写票据领用单	财务部经理	1. 到银行，向银行柜员索要票据领用单。 2. 填写票据领用单，将现金一并交给银行柜员
2	发放支票	银行柜员	收到企业提交的票据领用单，根据领用单填写数量，为企业准备支票，并发放支票
3	编制记账凭证	财务部经理	1. 领用相关票据。 2. 编制记账凭证。 3. 将电汇回单粘贴到记账凭证后面。 4. 将记账凭证交总经理审核
4	审核记账凭证	总经理	1. 审核财务部经理填制的记账凭证并对照相关附件检查是否正确。 2. 审核无误，签字确认。 3. 将确认后的记账凭证交给财务部经理登记日记账
5	登记日记账	财务部经理	1 根据记账凭证登记簿登记银行存款日记账。 2. 记账后在记账凭证上签字或盖章

续表

序号	操作步骤	职位	操作内容
6	登记科目明细账	财务部经理	1. 根据记账凭证登记科目明细账。 2. 记账后在记账凭证上签字或盖章
7	登记总账	财务部经理	1. 根据记账凭证登记总账。 2. 记账后在记账凭证上签字或盖章

10. 购买仓库

(1)业务概述

按存放需求,向服务公司购买仓库。

(2)业务流程步骤

购买仓库业务流程步骤见表 4－12。

表 4－12　购买仓库业务流程步骤表

序号	操作步骤	职位	操作内容
1	填写购销合同	业务部经理	1. 根据公司需求,确定购买需求,到服务公司协商仓库的价格。 2. 准备购销合同并签署相关内容
2	填写合同会签单	业务部经理	根据购销合同,填写合同会签单
3	审核合同会签单	财务部经理	1. 接收业务部经理送来的合同和合同会签单。 2. 审核合同及合同会签单,并在合同会签单上签字
4	审核合同会签单	总经理	1. 接收财务部审核的合同和合同会签单。 2. 审核合同及合同会签单,并在合同会签单上签字。 3. 在合同对应的位置上盖章。 4. 将合同送给业务部经理。
5	将购销合同送交服务公司	业务部经理	1. 接收总经理送来的合同。 2. 拿本公司已盖章的合同,去服务公司盖章
6	服务公司盖章	服务公司总经理	1. 收到企业盖章后的合同,审核并盖章。 2. 将盖章后的合同,送交行政部经理
7	合同归档	行政部经理	1. 更新合同管理表——采购合同。 2. 登记完,把采购合同留存备案
8	购买仓库	业务部经理	按照合同,在系统中选择相应的仓库进行购买
9	办理仓库销售	服务公司业务员	按照合同,为企业办理仓库采购
10	开具发票	服务公司总经理	依据合同金额,为企业开具发票

11. 支付购买仓库款

(1)业务概述

企业支付购买仓库的费用。

(2)业务流程步骤

支付购买仓库款业务流程步骤见表4-13。

表4-13 支付购买仓库款业务流程步骤表

序号	操作步骤	职位	操作内容
1	收到发票	业务部经理	收到服务公司开具的增值税专用发票
2	填写付款申请单	业务部经理	1. 对照服务公司开具的增值税专用发票填写付款申请单。 2. 将付款申请单及发票提交给财务部经理审核
3	审核付款申请单	财务部经理	1. 审核收到的付款申请单与增值税发票是否相符,并审核其正确性。 2. 将发票抵扣联留档。 3. 将付款申请单交总经理审核
4	审核付款申请单	总经理	1. 审核付款申请单,确认无误后在申请单上签字。 2. 将付款申请单交财务部经理
5	支付货款	财务部经理	1. 收到总经理转交的批复后的付款申请单。 2. 按付款申请单金额开具转账支票。 3. 将转账支票交给服务公司总经理
6	填制记账凭证	财务部经理	1. 根据付款申请单和银行回单填制记账凭证。 2. 将银行回单、付款申请单和支票存根粘贴在记账凭证后作为附件
7	登记日记账	财务部经理	1. 根据记账凭证登记簿登记银行存款日记账。 2. 记账后在记账凭证上签字或盖章
8	登记科目明细账	财务部经理	1. 根据记账凭证登记科目明细账。 2. 记账后在记账凭证上签字或盖章
9	登记总账	财务部经理	1. 根据记账凭证登记总账。 2. 记账后在记账凭证上签字或盖章

12. 申报个人所得税

(1)业务概述

财务部经理申报上月个人所得税。

(2)业务流程步骤

申报个人所得税业务流程步骤见表4-14。

表 4-14　申报个人所得税业务流程步骤表

序号	操作步骤	职位	操作内容
1	整理、提交个人所得税纳税申报资料	行政部经理	1. 收集整理员工信息。 2. 根据员工信息在 VBSE 系统中下载导入模版,根据员工信息填写个人所得税基础信息模板。 3. 将填好的个人所得税基础信息模板导入系统中并提交税务局。 4. 将员工信息和工资表一同交给财务部经理
2	审核企业提交的个人所得税纳税申报资料	税务专员	在 VBSE 系统中审核企业提交的个人所得税申报资料
3	网上个人所得税纳税申报	财务部经理	1. 在 VBSE 系统中下载扣缴个人所得税报告表模板。 2. 根据工资表和员工信息填写扣缴个人所得税报告表模板。 3. 将填好的扣缴个人所得税报告表模板导入系统中并扣缴个人所得税

13. 缴纳个人所得税

(1)业务概述

确认申报状态审核后,提交缴税扣款及账务处理。

(2)业务流程步骤

缴纳个人所得税业务流程步骤,见表 4-15。

表 4-15　缴纳个人所得税业务流程步骤表

序号	操作步骤	职位	操作内容
1	查询网银扣款情况	总经理	1. 查询网银,确认个人所得税是否已扣款成功。 2. 通知财务部经理到银行打印税收缴税证明
2	打印缴税凭证	银行柜员	1. 查询转账记录。 2. 确认后打印缴税证明
3	填制记账凭证	财务部经理	1. 根据扣款通知和税收缴款书填制记账凭证。 2. 将扣款通知和税收缴款书粘贴在记账凭证后作为原始单据。 3. 提交给总经理审核
4	审核记账凭证	总经理	1. 收到记账凭证和相关原始单据。 2. 审核记账凭证是否正确。 3. 确认无误签字或盖章,将记账凭证登记银行存款日记账

续表

序号	操作步骤	职位	操作内容
5	登记日记账	总经理	1. 根据审核后的记账凭证登记银行存款日记账。 2. 记账后在记账凭证上签字或盖章
6	登记科目明细账	财务部经理	1. 根据审核后的记账凭证登记科目明细账。 2. 记账后在记账凭证上签字或盖章
7	登记总账	财务部经理	1. 根据审核后的记账凭证登记总账。 3. 记账后在记账凭证上签字或盖章

14. 申报企业增值税

(1)业务概述

月初财务部经理申报上月企业增值税。

(2)业务流程步骤

申报企业增值税业务流程步骤见表3－86。

15. 缴纳企业增值税

(1)业务概述

确认申报状态为审核通过后,提交扣款并进行账务处理。

(2)业务流程步骤

缴纳企业增值税业务流程步骤,见表3－87。

16. 认证增值税抵扣联

(1)业务概述

财务部经理将公司的增值税抵扣联收集后,到税务部门进行认证,获得盖章认证的结果通知书后,与抵扣联一并装订。

(2)业务流程步骤

认证增值税抵扣联业务流程步骤见表4－16。

表4－16 认证增值税抵扣联业务流程步骤表

序号	操作步骤	职位	操作内容
1	收集抵扣联	财务部经理	统一收集抵扣联
2	到税务局进行抵扣认证	财务部经理	将增值税抵扣联送至税务局,进行抵扣认证
3	审核企业提交的进项税抵扣联	税务专员	对企业提交的进项税抵扣联进行审核,通过后打印认证结果通知书,交给企业办事人员
4	抵扣联装订归档	财务部经理	将从税务局取得的认证结果通知书与抵扣联装订,归档备查

17. 企管部借款

(1)业务概述

企管部经理到财务部借备用金。

(2)业务流程步骤

企管部借备用金业务流程步骤见表4－17。

表4－17　企管部借备用金业务流程步骤表

序号	操作步骤	职位	操作内容
1	填写借款单	企管部经理	1. 到财务部经理处领取空白借款单。 2. 填写借款单,借款作为部门备用金。 3. 将填写好的借款单交给总经理审核。 4. 拿经过审核签字的借款单到财务部经理处领取现金
2	审核借款单	总经理	1. 对借款用途、金额、付款条款进行审核。 2. 审核无误,签字确认
3	支付现金	财务部经理	1. 确认无误后支付现金给借款人,借款人签字。 2. 在借款单上加盖"现金付讫"章
4	填制记账凭证	财务部经理	1. 根据已支付的借款单填制记账凭证,将借款单粘贴在后面作为附件。 2. 将记账凭证交由总经理审核
5	审核记账凭证	总经理	1. 审核财务部经理填制的记账凭证并对照借款单检查是否正确。 2. 审核无误,签字确认。 3. 将审核后的记账凭证登记日记账
6	登记库存现金日记账	总经理	1. 根据审核后的记账凭证登记库存现金日记账。 2. 记账后在记账凭证上签字或盖章
7	登记科目明细账	财务部经理	1. 根据记账凭证登记科目明细账。 2. 记账后在记账凭证上签字或盖章
8	登记总账	财务部经理	1. 根据记账凭证登记总账。 3. 记账后在记账凭证上签字或盖章

18. 业务部借款

(1)业务概述

业务部经理到财务部借备用金。

(2)业务流程步骤

业务部借备用金业务流程步骤见表4－18。

表 4－18　业务部借备用金业务流程步骤表

序号	操作步骤	职位	操作内容
1	填写借款单	业务部经理	1. 到财务部领取空白借款单。 2. 填写借款单，借款作为部门备用金。 3. 将填写好的借款单交给总经理审核。 4. 拿经过审核签字的借款单到财务部领取现金
2	审核借款单	总经理	1. 对借款用途、金额、付款条款进行审核。 2 审核无误，签字确认
3	支付现金	总经理	1. 确认无误后支付现金给借款人，借款人签字。 2. 在借款单上加盖"现金付讫"章
4	填制记账凭证	财务部经理	1. 根据已支付的借款单填制记账凭证，将借款单粘贴在后面作为附件。 2. 将记账凭证交由总经理审核
5	审核记账凭证	总经理	1. 审核财务部经理填制的记账凭证并对照借款单检查是否正确。 2. 审核无误，签字确认。 3. 将审核后的记账凭证登记日记账
6	登记库存现金日记账	总经理	1. 根据审核后的记账凭证登记库存现金日记账。 2. 记账后在记账凭证上签字或盖章
7	登记科目明细账	财务部经理	1. 根据记账凭证登记科目明细账。 2. 记账后在记账凭证上签字或盖章
8	登记总账	财务部经理	1. 根据记账凭证登记总账。 2. 记账后在记账凭证上签字或盖章

19. 与制造企业签订购销合同

(1) 业务概述

收到制造企业的采购合同并签署。

(2) 业务流程步骤

与制造企业签订购销合同业务流程步骤见表 4－19。

表 4－19　与制造业签订购销合同业务流程步骤表

序号	操作步骤	职位	操作内容
1	收到购销合同，填制合同会签单	业务部经理	1. 业务部经理依据收到的购销合同（两份），填写合同会签单。 2. 业务部经理将购销合同（两份）和合同会签单送给财务部经理审核

续表

序号	操作步骤	职位	操作内容
2	审核购销合同和合同会签单	财务部经理	1. 接收业务部经理交给的购销合同(两份)及合同会签单。 2. 审核购销合同的准确性和合理性。 3. 财务部经理在合同会签单上签字。 4. 将购销合同(两份)和会签单送给总经理审核
3	审核购销合同和合同会签单	总经理	1. 审核购销合同的条款、期限、付款信息等是否符合公司要求。 2. 符合要求在合同会签单上签字。 3. 审核通过后的购销合同(两份)和合同会签单一同送给行政部经理盖章
4	合同盖章	行政部经理	1. 接到审核通过的合同会签单,在购销合同(两份)上盖章。 2. 业务部经理在公章使用登记表上登记并签字
5	合同存档	行政部经理	1. 更新合同管理表——购销合同。 2. 将合同会签单与一份盖章的购销合同一起进行归档。 3. 将另一份盖章的购销合同交给业务部经理
6	购销合同登记	业务部经理	1. 将盖章的购销合同登记,并将购销合同交给制造企业的负责人。 2. 更新购销合同执行情况表

20. 确认制造企业的采购订单

(1)业务概述

确认制造企业的采购订单。

(2)业务流程步骤

确认制造企业的采购订单业务流程步骤见表4－20。

表4－20　确认制造企业的采购订单业务流程步骤表

操作步骤	职位	操作内容
确认采购订单	业务部经理	1. 在系统中确认制造企业的采购订单。 2. 根据系统的采购订单信息填写销售订单、销售订单明细表

21. 下达采购订单

(1)业务概述

向虚拟供应商下达采购订单。

(2)业务流程步骤

下达采购订单业务流程步骤见表4－21。

表 4－21　下达采购订单业务流程步骤表

操作步骤	职位	操作内容
下达采购订单	业务部经理	1. 在系统中选择要采购的货物。 2. 选择完成后，确认采购订单

22. 到货并办理入库

(1) 业务概述

接到虚拟供应商的货物，办理入库。

(2) 业务流程步骤

到货并办理入库业务流程步骤见表 4－22。

表 4－22　到货并办理入库业务流程步骤表

序号	操作步骤	职位	操作内容
1	依据采购订单填写采购入库单	业务部经理	业务部经理依照确认的采购订单填写采购入库单
2	审核采购入库单	业务部经理	审核采购入库单
3	VBSE 系统办理入库	业务部经理	依据采购订单、采购入库单在 VBSE 系统中办理货物入库
4	登记库存台账	业务部经理	1. 依据采购入库单(存根联)信息登记到库存台账中。 2. 将采购入库单交给财务部经理

23. 下达发货通知给制造企业

(1) 业务概述

业务部经理下达发货通知给制造企业。

(2) 业务流程步骤

下达发货通知给制造企业的业务流程步骤见表 4－23。

表 4－23　下达发货通知给制造企业的业务流程步骤表

序号	操作步骤	职位	操作内容
1	填制发货单	业务部经理	1. 根据销售订单明细表、发货计划和仓库现状填制发货单(一式四联) 2. 将发货单的财务部留存联交给财务部经理
2	确认发货单	财务部经理	1. 收到业务部经理交给的销售发货单。 2. 检查本企业的应收账款额度是否过高。如过高则应通知业务部经理限制发货
3	发送给制造企业	业务部经理	将财务部经理确认的发货单送给制造业

24. 给制造企业办理出库并开具增值税专用发票

(1)业务概述

业务部经理办理销售出库并开具增值税专用发票。

(2)业务流程步骤

办理出库并开发票业务流程步骤见表4－24。

表4－24　办理出库并开发票业务流程步骤表

序号	操作步骤	职位	操作内容
1	填制出库单，办理出库业务	业务部经理	1. 根据发货单填制销售出库单(一式三联)。 2. 办理出库业务，根据销售出库单的数量发货给制造企业
2	登记库存台账	业务部经理	根据销售出库单登记库存台账
3	更新销售发货明细表	业务部经理	依据销售出库单更新销售发货明细表
4	提交增值税专用发票申请	业务部经理	1. 根据销售发货明细表和销售订单的信息提交开具增值税专用发票申请。 2. 开票申请单提交至财务部经理审核
5	审核增值税专用发票申请	财务部经理	1. 审核业务部经理提交的开具增值税专用发票申请。 2. 审核后提交总经理审核
6	审核增值税专用发票申请	总经理	1. 审核财务部经理提交的开具增值税专用发票申请。 2. 审核通过后交给业务部经理送至财务部经理处开具增值税发票
7	开具增值税专用发票	财务部经理	根据业务部经理送来的经审核后的开具增值税专用发票申请，开具增值税专用发票
8	登记发票领取登记簿	财务部经理	1. 业务部经理在发票领取登记簿登记并签字 2. 将增值税专用发票记账联保留，将发票联和抵扣联交给业务部经理送给制造企业
9	发票送给制造业	业务部经理	业务部经理将增值税专用发票送给制造企业
10	填制记账凭证	财务部经理	1. 根据发票记账联填制记账凭证，将发票记账联和销售出库单粘贴到记账凭证后面作为附件。 2. 将记账凭证交总经理审核
11	审核记账凭证	总经理	接收财务部经理交给的记账凭证，进行审核
12	登记数量金额明细账	财务部经理	根据记账凭证后所附的销售出库单填写数量金额明细账
13	登记科目明细账	财务部经理	1. 根据记账凭证登记科目明细账。 2. 记账后在记账凭证上签字或盖章
14	登记总账	财务部经理	1. 根据记账凭证登记总账。 3. 记账后在记账凭证上签字或盖章

25. 收到制造企业货款银行回单

(1) 业务概述

收到制造企业支付的销售款,取得银行回单。

(2) 业务流程步骤

收到制造业货款银行回单业务流程步骤见表4－25。

表4－25　收到制造企业货款银行回单业务流程步骤表

序号	操作步骤	职位	操作内容
1	取得银行收款回单	财务部经理	取得银行收款回单
2	确认回款客户	业务部经理	1. 在系统中填写收款确认单,对银行回款进行确认,确认回款客户。 2. 将收款确认单交给财务部经理审核
3	审核收款确认单并填制记账凭证	财务部经理	1. 审核收款确认单。 2. 依据收款确认单填制记账凭证,将银行业务回单粘贴在记账凭证背面作为原始凭证。 3. 提交总经理审核
4	审核记账凭证	总经理	1. 审核财务部经理填制的记账凭证并对照相关附件检查是否正确。 2. 审核无误,签字确认。 3. 将确认后的记账凭证登记日记账
5	登记日记账	总经理	1. 根据记账凭证登记簿登记银行存款日记账。 2. 记账后在记账凭证上签字或盖章
6	登记科目明细账	财务部经理	1. 根据记账凭证登记科目明细账。 2. 记账后在记账凭证上签字或盖章
7	登记总账	财务部经理	1. 根据记账凭证登记总账。 2. 记账后在记账凭证上签字或盖章

26. 支付虚拟工贸企业货款

(1) 业务概述

支付虚拟工贸企业货款。

(2) 业务流程步骤

支付虚拟工贸企业货款业务流程步骤见表4－26。

表4－26　支付虚拟工贸企业货款业务流程步骤表

序号	操作步骤	职位	操作内容
1	提交付款申请	业务部经理	依据采购入库单提交付款申请单

续表

序号	操作步骤	职位	操作内容
2	审核付款申请	财务部经理	1. 接收业务部经理提交的付款申请单。 2. 依据采购入库单审核付款申请单
3	审核付款申请	总经理	审核财务部经理提交的付款申请单
4	付款	总经理	1. 审核付款申请单。 2. 依据审核通过的付款申请单在 VBSE 系统中进行付款
5	取得银行付款回单	财务部经理	取得银行付款回单
6	填制记账凭证	财务部经理	1. 将银行业务回单与付款申请单核对。 2. 填制记账凭证,将银行业务回单粘贴在记账凭证背面作为原始凭证。 3. 提交总经理审核
7	审核记账凭证	总经理	1. 审核财务部经理填制的记账凭证并对照相关附件检查是否正确。 2. 审核无误,签字确认。 3. 将确认后的记账凭证登记日记账
8	登记日记账	总经理	1. 根据记账凭证登记簿登记银行存款日记账。 2. 记账后在记账凭证上签字或盖章
9	登记科目明细账	财务部经理	1. 根据记账凭证登记科目明细账。 2. 记账后在记账凭证上签字或盖章
10	登记总账	财务部经理	1. 根据记账凭证登记总账。 2. 记账后在记账凭证上签字或盖章

27. 计提折旧

(1)业务概述

财务部经理计提固定资产折旧。

(2)业务流程步骤

计提折旧业务流程步骤见表 4－27。

表 4－27　计提折旧业务流程步骤表

序号	操作步骤	职位	操作内容
1	计算固定资产折旧	财务部经理	1. 根据固定资产政策及固定资产明细账计提折旧。 2. 填写固定资产折旧计算表
2	填制记账凭证	财务部经理	1. 根据固定资产折旧计算表填写记账凭证,将折旧计算表粘贴在记账凭证后作为附件。 2. 将记账凭证交给总经理审核

续表

序号	操作步骤	职位	操作内容
3	审核记账凭证	总经理	1. 接收财务部经理交给的记账凭证,进行审核。 2. 审核无误,将记账凭证交给财务部经理登记科目明细账
4	登记科目明细账	财务部经理	1. 根据记账凭证登记科目明细账。 2. 记账后在记账凭证上签字或盖章
5	登记总账	财务部经理	1. 根据记账凭证登记总账。 3. 记账后在记账凭证上签字或盖章

28. 存货核算

(1)业务概述

财务部经理根据出入库明细表计算存货成本,并结转销售成本。

(2)业务流程步骤

存货核算业务流程步骤见表4－28。

表4－28 存货核算业务流程步骤表

序号	操作步骤	职位	操作内容
1	编制产品销售成本结转明细表	财务部经理	1. 根据销售出库单汇总销售出库的产品明细数量。 2. 根据销售数量和库存商品平均单价,编制销售成本结转明细表。 3. 根据单据填制记账凭证
2	填制记账凭证	财务部经理	1. 根据产品出库单及销售成本结转明细表反映的业务内容,编制记账凭证,将相关单据粘贴在后面作为附件。 2. 将记账凭证交给总经理审核
3	审核记账凭证	总经理	1. 审核记账凭证的附件、记账科目、金额、手续是否正确与齐全。 2. 审核无误后在记账凭证上签字或盖章
4	登记科目明细账	财务部经理	1. 根据记账凭证登记科目明细账。 2. 记账后在记账凭证上签字或盖章
5	登记总账	财务部经理	1. 根据记账凭证登记总账。 2. 记账后在记账凭证上签字或盖章

29. 期末账务处理

(1)业务概述

财务部经理在月末进行财务核算。

(2)业务流程步骤

期末账务处理业务流程步骤见表4-29。

表4-29 期末账务处理业务流程步骤表

序号	操作步骤	职位	操作内容
1	结转损益	财务部经理	1. 汇总损益类发生额,并与总账核对。 2. 将总账里的损益类科目本期发生额结转致本年利润科目。 3. 填制记账凭证
2	计提企业所得税费用并结转	财务部经理	1. 根据本年利润余额计算企业所得税。 2. 填制记账凭证
3	结转本年利润	财务部经理	1. 根据本年利润余额,结转至利润分配中。 2. 填制记账凭证
4	计提法定盈余公积并结转	财务部经理	1. 按本年净利润(减去弥补以前亏损后)的10%提取法定盈余公积,法定盈余公积累计额达到注册资本的50%时可以不再提取。 2. 将提取的法定盈余公积结转至利润分配中。 3. 编制计提法定盈余公积凭证和结转凭证
5	审核记账凭证	总经理	审核财务部经理提交的记账凭证,无误后签字确认。
6	登记科目明细账	财务部经理	1. 根据记账凭证登记科目明细账。 2. 记账后在记账凭证上签字或盖章
7	登记总账	财务部经理	1. 根据记账凭证登记总账。 2. 记账后在记账凭证上签字或盖章

30. 编制资产负债表

(1)业务概述

财务部经理编制资产负债表。

(2)业务流程步骤

编制资产负债表业务流程步骤见表4-30。

表4-30 编制资产负债表业务流程步骤表

序号	操作步骤	职位	操作内容
1	编制财务报告	财务部经理	1. 编制资产负债表和财务报表说明等财务报告相关内容。 2. 确认无误后在财务报告上签字并盖章。 3. 将财务报告交给总经理审查并签字盖章
2	审查财务报告	总经理	1. 审查财务部经理编制的财务报告。 2. 确认无误后在财务报告上签字并盖章

31. 编制利润表

(1)业务概述

财务部经理编制利润表。

(2)业务流程步骤

编制利润表业务流程步骤见表4－31。

表4－31　编制利润表业务流程步骤表

序号	操作步骤	职位	操作内容
1	编制财务报告	财务部经理	1. 财务部经理编制利润表和财务报表说明等财务报告相关内容。 2. 确认无误后在财务报告上签字并盖章。 3. 将财务报告交给总经理审查并签字盖章
2	审查财务报告	总经理	1. 总经理审查财务部经理编制的财务报告。 2. 总经理确认无误后在财务报告上签字并盖章

二、日常业务工作要求

1. 业务工作内容

工贸企业(供应商)日常业务工作主要包括人力资源管理、销售、采购、仓储、财务、税务、会计核算等日常业务。

2. 业务工作要求

按照人力资源规则、销售规则、采购规则、仓储规则、财务规则、税务规则、会计核算规则等开展日常业务工作。

素质拓展

情景剧——如果我是经理

[实训目标]

培养善于观察人、了解人的能力,培养善于解决复杂管理问题的能力;培养运用激励与沟通来调动人的积极性的能力。

[实训形式]

1. 课堂演讲。
2. 网上搜集资料进行分析。
3. 由模拟公司组织小组讨论。
4. 每人写出发言提纲。
5. 以班级为单位组织讨论。

［实训要求］

1. 本次实训的主要内容是矛盾的处理与对人的激励,采用情景剧表演与分析的方式。

2. 根据本次实训目标,学生在课下搜集、选择、编写和讨论预习剧本,并进行必要的排练。

3. 由“演员”按照选择的方案与剧本进行表演。

4. 由同学们对各成员的表演,特别是管理的合理性进行分析与评价。

［成果检验］

1. 每组提交一份总结,对如何与陌生人沟通进行深入分析。

2. 组长对每个同学的表现进行评议,并分析优点与不足,或者小组内部互相评分。

3. 各组派代表发言,分别对其他各组评分,并指出优点与不足。

第五部分　商贸企业(经销商)业务

章前导读

选　择

有甲、乙、丙三人要被关进同一个监狱三年，监狱长允许他们每人提一个要求。甲爱抽雪茄，要了三箱雪茄；乙最浪漫，要一个美丽的女子相伴；而丙说，他要一部与外界沟通的电话。三年过后，第一个走出监狱的是甲，他的嘴里、鼻孔里塞满了雪茄，大喊道："给我火！给我火！"原来他忘了要打火机了；接着出来的是乙，只见他手里抱着一个孩子，而美丽女子的手里牵着一个孩子，肚子里还怀着一个；最后出来的是丙，他紧紧握住监狱长的手说："这三年来我每天与外界联系，我的生意不但没有停止，反而增长了200%，为了表示感谢，我送你一辆劳斯莱斯！"

这个故事告诉我们，什么样的选择决定什么样的生活。今天的生活是由三年前我们的选择决定的，而今天我们的选择将决定我们三年后的生活。我们要选择接触最新的信息，了解最新的趋势，从而更好地创造自己的将来。

教学内容

本章主要学习VBSE跨专业综合实训项目——商贸企业(经销商)业务，教学内容包括商贸企业(经销商)期初数据和日常业务两部分。

知识要点

商贸企业(经销商)期初数据　商贸企业(经销商)日常业务

实训任务

任务一 商贸企业(经销商)期初数据

一、工作交接

商贸企业工作交接:

1. 业务概述

商贸企业工作交接,根据接到的交接清单和数据,各个岗位分别交接。

2. 业务流程步骤

商贸企业工作交接业务流程步骤见表5-1。

表5-1 商贸企业工作交接业务流程步骤表

序号	操作步骤	职位	操作内容
1	接到交接清单	经销商总经理、行政部经理、业务部经理、财务部经理	总经理接到各部门经理的交接清单
2	核对清单信息	总经理	核对清单信息
3	确认交接结果	经销商总经理、行政部经理、业务部经理、财务部经理	核对清单信息无误后确认交接

二、期初建账

1. 职能部门期初建账

行政部经理根据期初信息建立固定资产卡片;业务部经理根据期初信息建立客商信息档案、库存信息表;财务部经理根据期初信息建立总账、科目明细账;出纳根据期初信息建立现金、银行存款日记账等。

2. 总经理工作

各职能部门完成期初建账后,总经理根据期初信息与各部门的建账数据核对、确认,为下一步的经营活动做好准备。

任务二 商贸企业(经销商)日常业务

一、商贸企业(经销商)日常任务

1. 批量办理个人银行卡

(1)业务概述

行政部经理收集员工信息,审核后到银行办理个人银行卡。

(2)业务流程步骤

办理个人银行卡业务流程步骤见表4-3。

2. 签订代发工资协议

(1)业务概述

行政部经理到银行签订工资代发协议。

(2)业务流程步骤

签订工资代发协议业务流程步骤,见表4-4。

3. 签订五险一金同城委托收款协议

(1)业务概述

财务部经理到人力资源和社会保障局签订五险一金同城委托收款协议。

(2)业务流程步骤

签订五险一金同城委托收款协议业务流程步骤,见表4-6。

4. 对银行扣缴五险一金回单的处理

(1)业务概述

财务部经理收到银行代扣五险一金的业务回单,进行账务处理。

(2)业务流程步骤

对银行扣缴五险一金回单的业务流程步骤见表4-8。

5. 核算薪酬

(1)业务概述

行政部经理统计考勤,制作工资表,并提交至财务部。

(2)业务流程步骤

核算薪酬业务流程步骤见表4-5。

6. 发放薪酬

(1)业务概述

支付上月职工薪酬。

(2)业务流程步骤

发放薪酬业务流程步骤见表5－2。

表5－2　发放薪酬业务流程步骤表

序号	操作步骤	职位	操作内容
1	薪资录盘	行政部经理	1. 在VBSE系统里打开“薪资录盘”界面。 2. 依据工资表信息，录入人员薪资，完成后保存并导出。 3. 将导出的”薪酬发放“的文件拷贝到U盘中
2	填写支出凭单	行政部经理	1. 依据工资表数据填写支出凭单。 2. 将填好的支出凭单、工资表交总经理和财务部经理进行审核
3	审核支出凭单和薪酬发放表	总经理	1. 审核支出凭单信息和工资表是否一致、正确。 2. 审核支出凭单的日期、金额、支出方式、支出用途及金额大小写是否正确。 3. 审核完成后在支出凭单上签字确认
4	审核支出凭单和薪酬发放表	财务部经理	1. 审核支出凭单信息和工资表是否一致、正确。 2. 审核支出凭单的日期、金额、支出方式、支出用途及金额大小写是否正确。 3. 审核完成后在支出凭单上签字确认
5	开具转账支票	出纳	1. 根据支出凭单的信息开具转账支票。 2. 检查支票填写无误后找财务部经理加盖公司财务章和法人章
6	登记支票使用登记簿	出纳	1. 根据签发的支票登记支票使用登记簿。 2. 支票领用人在支票使用登记簿上签字
7	去银行办理薪资发放	出纳	1. 填写进账单。 2. 带齐薪资发放资料，即转账支票、薪资录盘，去银行办理薪资发放
8	办理薪资发放	银行柜员	1. 接到薪资录盘文件和支票。 2. 检查文件和支票。 3. 在系统中导入薪资录盘文件，完成薪资发放并打印回单给客户
9	取得银行业务回单	出纳	取得银行的业务回单(可以在柜台办理时由银行柜员打印取回；在柜台未打印，次日可以在回单柜中取得)
10	填制记账凭证	出纳	1. 依据银行业务回单、转账支票存根、支出凭单填制记账凭证。 2. 编制记账凭证，将原始单据作为附件粘贴在记账凭证后面。 3. 将记账凭证和相关原始单据交给财务部经理审核

续表

序号	操作步骤	职位	操作内容
11	审核记账凭证	财务部经理	1. 审核出纳提交的记账凭证。 2. 核对记账凭证与原始凭证的一致性,审核无误后签字或盖章。 3. 将审核后的记账凭证交给出纳登记日记账
12	登记银行存款日记账	出纳	1. 根据审核后的记账凭证登记银行存款日记账。 2. 记账后在记账凭证上签字或盖章。 3. 将记账凭证交回财务部经理登记科目明细账
13	登记科目明细账	财务部经理	1. 依据记账凭证登记科目明细账。 2. 记账后在记账凭证上签字或盖章
14	登记总账	财务部经理	1. 依据记账凭证登记总账。 2. 记账后在记账凭证上签字或盖章

7. 申报个人所得税

(1)业务概述

财务部经理在系统中申报上月个人所得税。

(2)业务流程步骤

申报个人所得税业务流程步骤见表5-3。

表5-3　申报个人所得税业务流程步骤表

序号	操作步骤	职位	操作内容
1	整理、提交个人所得税纳税申报资料	行政部经理	1. 收集整理员工信息。 2. 在VBSE系统中下载导入模版,根据员工信息填写个人所得税基础信息模板。 3. 将填好的个人所得税基础信息模板导入系统中并提交税务局。 4. 将员工信息和工资表一同交给财务部经理
2	审核企业提交的个人所得税纳税申报资料	税务专员	在VBSE系统中审核企业提交的个人所得税申报资料
3	网上个人所得税纳税申报	财务部经理	1. 在VBSE系统中下载扣缴个人所得税报告表模板。 2. 根据工资表和员工信息填写扣缴个人所得税报告表模板。 3. 将填好的扣缴个人所得税报告表模板导入系统中并扣缴个人所得税

8. 签订税务同城委托收款协议

(1)业务概述

财务部经理到税务局签订税务同城委托收款协议。

(2)业务流程步骤

签订税务同城委托收款协议业务流程步骤见表4－9。

9. 缴纳个人所得税

(1)业务概述

确认申报状态审核后,提交缴税款及账务处理。

(2)业务流程步骤

缴纳个人所得税业务流程步骤见表3－84。

10. 企管部借款

(1)业务概述

企管部经理到财务部借款。

(2)业务流程步骤

企管部借款业务流程步骤见表3－55。

11. 营销部借款

(1)业务概述

营销部经理到财务部借款。

(2)业务流程步骤

营销部借款业务流程步骤见表3－58。

12. 采购部借款

(1)业务概述

采购部经理到财务部借款。

(2)业务流程步骤

采购部借款业务流程步骤见表3－60。

13. 仓储部借款

(1)业务概述

仓储部经理到财务部借款。

(2)业务流程步骤

仓储部借款业务流程步骤见表3－57。

14. 提交市场开拓申请并办理市场开拓

(1)业务概述

营销部经理根据市场预测,提交市场开拓申请。

(2)业务流程步骤

提交市场开拓申请并办理市场开拓业务流程步骤见表5-4。

表5-4　提交市场开拓申请并办理市场开拓业务流程步骤表

序号	操作步骤	职位	操作内容
1	编制市场开拓申请表	营销部经理	根据公司策略和市场预测,选择要开拓的市场及投放金额,填写市场开拓申请表
2	审批市场开拓申请表	总经理	1. 接到营销部经理的申请开拓申请表。 2. 根据公司的经营策略及资金使用计划,审核其合理性。 3. 确认同意后,签字批准
3	市场申请表盖章	行政部经理	1. 营销部经理在公章使用登记表上登记签字。 2. 确认签字后,在审批通过的市场申请单上盖企业公章
4	到服务公司开拓市场	营销部经理	1. 到服务公司办理市场开拓,提交市场开拓申请表。 2. 确定市场开拓的地点
5	办理市场开拓	服务公司业务员	1. 查看经销商要办理的市场开拓的地区。 2. 依据开拓申请,为对应的经销商开拓市场。 3. 告知经销商办理人员,业务办理完成后到服务公司总经理处领取发票
6	确认市场开拓结果	营销部经理	确认市场开拓结果

15. 收取市场开拓费发票

(1)业务概述

营销部经理收取服务公司的市场开拓费用发票。

(2)业务流程步骤

收取市场开拓费用发票业务流程步骤见表5-5。

表5-5　收取市场开拓费用发票业务流程步骤表

序号	操作步骤	职位	操作内容
1	到服务公司取市场开拓费用发票	营销部经理	1. 到服务公司业务员处取市场开拓费用发票。 2. 携带本公司的开票信息(公司名称、税务登记号、注册地址、电话、开户银行账户等信息)
2	开具市场开拓费用发票	服务公司业务员	1. 根据市场开拓申请单的金额和营销部经理提供的开票信息开具增值税专用发票。 2. 将增值税专用发票发票联、抵扣联交给营销部经理。 3. 将增值税专用发票记账联备案留档

续表

序号	操作步骤	职位	操作内容
3	接收市场开拓费用发票	营销部经理	1. 从服务公司接收市场开拓费用专用发票并登记备案。 2. 将市场开拓费用专用发票送至出纳处并登记发票
4	收到市场开拓费用专用发票并记账	出纳	1. 收到营销部经理送来的市场开拓费用专用发票。 2. 根据市场开拓费用专用发票填制记账凭证
5	审核记账凭证	财务部经理	1. 审核出纳编制的记账凭证并对照相关附件检查是否正确。 2. 审核无误,签字确认
6	登记科目明细账	财务部经理	1. 根据记账凭证登记科目明细账。 2. 记账完成后在记账凭证上签字或盖章
7	登记总账	财务部经理	1. 根据记账凭证登记总账。 2. 记账完成后在记账凭证上签字或盖章

16. 支付市场开拓费

(1)业务概述

营销部经理根据市场开拓费用发票,提交支付市场开拓费用申请及付款处理。

(2)业务流程步骤

支付市场开拓费用业务流程步骤见表 5－6。

表 5－6 支付市场开拓费用业务流程步骤表

序号	操作步骤	职位	操作内容
1	填写付款申请单	营销部经理	1. 查看发票记录表,确认未支付的发票信息。 2. 对照发票记录表上的未支付发票信息填写付款申请单。 3. 将付款申请单提交给财务部经理审核
2	审核付款申请单	财务部经理	1. 审核付款申请单和发票金额是否一致,确认无误后在付款申请单上签字。 2. 将付款申请单交营销部经理,让其转交给总经理审核
3	审核付款申请单	总经理	1. 审核付款申请单,确认无误后在申请单上签字。 2. 将付款申请单交还给营销部经理,其再拿给出纳人员安排付款
4	开具转账支票	出纳	1. 收到营销部经理转交的批复后的付款申请单。 2. 确认后,对照付款申请单金额开具转账支票。 3. 出纳登记支票领用登记簿,支票领用人签字。 4. 将支票正联交给财务部经理审核,盖章
5	审核支票	财务部经理	1. 审核支票填写的是否正确。 2. 确认无误,签字,加盖公司财务章和法人章。 3. 将支票正联交给营销部经理,让其支付给服务公司

续表

序号	操作步骤	职位	操作内容
6	将支票送至服务公司	营销部经理	1. 将支票交给服务公司完成支付。 2. 登记发票领用表，将支票付款状态标注为“已领”
7	填制记账凭证	出纳	1. 出纳根据审核的付款申请单和支票存根填制记账凭证。 2. 将支票存根和付款申请单粘贴在记账凭证后作为附件。 3. 将记账凭证交给财务部经理审核
8	审核记账凭证	财务部经理	1. 审核出纳填制的记账凭证并对照相关附件检查是否正确。 2. 审核无误，签字确认。 3. 将确认后的记账凭证交给出纳登记日记账
9	登记日记账	出纳	1. 根据记账凭证登记簿登记银行存款日记账。 2. 记账后在记账凭证上签字或盖章。 3. 将记账凭证交给财务部经理登记科目明细账
10	登记科目明细账	财务部经理	1. 接收出纳交给的记账凭证。 2. 根据记账凭证登记科目明细账。 3. 记账后在记账凭证上签字或盖章
11	登记总账	财务部经理	1. 接收财务部经理交给的记账凭证。 2. 根据记账凭证登记总账。 3. 记账后在记账凭证上签字或盖章
12	收到转账支票并到银行办理转账	服务公司总经理	1. 拿到办理市场开拓企业开具的转账支票。 2. 根据转账支票填写进账单。 3. 携带转账支票与进账单到银行进行转账
13	办理转账，并打印银行回单	银行柜员	1. 收到企业提交的进账单与支票。 2. 根据进账单信息办理转账业务。 3. 根据办理的转账业务，打印银行业务回单。 4. 将银行业务回单交给企业办事员

17. 提交广告投放申请并办理广告投放

(1)业务概述

营销部经理根据虚拟市场的订单情况提交广告投放申请，申请审批通过后到服务公司办理广告投放。

(2)业务流程步骤

广告投放申请并办理广告投放业务流程步骤见表5－7。

表5－7　广告投放申请并办理广告投放业务流程步骤表

序号	操作步骤	职位	操作内容
1	编制广告投放申请表	营销部经理	根据企业策略、市场预测和开拓的市场及投放金额,填写广告投放申请单
2	审批广告投放申请表	总经理	1. 接到营销部经理的广告投放申请单。 2. 根据企业的经营策略及资金使用计划,审核其合理性。 3. 确认同意后,签字批准
3	广告投放申请单盖章	行政部经理	1. 营销部经理在公章使用登记表上签字。 2. 确认签字后,在审批通过的广告投放申请单上盖企业公章
4	到服务公司开拓市场	营销部经理	到服务公司办理广告投放,提交广告投放申请单
5	办理广告投放	服务公司业务员	1. 查看经销商营销部经理提交的广告投放申请单。 2. 依据广告投放申请单,为其办理广告投放业务
6	确认广告投放结果	营销部经理	在服务公司确认广告投放结果

18. 收取广告投放费用发票

(1)业务概述

营销部经理到服务公司索取广告投放费用发票,服务公司业务员开具广告投放费用发票,营销部经理取得发票后回到公司交给出纳并进行账务处理。

(2)业务流程步骤

收取广告投放费用发票业务流程步骤见表5－8。

表5－8　收取广告投放费用发票业务流程步骤表

序号	操作步骤	职位	操作内容
1	到服务公司取广告投放费用发票	营销部经理	1. 到服务公司业务员处取广告投放费用发票。 2. 携带本公司的开票信息(公司名称、税务登记号、注册地址、电话、开户银行、账户等信息)
2	开具广告投放费用发票	服务公司业务员	1. 根据广告投放申请单的金额和营销部经理提供的信息开具广告投放费用专用发票。 2. 将广告投放费用专用发票的发票联、抵扣联交给营销部经理。 3. 将广告投放费用专用发票的记账联备案留档
3	收取广告投放费用发票	营销部经理	1. 从服务公司收取广告投放费用专用发票并登记备案。 2. 将广告投放费用专用发票送至出纳处并登记发票
4	收到广告投放费用专用发票并记账	出纳	1. 收到营销部经理送来的广告投放费用专用发票。 2. 根据广告投放费用专用发票填制记账凭证

续表

序号	操作步骤	职位	操作内容
5	审核记账凭证	财务部经理	1. 审核出纳编制的记账凭证并对照相关附件检查是否正确。 2. 审核无误,签字确认
6	登记科目明细账	财务部经理	1. 根据记账凭证登记科目明细账。 2. 记账完成后在记账凭证上签字或盖章
7	登记总账	财务部经理	1. 根据记账凭证登记总账。 2. 记账完成后在记账凭证上签字或盖章

19. 支付广告投放费

(1)业务概述

营销部经理提交支付广告投放费用申请及付款处理。

(2)业务流程步骤

支付广告投放费用业务流程步骤见表5－9。

表5－9　支付广告投放费用业务流程步骤表

序号	操作步骤	职位	操作内容
1	填写付款申请单	营销部经理	1. 查看发票记录表,确认未支付的发票信息。 2. 对照发票记录表上的未支付发票信息填写付款申请单。 3. 将付款申请单提交给财务部经理审核
2	审核付款申请单	财务部经理	1. 审核付款申请单和发票金额是否一致,确认无误后在付款申请单上签字。 2. 将付款申请单交营销部经理转交给总经理审核
3	审核付款申请单	总经理	1. 审核付款申请单,确认无误后在申请单上签字。 2. 将付款申请单交还给营销部经理,由其拿给出纳人员安排付款
4	开具转账支票	出纳	1. 收到营销部经理转交的批复后的付款申请单。 2. 确认后对照付款申请单金额开具转账支票。 3. 出纳登记支票领用登记簿,支票领用人签字。 4. 将支票正联交给财务部经理审核、盖章
5	审核支票	财务部经理	1. 审核支票填写得是否正确。 2. 确认无误,签字,加盖公司财务章和法人章。 3. 将支票正联交给营销部经理支付给服务公司
6	将支票送至服务公司	营销部经理	1. 将支票交给服务公司完成支付。 2. 登记发票领用表,将支票付款状态标注为“已领”
7	填制记账凭证	出纳	1. 出纳根据审核的付款申请单和支票存根填制记账凭证。 2. 将支票存根和付款申请单粘贴在记账凭证后作为附件。 3. 将记账凭证交给财务部经理审核

续表

序号	操作步骤	职位	操作内容
8	审核记账凭证	财务部经理	1. 审核出纳填制的记账凭证并对照相关附件检查是否正确。 2. 审核无误,签字确认。 3. 将确认后的记账凭证交给出纳登记日记账
9	登记日记账	出纳	1. 根据记账凭证登记簿登记银行存款日记账。 2. 记账后在记账凭证上签字或盖章。 3. 将记账凭证交给财务部经理登记科目明细账
10	登记科目明细账	财务部经理	1. 接收出纳交还的记账凭证。 2. 根据记账凭证登记科目明细账。 3. 记账后在记账凭证上签字或盖章
11	登记总账	财务部经理	1. 根据记账凭证登记总账。 2. 记账后在记账凭证上签字或盖章
12	收到转账支票并到银行办理转账	服务公司总经理	1. 向办理广告投放的企业催收广告投放费。 2. 拿到办理广告投放企业办理广告投放开具的转账支票。 3. 根据转账支票填写进账单。 4. 携带转账支票与进账单到银行进行转账
13	办理转账并打印银行回单	银行柜员	1. 收到企业提交的进账单与支票。 2. 根据进账单信息办理转账业务。 3. 根据办理的转账业务,打印银行业务回单。 4. 将银行业务回单交给企业办事人员

20. 与制造企业签订购销合同

(1)业务概述

采购部经理与制造企业签订购销合同。

(2)业务流程步骤

签订购销合同业务流程步骤见表 4－19。

21. 录入采购订单

(1)业务概述

采购部经理依据采购合同填写采购订单。

(2)业务流程步骤

录入采购订单业务流程步骤见表 5－10。

表 5－10　录入采购订单业务流程步骤表

操作步骤	职位	操作内容
在 VBSE 系统中填写采购订单	采购部经理	根据与供应商(制造企业)签订好的采购合同,在 VBSE 系统中填写采购订单

22. 与物流公司签订运输合同

(1) 业务概述

仓储部经理与物流公司签订运输合同。

(2) 业务流程步骤

签订运输合同业务流程步骤见表 5－11。

表 5－11　签订运输合同业务流程步骤表

序号	操作步骤	职位	操作内容
1	收到物流的租赁合同，填制合同会签单	仓储部经理	1. 收到物流公司草拟的物流运输合同(两份)。 2. 审查物流运输合同的条款内容是否有误。 3. 审查通过后填写合同会签单。 4. 将物流运输合同(两份)与合同会签单一同送给财务部经理审核
2	审核物流运输合同和合同会签单	财务部经理	1. 审核物流运输合同的条款、期限、付款信息等是否符合公司要求。 2. 符合要求在合同会签单上签字。 3. 审核通过后的物流运输合同(两份)和合同会签单一同送给总经理审核
3	审核物流运输合同和合同会签单	总经理	1. 审核物流运输合同的条款、期限、付款信息等是否符合公司要求。 2. 符合要求在合同会签单上签字。 3. 审核通过后的物流运输合同(两份)和合同会签单由仓储部经理一同送给行政部经理
4	合同盖章	行政部经理	1. 接到审核通过的合同会签单和物流运输合同(两份)，在物流运输合同(两份)上盖章。 2. 仓储部经理在公章印鉴使用登记表上登记
5	归档	行政部经理	1. 将一份盖章的合同交给仓储部经理，由其转交物流公司。 2. 行政部经理将合同会签单与另一份盖章的物流运输合同一起进行归档。 3. 登记合同管理表
6	合同盖章后返回物流公司	仓储部经理	仓储部经理将盖好公章的物流运输合同返回物流公司

23. 查看虚拟销售订单

(1) 业务概述

营销部经理在系统中查看虚拟订单信息。

(2) 业务流程步骤

查看虚拟销售订单业务流程步骤见表 5－12。

表 5－12　查看虚拟销售订单业务流程步骤表

操作步骤	职位	操作内容
查看、预选订单	营销部经理	1. 在系统中查看可选订单。 2. 服务公司通知后，到服务公司进行选单

24. 查看竞单结果

(1) 业务概述

营销部经理在系统中查看选择的虚拟订单信息。

(2) 业务流程步骤

查看竞单结果业务流程步骤见表 5－13。

表 5－13　查看竞单结果业务流程步骤表

操作步骤	职位	操作内容
查看已选订单	营销部经理	1. 查看已选中订单。 2. 确定订单信息是否正确。 3. 确认交货日期是否正确

25. 接收发货通知单

(1) 业务概述

采购部经理接到供应商的发货通知并通知仓储部经理准备收货。

(2) 业务流程步骤

接收发货通知单业务流程步骤见表 5－14。

表 5－14　接收发货通知单业务流程步骤表

序号	操作步骤	职位	操作内容
1	接到供应商的发货通知单	采购部经理	1. 收到供应商的发货通知单。 2. 将发货通知单交给仓储部经理
2	准备收货	仓储部经理	依据发货通知单准备收货

26. 向物流公司下达运输订单

(1) 业务概述

仓储部经理依据发货单填写运输订单，传至物流公司。

(2) 业务流程步骤

向物流公司下达运输订单业务流程步骤见表 5－15。

表 5－15 向物流公司下达运输订单业务流程步骤表

操作步骤	职位	操作内容
填写业务运输订单并审核	仓储部经理	1. 接收营销部经理发来的发货单。 2. 根据发货单填写业务运输订单并审核。 3. 将运输订单传至物流公司

27. 给虚拟经销商发货

(1)业务概述

营销部经理下达发货通知,通知仓储部发货。

(2)业务流程步骤

给虚拟经销商发货的业务流程步骤见表 5－16。

表 5－16 给虚拟经销商发货业务流程步骤表

序号	操作步骤	职位	操作内容
1	填制发货单	营销部经理	1. 根据销售订单明细表和发货计划填制发货单(一式四联)。 2. 将发货单的财务部留存联交给财务部经理。 3. 将发货单的仓储部留存联和客户联交给仓储部经理
2	确认发货单	财务部经理	1. 收到营销部经理送过来的销售发货单。 2. 检查本企业的应收账款额度是否过高。如过高则应通知营销部经理限制发货。 3. 将发货单留存联交给出纳填制记账凭证
3	确认发货单	仓储部经理	1. 收到营销部经理送过来的发货单。 2. 根据仓库现状确认发货单。 3. 进行发货准备工作

28. 给虚拟经销商办理出库并开发票

(1)业务概述

仓储部经理给虚拟客户发货,营销部经理提交开具增值税专用发票申请,财务部开出增值税专用发票并记账。

(2)业务流程步骤

给虚拟经销商办理出库并开发票业务流程步骤见表 5－17。

表 5－17 给虚拟经销商办理出库并开发票业务流程步骤表

序号	操作步骤	职位	操作内容
1	填制出库单	仓储部经理	根据营销部经理送过来的发货单填制销售出库单(一式三联)

续表

序号	操作步骤	职位	操作内容
2	办理出库	仓储部经理	依据发货单在 VBSE 系统中办理出库业务
3	登记库存台账	仓储部经理	1. 办理出库完成后,根据销售出库单登记库存台账。 2. 将销售出库单交给营销部经理告知已出库
4	更新销售发货明细表	营销部经理	依据仓储部经理送来的销售出库单更新销售发货明细表
5	提交增值税专用发票申请	营销部经理	1. 根据销售发货明细表和销售订单的信息提交开具增值税专用发票申请单。 2. 发票申请单提交至财务部经理处审核
6	审核增值税专用发票申请	财务部经理	1. 审核营销部经理提交的开具增值税专用发票申请单。 2. 审核后提交总经理审核
7	审核增值税专用发票申请	总经理	1. 审核财务部经理提交的开具增值税专用发票申请单。 2. 审核通过后交营销部经理送至出纳处开具增值税发票
8	开具增值税专用发票	出纳	根据营销部经理送来的经过审核的开具增值税专用发票申请单,开具增值税专用发票
9	登记发票领取登记簿	出纳	1. 营销部经理在发票领取登记簿上登记并签字。 2. 将增值税专用发票记账联保留,将发票联和抵扣联交给营销部经理送给客户。
10	发票送至客户	营销部经理	将增值税专用发票送至客户
11	填制记账凭证	出纳	1 根据发票记账联填制记账凭证,将发票记账联和销售出库单粘贴到记账凭证后面作为附件。 2. 将记账凭证交财务部经理审核
12	审核记账凭证	财务部经理	1. 接收出纳交给的记账凭证,进行审核。 2. 审核后,登记数量金额明细账、科目明细账
13	登记数量金额明细账	财务部经理	根据记账凭证后所附销售出库单填写数量金额明细账
14	登记科目明细账	财务部经理	1. 根据记账凭证登记科目明细账。 2. 记账后在记账凭证上签字或盖章
15	登记总账	财务部经理	1. 根据记账凭证登记总账。 2. 记账后在记账凭证上签字或盖章

29. 支付虚拟供应商货款

(1)业务概述

业务部经理填写支出凭单,出纳根据支出凭单记账并进行账务处理。

(2)业务流程步骤

支付虚拟供应商货款的业务流程步骤见表5-18。

表5-18 支付虚拟供应商货款业务流程步骤表

序号	操作步骤	职位	操作内容
1	填写支出凭单	业务部经理	1. 查看厂房/仓库购销合同。 2. 填写支出凭单。 3. 将填写的支出凭单交给总经理审核
2	审核支出凭单	总经理	1. 审核支出凭单。 2. 确定无误后签字
3	签发支票并登记支票登记簿	出纳	1. 出纳根据审核的支出凭单填写转账支票。 2. 登记支票登记簿。 3. 将支票交给业务部经理。 4. 将支出凭单及支票根交给总经理
4	将支票交给出租方	业务部经理	1. 接收出纳签发的支票。 2. 将转账支票支付给供应商
5	编制记账凭证	总经理	1. 接收出纳交给的支票根和支出凭单。 2. 填制记账凭证

30. 到货并办理入库

(1)业务概述

仓储部经理接到物流公司的运单,核对无误后,完成入库和记账。

(2)业务流程步骤

到货并办理入库业务流程步骤见表5-19。

表5-19 到货并办理入库业务流程步骤表

序号	操作步骤	职位	操作内容
1	接到物流公司送来的运单	仓储部经理	1. 接收物流企业送来的运单(一式三联)。 2. 对照货物检查,无误后签字确认。 3. 留下运单的存根联和记账联
2	办理入库	仓储部经理	依据采购订单、发货单和物流运单办理入库业务
3	填写并审核采购入库单	仓储部经理	1. 填写并审核采购入库单。 2. 将入库信息传递给营销部经理
4	在VBSE系统中生成采购入库单	仓储部经理	在VBSE系统中生成采购入库单
5	登记库存台账	仓储部经理	1 依据入库单(存根联)信息登记库存台账。 2. 将采购入库单交给采购部经理和财务部经理登记相关账表

续表

序号	操作步骤	职位	操作内容
6	更新采购情况执行表	采购部经理	1. 接收仓储部送来的采购入库单。 2. 根据采购入库单信息更新采购情况执行表

31. 接收运输费用专用发票并支付

(1)业务概述

仓储部经理接到物流公司的运输费用专用发票,依据运输费用发票信息提交付款申请,财务部付款并记账。

(2)业务流程步骤

接收运输费用专用发票并支付业务流程步骤见表5－20。

表5－20　接收运输费用专用发票并支付业务流程步骤表

序号	操作步骤	职位	操作内容
1	收到当次的运输费用专用发票	仓储部经理	1. 收到物流公司开具的运输费用专用发票。 2. 将发票信息登记到发票记录表上(发票号、开票单位、金额、日期、到期日等)。 3. 确认发票信息无误后交给财务部经理审核
2	审核运输费发票	财务部经理	1. 审核收到的运输费用专用发票。 2. 将发票抵扣联留档。 3. 将发票记账联交给出纳填制记账凭证
3	填制记账凭证	出纳	1. 接收运输费用专用发票记账联。 2. 根据发票金额填制记账凭证,将发票记账联粘在记账凭证后作为附件。 3. 将记账凭证交给财务部经理审核
4	审核记账凭证	财务部经理	1. 审核出纳填制的记账凭证并对照相关附件检查是否正确。 2. 审核无误,签字确认
5	登记科目明细账	财务部经理	1. 根据记账凭证登记科目明细账。 2. 记账后在记账凭证上签字或盖章
6	登记总账	财务部经理	1. 根据记账凭证登记总账。 2. 记账后在记账凭证上签字或盖章
7	填写付款申请单	仓储部经理	1. 查看发票记录表,确认未支付的运输费用专用发票信息。 2. 对照记录表上的未支付发票信息填写付款申请单。 3. 将付款申请提交给财务部经理审核
8	审核付款申请单	财务部经理	1. 审核付款申请单和发票金额是否一致,确认无误后在付款申请上签字。 2. 将付款申请单交仓储部经理,让其转交给总经理审核

续表

序号	操作步骤	职位	操作内容
9	审核付款申请单	总经理	1. 审核付款申请单,确认无误后在申请单上签字。 2. 将付款申请单交还给仓储部经理,由其转交给出纳安排付款
10	开具转账支票	出纳	1. 收到仓储部经理转交的批复后的付款申请单。 2. 确认后,对照付款申请单金额开具转账支票
11	登记支票领用登记簿	出纳	1. 出纳登记支票领用登记簿,支票领用人签字。 2. 将支票正联交给财务部经理审核并盖章
12	审核支票	财务部经理	1. 审核支票填写的是否正确。 2. 确认无误后,签字,加盖公司财务章和法人章。 3. 将支票交给仓储部经理支付给物流公司
13	将支票送至物流公司	仓储部经理	1. 将支票交给物流公司完成支付。 2. 登记发票记录表,将支票付款状态标注为“已支付”
14	编制记账凭证	出纳	1. 编制记账凭证。 2. 将记账凭证交财务部经理审核
15	审核记账凭证	财务部经理	1. 审核出纳填制的记账凭证并对照相关附件检查是否正确。 2. 审核无误,签字确认。 3. 将确认后的记账凭证交给出纳登记日记账
16	登记日记账	出纳	1. 根据记账凭证登记簿登记银行存款日记账。 2. 记账后在记账凭证上签字或盖章。 3. 将记账凭证交给财务部经理登记科目明细账
17	登记科目明细账	财务部经理	1. 根据记账凭证登记科目明细账。 2. 记账后在记账凭证上签字或盖章
18	登记总账	财务部经理	1. 根据记账凭证登记总账。 2. 记账后在记账凭证上签字或盖章

32. 接收供应商发票并支付

(1)业务概述

采购部经理接到供应商的销售专用发票,依据发票信息提交付款申请,财务部付款并记账。

(2)业务流程步骤

接收供应商发票并支付业务流程步骤见表5-21。

表 5－21　接收供应商发票并支付业务流程步骤表

序号	操作步骤	职位	操作内容
1	收到供应商开具的发票	采购部经理	1. 收到供应商开具的发票。 2. 将发票信息登记到发票记录表上(发票号、开票单位、金额、日期、到期日等)
2	填写付款申请单	采购部经理	1. 查看发票记录表,确认未支付的供应商发票信息。 2. 对照记录表上的未支付发票信息填写付款申请单。 3. 将付款申请单提交给财务部经理审核
3	审核付款申请单	财务部经理	1. 审核收到的发票,与相关采购入库单进行对比,确定发票上的数量、金额与入库单相符。 2. 将发票抵扣联留档。 3. 将付款申请单交采购部经理,由其交给总经理审核
4	审核付款申请单	总经理	1. 审核付款申请单,确认无误后在申请单上签字。 2. 将付款申请单交还给采购部经理,由其交给出纳安排付款
5	支付货款	出纳	1. 收到采购部经理转交的批复后的付款申请单。 2. 确认后在 VBSE 系统中办理网银支付。 3. 转账后到银行打印回单作为转账支付凭证
6	填制记账凭证	出纳	1. 出纳根据审核的付款申请单和银行回单填制记账凭证。 2. 将银行回单和付款申请单粘贴在记账凭证后作为附件。 3. 将记账凭证交给财务部经理审核
7	审核记账凭证	财务部经理	1. 审核出纳填制的记账凭证并对照相关附件检查是否正确。 2. 审核无误,签字确认。 3. 将确认后的记账凭证交给出纳登记日记账
8	登记日记账	出纳	1. 根据记账凭证登记簿登记银行存款日记账。 2. 记账后在记账凭证上签字或盖章。 3. 将记账凭证交给财务部经理登记科目明细账
9	登记科目明细账	财务部经理	1. 根据记账凭证登记科目明细账。 2. 记账后在记账凭证上签字或盖章
10	登记总账	财务部经理	1. 根据记账凭证登记总账。 2. 记账后在记账凭证上签字或盖章

33. 申领增值税发票

(1)业务概述

向税务机关领用增值税发票。

(2)业务流程步骤

申领增值税发票业务流程步骤见表 4－10。

34. 购买支票

(1)业务概述

商贸企业向银行购买支票。

(2)业务流程步骤

购买支票业务流程步骤见表4－11。

35. 购买仓库

(1)业务概述

按存储需求，向服务公司购买仓库。

(2)业务流程步骤

购买仓库业务流程步骤见表4－12。

36. 支付购买仓库款

(1)业务概述

商贸企业支付购买仓库的费用。

(2)业务流程步骤

支付购买仓库款业务流程步骤见表4－13。

37. 申报企业增值税

(1)业务概述

月初，财务部经理申报上月增值税。

(2)业务流程步骤

申报企业增值税业务流程步骤见表3－86。

38. 缴纳企业增值税

(1)业务概述

确认申报状态审核后，提交缴税款及账务处理。

(2)业务流程步骤

缴纳企业增值税业务流程步骤见表3－87。

39. 认证增值税抵扣联

(1)业务概述

财务部经理整理收到的增值税专用发票，到税务局办理认证。

(2)业务流程步骤

认证增值税抵扣联业务流程步骤见表3－88。

40. 计提折旧

(1)业务概述

财务部经理对固定资产进行折旧计提。

(2)业务流程步骤

计提折旧业务流程步骤见表4－27。

41. 存货核算

(1)业务概述

财务部经理根据本月的商品的进出库记录,进行成本核算。

(2)业务流程步骤

存货核算业务流程步骤见表4－28。

42. 期末账务处理

(1)业务概述

财务部经理在月末进行财务核算。

(2)业务流程步骤

期末账务处理业务流程步骤见表4－29。

43. 编制资产负债表

(1)业务概述

财务部经理编制资产负债表。

(2)业务流程步骤

编制资产负债表业务流程步骤见表4－30。

44. 编制利润表

(1)业务概述

财务部经理根据财务数据编制利润表。

(2)业务流程步骤

编制利润表业务流程步骤见表4－31。

二、商贸企业(经销商)业务要求

1. 业务工作内容

商贸企业(供应商)日常业务工作主要包括企业薪酬核算与发放、采购、仓储、财务、税务、会计核算、物流运输等日常业务。

2. 业务工作要求

按照企业薪酬规则、采购规则、仓储规则、财务规则、税务规则、会计核算规则、物流运输规则等开展日常业务工作。

素质拓展

制定目标管理方案

［实训目标］

增强对目标管理的感性认识；掌握目标管理的实施要领。

［实训形式］

1. 根据模拟公司进行目标管理方案的制定。

2. 在调研的基础上，运用创造性思维编写目标管理方案。

3. 既可以小组为单位，每组 6～10 人，由学生推荐的组长主持，又可按照模拟公司的分组进行。

［实训要求］

1. 为所在班级或小组（寝室）或模拟公司制定一个目标管理方案。

2. 应进行必要的调查研究，正确地确定目标项目与标准，要具有可操作性。

3. 方案必须充分体现目标管理的特点与要求，有完整的结构。

4. 可在班级组织交流。

［成果检测］

1. 每个人都要起草一份目标管理方案。

2. 根据方案的完整性、科学性、规范性等进行评分。

3. 各组派代表发言；各组分别对其他各组评分，并指出优点与不足；各组对组员进行评分。

4. 由教师与学生共同对各公司的策划创意与计划编制进行评估，确定成绩。

第六部分　企业外部服务机构业务

章前导读

文化与行为:关于招聘的故事

甲、乙、丙、丁四家公司分别要招聘10名员工,经过一段时间的严格考试、面试,都分别有10名员工从1 000多名应聘者中脱颖而出。发榜这一天,应聘甲公司的A、应聘乙公司的B、应聘丙公司的C和应聘丁公司的D分别都发现自己名落孙山。他们都感到万分悲痛,回到家后都不约而同地选择了自杀这条下策来平衡心中的不快。幸好被家人发现,他们才没有死成。正在此时,从招聘公司分别传来好消息:他们的成绩原本名列前茅,计算机出错,才导致他们都榜上无名,公司表示歉意并决定录用他们。

A、B、C、D面对落榜、上榜,从大悲到大喜的变化,会如何做?

A:消息传来,他及全家欣喜若狂。不久,甲公司又传来消息,即不录用他,原因很简单:这点小小的挫折都经受不了,将来怎能干大事?A又陷入了悲伤中。但是,他很快从悲痛中走出来,先办了一个小的制作所,慢慢发展为综合商社,最终将没有录用他的甲公司收购了。

塞翁失马,焉知非福?

B:正当他及全家热烈庆祝时,许多知名律师接二连三地涌向他家,千方百计地鼓动他到法院告乙公司,让乙公司支付“精神赔偿费”,并自告奋勇地充当其辩护律师。最后,B告赢了乙公司,并获得了赔偿。他用赔偿费也办了一个公司。

法制社会,依法行事。

C:重新录用的消息传来,C激动不已。但他的父母坚决反对C到这家公司上班,理由很简单:这家公司在这样的小问题上都出错,可见其管理不善。到这样的公司上班,哪有什么前途可言?C又到别的公司应聘,最后成为出色的企业家。

以小见大,言之有理。

D:消息传来,D及全家都十分高兴。他的父母还制作了锦旗、买了鲜花,专门到丁公司感谢老板,说:“您大恩大德,救了我们的儿子。要不然他待在家里,成天无所事事,说不定今后会生出什么是非来。我们全家永远记得您的恩情。”

丁到公司上班,最后成为一个合格的打工人。

逆来顺受,温、良、恭、俭、让。

教学内容

本章主要学习 VBSE 跨专业综合实训项目——企业外部服务机构业务。教学内容包括综合服务公司日常业务、招投标公司日常业务、国际贸易企业日常业务、工商局日常业务、税务局日常业务、银行日常业务、连锁企业日常业务、事务所日常业务、物流日常业务等。

知识要点

综合服务公司　招投标公司　国际贸易企业　工商局　税务局　银行　连锁企业　会计师事务所　物流业务

实训任务

任务一　综合服务公司日常业务

一、竞单

1. 组织经销商竞单

(1) 业务概述

组织经销商进行竞单。

(2) 业务流程步骤

组织经销商竞单业务流程步骤见表 6－1。

表 6－1　组织经销商竞单业务流程步骤表

序号	操作步骤	职位	操作内容
1	通知经销商竞单	服务公司总经理	让业务员去通知已投放广告的企业到公司来进行竞单
2	为经销商办理选单	服务公司总经理	1. 选择一个区域。 2. 按该区域中各公司投放广告顺序依次选单。 3. 收到企业选单命名后,选择对应企业,再选择对应的订单,进行确认

2. MJD10 组织制造企业竞单

(1) 业务概述

组织制造企业进行竞单。

(2) 业务流程步骤

MJD10 组织制造业竞单业务流程步骤见表 6－2。

表 6－2 MJD10 组织制造企业竞单业务流程步骤表

序号	操作步骤	职位	操作内容
1	通知制造企业竞单	服务公司总经理	让业务员去通知已投放广告的企业到公司来进行竞单
2	为制造企业办理选单	服务公司总经理	1. 工作空闲时或定期查看是否有已打印的各类票据。 2. 将打印出来的票据依照企业不同进行分类。 3. 将属于某企业的所有票据投递到该企业的票据框中

二、核对车间水电费并开发票

1. 业务概述

核对各企业车间水电费，并为企业开具发票。

2. 业务流程步骤

核对车间水电费并开发票业务流程步骤见表 6－3。

表 6－3 核对车间水电费并开发票业务流程步骤表

序号	操作步骤	职位	操作内容
1	查看水电费单	服务公司业务员	1. 收到企业提交的水电费付款单，核准单据。 2. 通知企业找服务公司总经理领取发票
2	开具发票	服务公司总经理	1. 与业务员确定服务金额。 2. 根据金额开具发票

三、收取车间水电费

1. 业务概述

按月收取各企业的水电费。

2. 业务流程步骤

收取车间水电费业务流程步骤见表 6－4。

表 6－4 收取车间水电费业务流程步骤表

序号	操作步骤	职位	操作内容
1	收到转账支票	服务公司总经理	1. 向办理业务的企业收取水电费。 2. 拿到申请企业开具的支票
2	到银行办理转账	服务公司总经理	1. 根据转账支票填写进账单。 2. 携带转账支票与进账单到银行进行转账
3	办理转账——水电费	银行柜员	1. 收到企业提交的进账单与支票。 2. 根据进账单信息办理转账业务
4	打印银行回单	银行柜员	1. 根据转账业务，打印回单。 2. 将回单交给企业办事员

四、回收销售款

1. 回收仓库销售款

(1)业务概述

回收销售给企业的仓库款。

(2)业务流程步骤

回收销售给企业的仓库款业务流程步骤见表6－5。

表6－5 回收销售给企业的仓库款业务流程步骤表

序号	操作步骤	职位	操作内容
1	催收货款	服务公司业务员	1. 向购买仓库的企业催收货款。 2. 收到企业递交的转账支票。 3. 依据仓库购销合同审核支票的金额。 4. 填写进账单,连同支票一起送交银行进行转账
2	银行转账	银行柜员	1. 收到企业提交的支票与进账单。 2. 审核支票的正确性。 3. 根据进账单进行转账

2. MCK3 回收厂房销售款

(1)业务概述

回收销售给企业的厂房款。

(2)业务流程步骤

回收厂房销售款业务流程步骤见表6－6。

表6－6 厂房销售款业务流程步骤表

序号	操作步骤	职位	操作内容
1	催收货款	服务公司业务员	1. 向购买厂房的企业催收货款。 2. 收到企业递交的转账支票。 3. 依据厂房购销合同审核支票的金额。 4. 填写进账单,连同支票一起送交银行进行转账
2	银行转账	银行柜员	1. 收到企业提交的支票与进账单。 2. 审核支票的正确性。 3. 根据进账单进行转账

3. MGB3 回收设备销售款

(1) 业务概述

回收企业购买设备款。

(2) 业务流程步骤

回收企业购买设备款业务流程步骤见表 6－7。

表 6－7　回收企业购买设备款业务流程步骤表

序号	操作步骤	职位	操作内容
1	催收货款	服务公司业务员	1. 向购买设备的企业催收货款。 2. 收到企业递交的转账支票。 3. 依据设备销售合同审核支票的金额。 4. 填写进账单，连同支票一起送交银行进行转账
2	银行转账	银行柜员	1. 收到企业提交的支票与进账单。 2. 审核支票的正确性。 3. 根据进账单进行转账

五、ISO 9000 认证

1. 办理 ISO 9000 认证

(1) 业务概述

为经销商办理 ISO 9000 认证业务。

(2) 业务流程步骤

办理 ISO 9000 认证业务流程步骤见表 6－8。

表 6－8　办理 ISO 9000 认证业务流程步骤表

序号	操作步骤	职位	操作内容
1	收到 ISO 9000 申请单	服务公司业务员	1. 经销商业务员提交 ISO 9000 认证申请单。 2. 接收 ISO 9000 认证申请单
2	办理 ISO 9000 认证	服务公司业务员	为申请企业办理 ISO 9000 认证
3	开具发票	服务公司总经理	1. 与业务员确定服务金额。 2. 根据金额为经销商开具发票

2. 收取 ISO 9000 认证费

(1) 业务概述

向办理 ISO 9000 认证企业收取 ISO 9000 认证费。

(2)业务流程步骤

收取ISO 9000认证费业务流程步骤见表6-9。

表6-9 收取ISO 9000认证费业务流程步骤表

序号	操作步骤	职位	操作内容
1	收到转账支票	服务公司总经理	1. 向办理ISO 9000认证的企业催收认证费。 2. 拿到申请企业开具的支票
2	到银行办理转账	服务公司总经理	1. 根据转账支票填写进账单。 2. 携带转账支票与进账单到银行进行转账
3	办理转账——ISO 9000	银行柜员	1. 收到企业提交的进账单与支票。 2. 根据进账单信息办理转账业务
4	打印银行回单	银行柜员	1. 根据转账业务,打印回单。 2. 将回单交给企业办事员

六、MCC3 回收CCC认证款

1. 业务概述

回收企业办理CCC认证款。

2. 业务流程步骤

回收企业办理CCC认证款业务流程步骤见表6-10。

表6-10 办理CCC认证款业务流程步骤表

序号	操作步骤	职位	操作内容
1	催收货款	服务公司业务员	1. 向办理CCC认证的企业催收货款。 2. 收到企业递交的转账支票。 3. 依据CCC认证办理费审核支票的金额。 4. 填写进账单,连同支票一起送交银行进行转账
2	银行转账	银行柜员	1. 收到企业提交的支票与进账单。 2. 审核支票的正确性。 3. 根据进账单进行转账

任务二 招投标公司日常业务

一、签订招标委托合同

1. 业务概述

与委托方签订招标委托合同。

2. 业务流程步骤

签订招标委托合同业务流程步骤见表6－11。

表6－11　签订招标委托合同业务流程步骤表

操作步骤	职位	操作内容
签订委托代理合同	招投标总经理	1. 委托方为湖北强盛商贸有限公司，开户行为中国工商银行，账号为×××。 2. 根据以上信息，签订委托代理合同，因委托方是虚拟企业，所以，委托代理合同由招投标总经理一人代签

二、制作招标文件

1. 制作招标文件

(1)业务概述

招投标总经理制作招标文件。

(2)业务流程步骤

制作招标文件业务流程步骤见表6－12。

表6－12　制作招标文件业务流程步骤表

操作步骤	职位	操作内容
制作招标文件	招投标总经理	招投标总经理制作招标文件

2. 发布招标公告

(1)业务概述

招投标总经理发布招标公告。

(2)业务流程步骤

发布招标公告业务流程步骤见表6－13。

表6－13　发布招标公告业务流程步骤表

序号	操作步骤	职位	操作内容
1	编写招标公告	招投标总经理	根据招标公告模板，新建Word文档编写招标公告
2	发布招标公告	招投标总经理	1. 打印编写完成的招标公告。 2. 将招标公告贴到公告板中，并通知企业到公告板处查看

3. 发放招标文件

(1)业务概述

招投标公司出售招标文件。

(2)业务流程步骤

出售招标文件业务流程步骤见表6－14。

表6－14　出售招标文件业务流程步骤表

操作步骤	职位	操作内容
出售招标文件	招投标总经理	1. 收到企业的购买申请。 2. 将招标文件销售给企业,招标文件不收费

三、组织开标会

1. 业务概述

招投标公司总经理组织开标会。

2. 业务流程步骤

组织开标会业务流程步骤见表6－15。

表6－15　组织开标会业务流程步骤表

操作步骤	职位	操作内容
组织开标会	招投标总经理	1. 组织已投标的企业人员进行投标演讲。 2. 请4～5位评委对招标情况进行评审

四、定标并发出中标订单

1. 业务概述

定标之后,招投标公司总经理发出中标订单。

2. 业务流程步骤

定标并发出中标订单业务流程步骤见表6－16。

表6－16　定标并发出中标订单业务流程步骤表

序号	操作步骤	职位	操作内容
1	招标评分	招投标总经理	联合评标委员进行评分
2	定标,发出中标订单	招投标总经理	1. 确定评分后,确定中标企业。 2. 发放中标订单

五、结算招标服务费

1. 业务概述

结算招标服务费。

2. 业务流程步骤

结算招标服务费业务流程步骤见表6－17。

表 6－17　结算招投标服务费业务流程步骤表

操作步骤	职位	操作内容
结算招标代理费	招投标总经理	结算招标公司的服务费

任务三　国际贸易企业日常业务

一、了解各岗位职责

1. 业务概述

了解国际贸易企业各岗位职责。

2. 业务流程步骤

了解国际贸易企业各岗位职责业务流程步骤见表 6－18。

表 6－18　了解国际贸易企业各岗位职责业务流程步骤表

序号	操作步骤	职位	操作内容
1	了解国际贸易企业各岗位职责	总经理	阅读并了解国际贸易企业各岗位职责
2	了解国际贸易企业各岗位职责	内陆业务部经理	阅读并了解国际贸易企业各岗位职责
3	了解国际贸易企业各岗位职责	进出口经理	阅读并了解国际贸易企业各岗位职责

二、熟悉规则

1. 业务概述

熟悉国际贸易企业规则。

2. 业务流程步骤

熟悉国际贸易企业规则业务流程步骤见表 6－19。

表 6－19　熟悉国际贸易企业规则业务流程步骤表

序号	操作步骤	职位	操作内容
1	熟悉国际贸易企业规则	总经理	阅读并了解国际贸易企业规则
2	熟悉国际贸易企业规则	内陆业务部经理	阅读并了解国际贸易企业规则
3	熟悉国际贸易企业规则	进出口经理	阅读并了解国际贸易企业规则

三、工作交接

1. 总经理工作交接

(1) 业务概述

总经理需读懂工作交接文档。

(2) 业务流程步骤

总经理需读懂工作交接文档业务流程步骤见表6－20。

表6－20　总经理需读懂工作交接文档业务流程步骤表

序号	操作步骤	职位	操作内容
1	读懂工作交接文档	总经理	需读懂工作交接文档
2	填写库存台账	总经理	根据工作交接文档填写库存台账

2. 进出口经理工作交接

(1) 业务概述

进出口经理需读懂工作交接文档。

(2) 业务流程步骤

进出口经理需读懂工作交接文档业务流程步骤见表6－21。

表6－21　进出口经理读懂工作交接文档业务流程步骤表

操作步骤	职位	操作内容
读懂工作交接文档	进出口经理	需读懂工作交接文档

3. 内陆业务部经理工作交接

(1) 业务概述

内陆业务部经理需读懂工作交接文档。

(2) 业务流程步骤

内陆业务部经理需读懂工作交接文档业务流程步骤见表6－22。

表6－22　内陆业务部经理需读懂工作交接业务流程步骤表

操作步骤	职位	操作内容
读懂工作交接文档	内陆业务部经理	需读懂工作交接文档

四、了解外贸术语

1. 业务概述

了解外贸术语。

2. 业务流程步骤

了解外贸术语业务流程步骤见表6－23。

表6－23　了解外贸术语业务流程步骤表

序号	操作步骤	职位	操作内容
1	了解外贸术语	总经理	阅读并了解外贸术语
2	了解外贸术语	内陆业务部经理	阅读并了解外贸术语
3	了解外贸术语	进出口经理	阅读并了解外贸术语

五、ICK1 贸易洽谈

1. 业务概述

国际贸易企业进行贸易洽谈。

2. 业务流程步骤

国际贸易企业进行贸易洽谈业务流程步骤见表6－24。

表6－24　国际贸易企业进行贸易洽谈业务流程步骤表

序号	操作步骤	职位	操作内容
1	选中目标客户订单	进出口经理	在系统中选中目标客户订单
2	向进口商发建交函	进出口经理	向进口商发建交函，介绍自己公司的业务，表达希望能与对方公司建立贸易伙伴关系
3	进口商询盘	进出口经理	收到进口商发来的询盘函
4	出口报价核算	进出口经理	1. 请示交易条件和利润率，并在获取相关信息后，开始计算价格。 2. 进行报价核算，得出美元单价
5	起草发盘函	进出口经理	1. 起草发盘函。 2. 送交总经理审核
6	审核发盘函	总经理	1. 对发盘函的内容进行审核。 2. 签字确认
7	发盘	进出口经理	发盘函经领导审核无误，对外报价(注：初次报价中的支付条款一般坚持要求使用不可撤销、即期信用证
8	还盘、再还盘、接受	进出口经理	在实际业务过程中，很少有第一次报价的内容就完全被对方接受，一般都会针对某个或几个成交条件发生几次不同意见的还盘、再还盘，直到一方宣布完全同意已经谈过的所有条件，即成为接受

六、ICK2 出口合同签订

1. 业务概述

国际贸易企业签订出口合同。

2. 业务流程步骤

国际贸易企业签订出口合同业务流程步骤见表 6－25。

表 6－25　国际贸易企业签订出口合同业务流程步骤表

序号	操作步骤	职位	操作内容
1	双方接受合同条款	进出口经理	双方经过贸易洽谈，接受销售合同条款
2	填写销售合同会签单	进出口经理	填写销售合同会签单
3	审批销售合同	总经理	1. 审核合同。 2. 确认无误后，在合同上签字、盖章
4	寄给进口商	进出口经理	1. 对发盘函的内容进行审核。 2. 签字确认
5	接收合同	进出口经理	接收进口商签字盖章后的合同

七、ICK3 催证、审证、改证

1. 业务概述

国际贸易企业办理信用证。

2. 业务流程步骤

国际贸易企业办理信用证业务流程步骤见表 6－26。

表 6－26　国际贸易企业办理信用证业务流程步骤表

序号	操作步骤	职位	操作内容
1	依合同明确开证时间和种类	进出口经理	买卖双方依据签订的贸易合同，在合同的支付条款中明确使用信用证及其种类和开证时间
2	催开信用证	进出口经理	及时开出信用证是买方在信用证支付方式合同中一项主要义务，但买方往往会因资金短缺或市场变化等原因不能按时开出信用证。在这种情况下，卖方应适时采取措施敦促买方开证，以便如期装运。在出口贸易实践中较多使用传真和 E－mail等形式向买方进行催证。 由于通过银行开出信用证在办理手续上需要几天的时间，而作为一个职业的出口业务管理人员，于合同规定日期之前的适当时间善意地提醒买方开证不失为合理

续表

序号	操作步骤	职位	操作内容
3	买方申请开证	买方工作人员	1. 买方(信用证申请人)在合同规定时间内向当地往来银行申请开立以卖方为受益人的信用证。 2. 信用证内容的依据是双方贸易合同的条款。 3. 信用证申请人同时向开证银行提供押金或某种担保
4	买方银行开证(开证行)	买方银行工作人员	开证银行通过邮寄或电报方式将开立的信用证交给卖方当地的往来银行(通知行),要求其转给受益人(卖方)
5	通知行审核信用证	银行柜员	实际业务中,由于种种原因,买方通过其往来银行开立的信用证及其条款与合同规定常有不符,这就直接影响卖方收回货款的安全性,所以严格审核信用证并及时要求信用证审核工作由出口方通知(议付)行和出口方共同承担。银行方面着重审核信用证真伪、开证行的政治背景、资信情况、付款责任、索汇路线等,并在通知出口方(信用证受益人)时做必要的提示
6	通知并把信用证交给卖方	银行柜员	向卖方下达信用证通知书,并把信用证交给卖方
7	审核信用证	进出口经理	出口方应注意阅读通知(议付)行提出的问题,同时依据合同条款以及国际商会的《跟单信用证统一惯例》(第600号出版物)审查信用证易出现问题的内容
8	审核信用证	总经理	出口方应注意阅读通知(议付)行提出的问题,同时依据合同条款以及国际商会的《跟单信用证统一惯例》(第600号出版物)审查信用证易出现问题的内容
9	修改并确认信用证	进出口经理	收到信用证修改件

八、ICK4 开具商业发票和装箱单

1. 业务概述

国际贸易企业开具商业发票和装箱单。

2. 业务流程步骤

国际贸易企业开具商业发票和装箱单业务流程步骤见表6－27。

表 6－27　国际贸易企业开具商业发票和装箱单业务流程步骤表

序号	操作步骤	职位	操作内容
1	填写商业发票	进出口经理	1. 商业发票是出口方对进口商开具的载有货物名称、品质、数量、包装、价格等内容的商业单据。 2. 商业发票是双方交接货物、结算货款、进出口报关，以及纳税的依据，是重要的议付单据之一。 3. 商业发票的内容一般有卖方相关信息、买方相关信息、发票号码、发票日期、信用证号码、商品名称，规格、数量、包装、唛头、单价和货物的总值等
2	审核商业发票	总经理	审核商业发票的正确性、真实性和完整性
3	填写装箱单	进出口经理	装箱单是对商业发票的补充说明单据，是信用证普遍要求的议付单据之一。它的内容主要包括货物的包装、数量、重量、体积、件数，以及信用证中关于装箱单的其他要求
4	审核装箱单	总经理	审核装箱单的正确性、真实性和完整性

九、ICK5 租船订舱

1. 业务概述

国际贸易企业租船订舱。

2. 业务流程步骤

国际贸易企业租船订舱业务流程步骤见表 6－28。

表 6－28　国际贸易企业租船订舱业务流程步骤表

序号	操作步骤	职位	操作内容
1	选择合适的船舶公司和航次	进出口经理	出口方要通过各船公司定期发布的船舶、船期、运价信息选择合适的船舶和航次。这些信息也可以同时从货代那里征询
2	选定某一个货代	进出口经理	1. 本实训没有货代组织，假设已经选定某一个货代公司。 2. 为了让学生们体验这部分业务而更好地掌握前面外贸环节的诸多知识点，我们将这部分工作设计为由国际贸易公司进出口经理代替货代公司完成
3	填写货代提供的订舱委托书	进出口经理	1. 填写货代提供的订舱委托书，确立出口方与货代之间的委托代理关系。出口方与货代在订舱过程中统称托运人。 2. 订舱委托书中需要列明托运人（出口方）名称、收货人名称、信用证相关信息、出口货物的描述、目的港、最后装运日期、是否允许分批和转运等内容，作为订舱的依据。 3. 这些内容要严格按照信用证规定填写，如果信用证中没有相应规定，则按合同内容填写

续表

序号	操作步骤	职位	操作内容
4	审核订舱委托书	总经理	审核订舱委托书的准确性
5	委托货代订舱	进出口经理	把填制好的订舱委托书和商业发票、装箱单及其他必要的单据提交给货代，委托货代代理订舱
6	货代办理订舱	货代工作人员	1. 接受订舱委托后，开始制作托运单，即订舱单，并同相关单据（如商业发票和装箱单）一起交给船公司。 2. 托运单一式多联（本版本实训只用三联：配舱回单、装货单和大副收据联）
7	在托运单上编号并签字	船公司工作人员	1. 根据具体情况接受订舱。 2. 在托运单的几个联上编号（与提单号码一致的编号）并签字
8	把托运单的相关联和其他单据交给货代	船公司工作人员	把托运单的相关联（本实训只用三联：配舱回单、装货单和大副收据联），以及商业发票和装箱单交给货代
9	办理报关、投保等手续	进出口经理	出口商（货代）可以凭托运单的相关联、商业发票和装箱单等办理报关、投保等手续
10	把货物发到港口，办理装船	进出口经理	出口商（货代）可以凭托运单的相关联和装箱单等把货物发到港口，准备办理装船

十、ICK6 出口货物发货

1. 业务概述

出口货物办理发货。

2. 业务流程步骤

出口货物办理发货业务流程步骤见表 6－29。

表 6－29　出口货物办理发货业务流程步骤表

序号	操作步骤	职位	操作内容
1	填制发货单	进出口经理	填制发货单，并交给总经理
2	办理出口货物出库	总经理	接收发货单，填制销售出库单，并在系统中办理出库
3	登记库存台账	总经理	登记库存台账
4	更新销售发货明细表	总经理	依据销售出库单更新销售发货明细表

十一、ICK7 商检

1. 业务概述

出口货物办理商检。

2. 业务流程步骤

出口货物办理商检业务流程步骤见表6－30。

表6－30　出口货物办理商检业务流程步骤表

序号	操作步骤	职位	操作内容
1	委托报检行申报检验	进出口经理	出口商委托报检行于装运或报关七天前填写出境货物报检单，附上合同、信用证、有关合同、货物品质的来往通信内容、凭样成交的样品等，向检验检疫机构申报检验
2	接受报检	进出口经理	1. 检查单据及相关材料。 2. 接受报检(本实训没有设立检验检疫局组织,检验检疫局的工作由国际贸易进出口经理代替完成)
3	实施检验	进出口经理	按照检验标准实施检验
4	发检验证书	进出口经理	1. 制作品质证证书。 2. 在证书上签字、盖章
5	获得证书可以报关	进出口经理	将货物运送至码头,准备报关

十二、ICK8 投保

1. 业务概述

出口货物办理保险。

2. 业务流程步骤

出口货物办理保险业务流程步骤见表6－31。

表6－31　出口货物办理保险业务流程步骤表

序号	操作步骤	职位	操作内容
1	得到配舱回单开始投保	进出口经理	1. 出口方得到配舱回单可以开始投保。 2. 因为配舱回单上已经提供了船名、航次、提单号等保单上所需要的准确的装运信息,所以不再提供
2	填写投保单提交给保险公司	进出口经理	出口方根据销售合同、信用证、商业发票和配舱回单填写投保单提交给保险公司

续表

序号	操作步骤	职位	操作内容
3	审核并接受投保单	进出口经理	保险公司审核并接受投保单,提供投保回执给投保人(本实训没有设立保险公司组织,保险公司的工作由国际贸易进出口经理代替完成)
4	准备支付保险费	进出口经理	出口方准备支付保险费

十三、ICK9 支付保险费,获得签发保险单

1. 业务概述

支付出口货物保险费。

2. 业务流程步骤

支付出口货物保险费业务流程步骤见表 6－32。

表 6－32　支付出口货物保险费业务流程步骤表

序号	操作步骤	职位	操作内容
1	填写付款申请单	进出口经理	按照投保单和保险单填写付款申请单
2	审核申请单	总经理	1. 对付款申请单内容进行审核。 2. 签字确认
3	填写支票	进出口经理	填写转账支票
4	登记支票登记簿	进出口经理	登记支票登记簿
5	把转账支票交给银行(实际应为保险公司)	进出口经理	把转账支票交给银行,实际上应为保险公司(本实训没有设立保险公司组织,由服务公司代替)
6	银行转账给保险公司	银行柜员	银行转账给保险公司(服务公司代收)
7	签发保险单给出口方	保险业务员	保险公司签发保险单给出口方

十四、办理核销单

1. 业务概述

出口方办理核销单。

2. 业务流程步骤

办理核销单业务流程步骤见表6－33。

表6－33　办理核销单业务流程步骤表

序号	操作步骤	职位	操作内容
1	核销单电子申请	进出口经理	在中国电子口岸网上申请核销单,并得到一个核销单号码
2	去外汇局申领纸质核销单	进出口经理	1. 到外汇管理局后,交上申请书和合同的复印件(注:若第一次申请,需要准备更多的文件资料)。 2. 在外汇管理局的登记本上登记之后可领到核销单。 3. 在核销单每联的“出口单位”栏内填写单位名称。 4. 在三条之间的两个夹缝“出口单位盖章”处,加盖公司公章
3	在核销单上加盖印章	进出口经理	外汇局会在核销单上加盖“条码章”(本次实训没有设立外汇局,外汇局办事员相关工作由国际贸易进出口经理代理)
4	发放核销单	进出口经理	发放核销单给申请人
5	取得核销单	进出口经理	取得核销单
6	报关前要将核销单进行备案	进出口经理	进行网上备案,以备出口报关时使用

十五、报关

1. 业务概述

国际贸易企业进行出口报关。

2. 业务流程步骤

国际贸易企业进行出口报关业务流程步骤见表6－34。

表 6-34 国际贸易企业进行出口报关业务流程步骤表

序号	操作步骤	职位	操作内容
1	填制报关单	进出口经理	出口报关单有6联，即海关作业联、海关留存联、企业留存联、海关核销联、出口收汇证明联（黄色）和出口退税证明联（白色），本实训只用到海关作业联、海关核销联和企业留存联。 1. 直接拿去出口报关的有三联，即海关作业联、海关核销联和企业留存联。 2. 结关后去海关打印出口退税联和出口收汇核销联，用于收汇核销和出口退税（本实训出口退税联和出口收汇核销联不需要）
2	交单申报	进出口经理	报关时应向海关提交的资料：报关单（海关作业联，海关核销联，企业留存联）、出口收汇核销单（3联）、装货单、品质证、商业发票、装箱单（海关方面在电脑系统中已经看到）、合同复印件等
3	接受申报	海关官员	接受申报
4	审核资料	海关官员	对资料进行审核
5	查验货物	海关官员	1. 以出口报关单为依据，在海关监管区域内对出口货物进行查验，核实出口货物是否和报关单申报内容一致。 2. 企业应派人员在现场负责开箱装箱，协助海关完成查验工作
6	征税	海关官员	本实训不缴纳税费
7	结关放行	海关官员	1. 审核无误后在核销单和与核销单有相同编号的报关单上盖“验讫”章。 2. 留存海关作业联和海关核销联，企业留存联交给企业工作人员。 3. 在装货单上盖海关“验讫”章，即为结关放行
8	整理单据	进出口经理	1. 结关后去海关打印报关单出口退税联和出口收汇核销联，海关盖章，用于收汇核销和出口退税（本实训出口退税联和出口收汇核销联不需要）。 2. 收好报关单企业留存联。 3. 收好装货单，去要求船方装船。 4. 收好结汇核销单，去办理结汇核销。 5. 收好品质证、合同复印件、装箱单

十六、装船

1. 业务概述

国际贸易企业出口货物装船。

2. 业务流程步骤

国际贸易企业出口货物装船业务流程步骤见表6－35。

表6－35　国际贸易企业出口货物装船业务流程步骤表

序号	操作步骤	职位	操作内容
1	凭装货单要求船方装船	进出口经理	货代凭盖有船公司印章和海关放行章的装货单要求船方装船
2	货代把装货单和大副收据给理货公司	进出口经理	把装货单和大副收据给理货公司(本实训没有理货公司,由国际贸易进出口经理替代)
3	装船	进出口经理	1. 船舶抵港后,理货公司凭装货单和大副收据理货装船。 2. 货物顺利装上船
4	给船方大副装货单和大副收据	进出口经理	理货公司给船方大副装货单和大副收据
5	留存装货单并签发大副收据给货代	船方大副	大副留存装货单并签发大副收据给货代
6	凭大副收据准备缴海运费	进出口经理	货代凭大副收据准备缴海运费,以便换取海运提单

十七、支付海运费换取清洁海运提单

1. 业务概述

国际贸易企业支付海运费,并换取清洁海运提单。

2. 业务流程步骤

国际贸易企业支付海运费并换取清洁海运提单业务流程步骤见表6－36。

表6－36　国际贸易企业支付海运费并换取清洁海运提单业务流程步骤表

序号	操作步骤	职位	操作内容
1	填写付款申请单	进出口经理	按照托运单大副收据联填写付款申请单
2	审核付款申请单	总经理	1. 对付款申请单内容进行审核。 2. 签字确认
3	填写转账支票	进出口经理	1. 填写转账支票。 2. 把支票交给货代

续表

序号	操作步骤	职位	操作内容
4	登记支票登记簿	进出口经理	登记支票登记簿
5	把转账支票交给银行	进出口经理	货代把转账支票交给银行,实际上应为船公司
6	转账给海运公司	银行柜员	银行转账给海运公司(服务公司代收)
7	凭大副收据从船公司换取提单	进出口经理	1. 货代凭大副收据从船公司换取清洁海运提单。 2. 船方留下大副收据
8	发装运通知	进出口经理	出口方向买方发装运通知

十八、制单

1. 制单

(1)业务概述

国际贸易企业依据信用证要求制作议付所需要提供的单据。

(2)业务流程步骤

制单业务流程步骤见表 6 – 37。

表 6 – 37　制单业务流程步骤表

序号	操作步骤	职位	操作内容
1	制作汇票	进出口经理	1. 收到提单后开始进行制单工作。 2. 制作汇票
2	汇集相关单据准备议付	进出口经理	1. 依据信用证要求汇集相关单据准备议付。 2. 单据主要有汇票、商业发票、装箱单、保险单、海运提单等

2. 提单

(1)业务概述

国际贸易企业向银行提交单据。

(2)业务流程步骤

提单业务流程步骤见表 6 – 38。

表 6 – 38　提单业务流程步骤表

序号	操作步骤	职位	操作内容
1	提交单据	进出口经理	当所有装运单据准备好,便可携带这些单据连同信用证在交单日期内到银行进行汇款的议付

续表

序号	操作步骤	职位	操作内容
2	对信用证进行检查、核对	银行柜员	银行进行检查、核对信用证内相应要求
3	代(开证行)支付货款	银行柜员	如果没有发现任何问题(正点交单),则收下单据,代(开证行)支付货款,划拨至出口方的账户(外币账户)
4	提供结汇水单	银行柜员	1. 在结汇水单上填写有关核销单序号,提供结汇水单给出口方。 2. 结汇水单一般包括两联,一联为贷记通知,是公司财务人员的记账凭证;另一联为出口收汇核销专用联,专为外汇局核销用
5	收到结汇水单	进出口经理	收到结汇水单,在外汇核销时使用
6	确认款项到账	进出口经理	确认款项是否到账
7	议付行把所有单据转交开证行	银行柜员	议付行把所有单据转交给开证行
8	议付行向开证行索偿	银行柜员	议付行向开证行索偿
9	向议付行兑付款项	开证行工作人员	开证行核对单据无误,向议付行兑付款项
10	要求买方赎单	开证行工作人员	开证行要求买方赎单
11	付款赎单	买方工作人员	买方付款赎单
12	获取提单去提货	买方工作人员	买方凭提单去提货

3. 办理核销

(1)业务概述

国际贸易企业到外汇局办理核销。

(2)业务流程步骤

办理核销业务流程步骤见表6－39。

表 6－39　办理核销业务流程步骤表

序号	操作步骤	职位	操作内容
1	检查核销单	进出口经理	1. 已经申领与备案。 2. 海关部门盖上了"海关验讫"章。 3. 议付时候，银行的结汇水单上有核销单编号
2	填写核销单退税联	进出口经理	1. 办理前，在核销单上填写相关内容，注意只填写核销单最后一联，即出口退税联。 2. 在退税联上填写货物名称、币种总价等。 3. 填写报关单编号。报关单编号和报关号要一致
3	去外汇局办理核销	进出口经理	持核销单、报关单（核销联、退税联）、结汇水单（出口收汇核销专用联）到外汇局办理核销
4	在核销单（正本联和退税联）上加盖公章和签订日期	进出口经理	在核销单（正本联和退税联）上加盖公章和签订日期（本实训没有设立外汇局，外汇局工作人员由国际贸易进出口经理代理）
5	退还核销单退税联给出口方	进出口经理	退还核销单退税联给出口方

十九、ICG1 与制造企业签订购销合同

1. ICG1 与制造企业签订购销合同（国际贸易）

（1）业务概述

国际贸易企业与制造企业签订购销合同。

（2）业务流程步骤

国际贸易企业与制造企业签订购销合同业务流程步骤见表 6－40。

表 6－40　国际贸易企业与制造企业签订购销合同业务流程步骤表

序号	操作步骤	职位	操作内容
1	填写购销合同，填制合同会签单	内陆业务部经理	1. 填写购销合同，填写合同会签单。 2. 将购销合同和合同会签单送交总经理审核
2	审核购销合同和合同会签单	总经理	1. 审核购销合同的条款、期限、付款信息等是否符合公司要求。 2. 符合要求，在合同会签单上签字。 3. 审核通过后，在购销合同上盖章
3	合同存档	总经理	1. 更新合同管理表——购销合同。 2. 将盖章的合同交给制造企业营销专员。 3. 将合同会签单与一份制造企业盖章的购销合同一起进行归档
4	购销合同登记	总经理	更新购销合同执行情况表

2. ICG2 与国际贸易企业签订购销合同(制造企业)

(1)业务概述

营销部为开展商业活动,保护公司利益,与国际贸易企业签订购销合同。

(2)业务流程步骤

营销部与国际贸易企业签订购销合同业务流程步骤见表6-41。

表6-41 营销部与国际贸易企业签订购销合同业务流程步骤表

序号	操作步骤	职位	操作内容
1	填写购销合同	销售专员	1. 根据销售计划与客户沟通销售合同细节内容。 2. 填写购销合同,并要求国际贸易企业签字盖章,一式两份
2	填写合同会签单	销售专员	1. 填写合同会签单。 2. 将购销合同和合同会签单送交营销部经理审核
3	合同会签单签字	营销部经理	1. 接收购销合同及合同会签单。 2. 审核购销合同内容填写的准确性和合理性。 3. 在合同会签单上签字确认
4	合同会签单签字	财务部经理	1. 接收购销合同及合同会签单。 2. 审核购销合同内容填写的准确性和合理性。 3. 在合同会签单上签字确认
5	合同会签单签字	总经理	1. 接收购销合同及合同会签单。 2. 审核购销合同内容填写的准确性和合理性。 3. 在合同会签单上签字确认
6	购销合同盖章	行政部助理	1. 接收购销合同和合同会签单。 2. 检查合同会签单是否签字。 3. 给合同盖章。 4. 将盖完章的购销合同交还销售专员
7	送还对方一份已签字盖章的合同	销售专员	把已经签字盖章的购销合同送还对方一份

二十、采购订单

1. ICG3 录入采购订单(国际贸易)

(1)业务概述

国际贸易企业录入与制造企业的采购订单。

(2)业务流程步骤

录入采购订单业务流程步骤见表6-42。

表 6 - 42 录入采购订单业务流程步骤表

操作步骤	职位	操作内容
在系统中录入采购订单	内陆 业务部经理	根据国际贸易企业与制造企业签订好的购销合同，将采购订单信息录入 VBSE 系统

2. ICG4 确认国际贸易企业采购订单（制造企业）

（1）业务概述

确认国际贸易企业的采购订单。

（2）业务流程步骤

确认国际贸易企业的采购订单业务流程步骤见表 6 - 43。

表 6 - 43 确认国际贸易企业的采购订单业务流程步骤表

操作步骤	职位	操作内容
确认采购订单	采购员	1. 在系统中确认国际贸易企业的采购订单。 2. 根据系统的采购订单信息填写销售订单、销售订单明细表

二十一、销售发货给国际贸易企业

1. 业务概述

制造企业销售发货给国际贸易企业。

2. 业务流程步骤

制造企业销售发货给国际贸易企业业务流程步骤见表 6 - 44。

表 6 - 44 制造企业销售发货给国际贸易企业业务流程步骤表

序号	操作步骤	职位	操作内容
1	填制发货单	销售专员	1. 在系统中确认国际贸易企业的采购订单。 2. 根据系统的采购订单信息填写销售订单、销售订单明细表。 3. 交给营销部经理审核
2	审核发货单	营销部经理	1. 根据销售订单明细表审核发货单，确认客户名称、产品名称、型号等重要项的填写。 2. 在发货单上签字，将审核完的发货单交还销售专员
3	分发发货单	销售专员	销售专员留存发货单第一联，将第二联送仓储部，第三联送财务部
4	审核发货单	财务部经理	审核发货单并签字
5	填制销售出库单	仓管员	1. 根据发货单填制销售出库单。 2. 请销售专员签字。 3. 提交至部门经理审批

续表

序号	操作步骤	职位	操作内容
6	审核销售出库单	仓储部经理	1. 审核销售出库单。 2. 办理出库手续
7	登记库存台账	仓储部经理	根据出库单填写库存台账,登记完交仓管员留存备案
8	在系统中处理销售发货	销售专员	在 VBSE 系统中选择发货的订单,并发货
9	发货单交给客户	销售专员	根据发货单进行销售发运,并将发货单第四联送交国际贸易客户
10	办理物流运输	物流业务经理	物流业务部经理在 VBSE 系统中办理物流运输
11	开具增值税专用发票	出纳	1. 从销售专员处获取销售给该客户的销售价格。 2. 根据销售出库单,结合销售价格,开具销售发票
12	填制收入记账凭证	财务会计	1. 根据开具的发票填制记账凭证。 2. 将记账凭证交给财务部经理审核
13	审核记账凭证	财务部经理	1. 接收财务会计交给的记账凭证,进行审核。 2. 审核后,交财务会计登记科目明细账
14	登记数量、金额明细账	成本会计	1. 根据出库单填写存货明细账。 2. 只填写数量,月末计算成本
15	登记明细账	财务会计	1. 接收财务部经理交给的记账凭证。 2. 核对财务部经理是否已审核。 3. 根据审核后的记账凭证登记科目明细账
16	登记总账	财务部经理	1. 接收财务会计交给的记账凭证。 2. 根据记账凭证登记科目总账

二十二、ICG6 采购入库

1. 业务概述

接到制造企业的货物,办理采购入库。

2. 业务流程步骤

办理采购入库业务流程步骤见表 6－45。

表 6－45　办理采购入库业务流程步骤表

序号	操作步骤	职位	操作内容
1	依据采购订单填写采购入库单	内陆业务部经理	依照确认的采购订单填写采购入库单

续表

序号	操作步骤	职位	操作内容
2	审核采购入库单	总经理	审核采购入库单
3	在 VBSE 系统中办理入库	内陆业务部经理	依据采购订单、采购入库单在 VBSE 系统中办理货物入库
4	登记库存台账	总经理	依据采购入库单(存根联)信息登记到库存台账中
5	更新采购情况执行表	内陆业务部经理	根据入库信息更新采购合同执行情况表

二十三、ICG7 向制造企业支付货款

1. 业务概述

内陆业务部经理接到制造企业的销售增值税专用发票,依据增值税发票信息提交付款申请并付款。

2. 业务流程步骤

提交付款申请并付款业务流程步骤见表 6－46。

表 6－46　提交付款申请并付款业务流程步骤表

序号	操作步骤	职位	操作内容
1	收到增值税专用发票	内陆业务经理	1. 收到制造企业开具的专用增值税发票。 2. 在系统中录入付款申请表。 3. 将发票和付款申请单提交给总经理审核
2	审核付款申请单	总经理	1. 收到内陆业务部经理提交的发票和付款申请单。 2. 审核付款申请单与发票信息是否一致,付款要求是否合理。 3. 确认合理后,签字
3	办理网银付款(转账)	总经理	对照付款申请表在系统中办理网银付款

二十四、ICG8 收到国际贸易企业货款银行回单(制造企业)

1. 业务概述

制造企业收到国际贸易企业货款银行回单。

2. 业务流程步骤

制造企业收到国际贸易企业货款银行回单业务流程步骤见表 6－47。

表 6-47　制造企业收到国际贸易企业货款银行回单业务流程步骤表

序号	操作步骤	职位	操作内容
1	取回电子银行转账回单	出纳	1. 到银行取回电子银行转账回单。 2. 将电子银行转账回单交给财务会计
2	编制记账凭证	财务会计	1. 接收出纳送来的银行进账单回单。 2. 编制记账凭证。 3. 将电汇回单粘贴到记账凭证后面。 4. 将记账凭证交财务部经理审核
3	审核记账凭证	财务部经理	1. 接收财务会计送来的记账凭证。 2. 审核记账凭证的附件是否齐全、正确。 3. 审核记账凭证的编制是否正确。 4. 审核完毕，交出纳登记银行存款日记账
4	登记银行日记账	出纳	1. 根据审核后的记账凭证登记银行存款日记账。 2. 登记完毕后，交财务会计登记明细账
5	登记科目明细账	财务会计	1. 接收出纳送来的记账凭证。 2. 核对财务部经理是否已审核。 3. 根据审核后的记账凭证登记科目明细账
6	登记总账	财务部经理	1. 接收出纳交给的记账凭证。 2. 根据记账凭证登记科目总账

任务四　工商局日常业务

一、名称预先核准申请

1. 业务概述

企业起名后到工商局办理名称核准。

2. 业务流程步骤

办理名称核准业务流程步骤见表 6-48。

表 6-48　办理名称核准业务流程步骤表

序号	操作步骤	职位	操作内容
1	企业取名	招投标总经理	1. 申办人应提前准备好公司名称 3~5 个，公司名称要符合规范，具体格式，例如：某地（地区名）+某某（企业名）+贸易（行业名）+有限公司（类型）。 2. 在实训中，公司名称已给定

续表

序号	操作步骤	职位	操作内容
2	填写企业名称预先核准申请表	招投标总经理	1. 找到名称预先核准申请表。 2. 填写已准备好的公司名称，完成企业名称预先核准申请表
3	到工商局审核申请表	招投标总经理	到工商局，递交名称预先核准申请表，等待工商局审批结果
4	审核申请表	工商局工作人员	1. 审核企业递交的名称预先核准申请表。 2. 审核后，为企业发放企业名称预先核准通知表

二、企业设立登记

1. 业务概述

到工商局办理工商注册。

2. 业务流程步骤

办理工商注册业务流程步骤见表 6－49。

表 6－49　办理工商注册业务流程步骤表

序号	操作步骤	职位	操作内容
1	到工商局办理审核	招投标总经理	携带房屋租赁合同、房产证复印件（实训中未提供，可不带）、公司章程、企业名称核准通知表到工商局进行企业设立登记，等待工商局工作人员进行审核
2	审核设立登记	工商局工作人员	1. 接收企业申请的企业设立登记申请表。 2. 审核企业设立登记申请表并发放营业执照。

任务五　税务局日常业务

一、税务登记

1. 业务概述

办理税务报到，完成税务登记。

2. 业务流程步骤

办理税务登记业务流程步骤见表 6－50。

表 6 - 50 办理税务登记业务流程步骤表

序号	操作步骤	职位	操作内容
1	签订税收代扣协议	招投标总经理	到银行领取同城委托收款协议并填写
2	审核代扣协议	银行柜员	1. 收到企业填写的同城委托收款协议。 2. 审核协议,并签署相关部分
3	填写税务登记	招投标总经理	1. 到税务局领取并填写税务登记表。 2. 将税务登记表提交国税局进行审核
4	审核登记表	税务专员	审核企业提交的税务登记表

二、MGS1 个人所得税申报(制造企业)

1. 业务概述

财务会计依据人力资源部提交的个人所得税申报表,做相关的财务账务处理,办理完相关流程后再提交网上进行申报。

2. 业务流程步骤

制造企业个人所得税申报业务流程步骤见表 3 - 83。

三、MGS2 缴纳个人所得税(制造企业)

1. 业务概述

出纳取得个税扣款通知后,按照公司财务的工作流程依次进行财务处理。

2. 业务流程步骤

制造企业缴纳个人所得税业务流程步骤见表 3 - 84。

四、DGS1 申报个人所得税(商贸企业)

1. 业务概述

申报上月个人所得税。

2. 业务流程步骤

商贸企业申报个人所得税业务流程步骤见表 5 - 3。

五、DGS2 缴纳个人所得税(商贸企业)

1. 业务概述

确认申报状态审核后,提交缴税扣款及账务处理。

2. 业务流程步骤

商贸企业缴纳个人所得税业务流程步骤见表3－84。

六、TGS1 申报个人所得税(工贸企业)

1. 业务概述

财务部经理申报上月个人所得税。

2. 业务流程步骤

工贸企业申报个人所得税业务流程步骤见表4－14。

七、TGS2 缴纳个人所得税(工贸企业)

1. 业务概述

确认申报状态审核后,提交缴税扣款及账务处理。

2. 业务流程步骤

工贸企业缴纳个人所得税业务流程步骤见表4－15。

八、MZZ1 申报企业增值税(制造企业)

1. 业务概述

制造企业申报企业增值税。

2. 业务流程步骤

制造企业申报企业增值税业务流程步骤见表3－86。

九、MZZ2 缴纳企业增值税(制造企业)

1. 业务概述

出纳收到增值税扣款通知后,取回税收交款书,并按照公司财务的工作流程,依次进行财务处理。

2. 业务流程步骤

制造企业缴纳企业增值税业务流程步骤见表3－87。

十、MZZ3 认证增值税抵扣联(制造企业)

1. 业务概述

财务会计将公司的增值税抵扣联收集后,到税务部门认证,获得盖章认证的结果通知书后,与抵扣联一并装订。

2. 业务流程步骤

制造企业认证增值税抵扣联业务流程步骤见表 3－88。

十一、DZZ1 申报企业增值税（商贸企业）

1. 业务概述

月初财务部经理申报上月增值税。

2. 业务流程步骤

商贸企业申报企业增值税业务流程步骤见表 3－86。

十二、DZZ2 缴纳企业增值税（商贸企业）

1. 业务概述

确认申报状态，审核通过后提交扣款并进行账务处理。

2. 业务流程步骤

商贸企业缴纳企业增值税业务流程步骤见表 3－87。

十三、DZZ3 认证增值税抵扣联（商贸企业）

1. 业务概述

财务部经理将公司的增值税抵扣联收集后，到税务部门进行认证，获得盖章认证的结果通知书后，与抵扣联一并装订。

2. 业务流程步骤

商贸企业认证增值税抵扣联业务流程步骤见表 3－88。

十四、TZZ1 申报企业增值税（工贸企业）

1. 业务概述

月初财务部经理申报上月企业增值税。

2. 业务流程步骤

工贸企业申报企业增值税业务流程步骤见表 3－86。

十五、TZZ2 缴纳企业增值税（工贸企业）

1. 业务概述

确认申报状态为审核通过后，提交扣款并进行账务处理。

2. 业务流程步骤

工贸企业缴纳企业增值税业务流程步骤见表 3－87。

十六、TZZ3 认证增值税抵扣联(工贸企业)

1. 业务概述

财务部经理将公司的增值税抵扣联收集后,到税务部门进行认证,获得盖章认证的结果通知书后,与抵扣联一并装订。

2. 业务流程步骤

工贸企业增值税抵扣联认证业务流程步骤见表 4 - 16。

任务六　银行日常业务

一、银行开户申请

1. 业务概述

到银行开设企业的基本账户。

2. 业务流程步骤

银行开户申请业务流程步骤见表 6 - 51。

表 6 - 51　银行开户申请业务流程步骤表

序号	操作步骤	职位	操作内容
1	填写银行开户申请	招投标总经理	1. 到银行领取银行结算账户申请书并填写。 2. 填写后,将单据与营业执照、法人身份证、经办人身份证交由银行进行审核
2	审核开户申请	银行柜员	1. 收到企业填写的银行结算账户申请书。 2. 审核协议,并签署相关部分

二、银行日常业务

1. 综合柜员业务

(1)企业账户开设、贷款审批及业务办理、存取款、转账业务管理、资金往来结算及核对等。

(2)签订代发工资协议。

2. 出纳业务

银行开户、银行结算凭证的管理、建立和登记银行日记账、银行对账、编制银行存款余额调节表、银行转账结算业务处理等。

3. 银行日常业务流程

银行日常业务流程主要按照银行业务规则进行,具体日常业务工作详见 VBSE 跨专业综合实训平台中银行日常业务操作流程。限于篇幅,在此不一一赘述。

任务七　连锁企业日常业务

一、熟悉规则

1. 业务概述

熟悉连锁企业规则。

2. 业务流程步骤

熟悉连锁企业规则业务流程步骤见表6－52。

表6－52　熟悉连锁企业规则业务流程步骤表

序号	操作步骤	职位	操作内容
1	熟悉连锁企业规则	总经理	阅读并了解连锁企业规则
2	熟悉连锁企业规则	东区店长	阅读并了解连锁企业规则
3	熟悉连锁企业规则	西区店长	阅读并了解连锁企业规则
4	熟悉连锁企业规则	仓储部经理	阅读并了解连锁企业规则

二、了解各岗位职责

1. 业务概述

了解连锁企业各岗位职责。

2. 业务流程步骤

了解连锁企业各岗位职责业务流程步骤见表6－53。

表6－53　了解连锁企业各岗位职责业务流程步骤表

序号	操作步骤	职位	操作内容
1	了解连锁企业各岗位职责	总经理	阅读并了解连锁企业各岗位职责
2	了解连锁企业各岗位职责	东区店长	阅读并了解连锁企业各岗位职责
3	了解连锁企业各岗位职责	西区店长	阅读并了解连锁企业各岗位职责
4	了解连锁企业各岗位职责	仓储部经理	阅读并了解连锁企业各岗位职责

三、企业工作交接

1. 总经理工作交接

(1)业务概述

总经理需读懂工作交接文档。

(2)业务流程步骤

总经理工作交接业务流程步骤见表6－54。

表6－54　总经理工作交接业务流程步骤表

操作步骤	职位	操作内容
读懂工作交接文档	总经理	需读懂工作交接文档

2. 仓储部经理工作交接

(1)业务概述

仓储部经理需读懂工作交接文档。

(2)业务流程步骤

仓储部经理工作交接业务流程步骤见表6－55。

表6－55　仓储部经理工作交接业务流程步骤表

操作步骤	职位	操作内容
与上任经理进行工作交接	仓储部经理	1. 需读懂上任经理的工作交接文档。 2. 按照交接的库存期初数据填写库存台账

3. 店长工作交接

(1)业务概述

店长需读懂工作交接文档。

(2)业务流程步骤

店长工作交接业务流程步骤见表6－56。

表6－56　店长工作交接业务流程步骤表

操作步骤	职位	操作内容
与上任店长进行工作交接	店长	1. 需读懂上任店长的工作交接文档。 2. 按照交接的库存期初数据填写库存台账

四、连锁门店

1. 门店借备用金

(1)业务概述

为方便门店收银找零,店长需借一定金额的备用金。

(2)业务流程步骤

门店借备用金业务流程步骤见表6－57。

表6－57　门店借备用金业务流程步骤表

序号	操作步骤	职位	操作内容
1	填写借款单	店长	1. 去仓储部经理处领取借款单。 2. 填写借款单,借款500元作为找零备用金
2	审核借款单	仓储经理	1. 审核借款单填写的准确性。 2. 审核借款业务的真实性。 3. 审核无误,签字
3	支付现金	总经理	1. 接收店长交给的已审核过的借款单。 2. 支付现金500元给借款人

2. 门店销售收款

(1)业务概述

门店日常销售,并收款。

(2)业务流程步骤

门店销售收款业务流程步骤见表6－58。

表6－58　门店销售收款业务流程步骤表

序号	操作步骤	职位	操作内容
1	选中零售订单	店长	在VBSE系统中选中零售订单
2	零售门店出库	店长	在VBSE系统中处理零售货物出库
3	零售收款	店长	店长核对钱数,完成收款
4	开小票	店长	1. 店长开小票,一式三联。 2. 在每一联盖上现金收讫章。 3. 认真核对商品名称、型号、数量和金额,然后交给顾客。 4. 店长留一联,其他两联,一联给财务,另一联给顾客
5	开发票	总经理	依据小票开销售发票,认真核对顾客姓名、商品名称、型号、数量和金额
6	把货物交给顾客	店长	把货物交给顾客
7	登记库存台账	店长	依据销售小票,登记库存台账

3. 门店零售日结

(1)业务概述

门店一天营业结束后,要对现金、商品和小票进行对账,若没有问题则正常闭店。

(2)业务流程步骤

门店零售日结业务流程步骤见表6－59。

表6－59　门店零售日结业务流程步骤表

序号	操作步骤	职位	操作内容
1	整理商品陈列	店长	在营业结束前30分钟开始整理门店商品陈列
2	现金验钞	店长	进行现金验钞
3	核对现金、小票和商品	店长	核对现金、小票和商品
4	现金封包	店长	核对无误后对现金进行封包,店长签字
5	放入保险柜并登记签字	店长	将现金总额放入保险柜,并在保险柜检查登记本上记录和签字
6	登记销售日报表	店长	闭店前,店长登记当日的销售日报表

4.门店上缴营业款

(1)业务概述

门店上缴前一天的营业款给总部,分店与总店进行对账核算。

(2)业务流程步骤

门店上缴营业款业务流程步骤见表6－60。

表6－60　门店上缴营业款业务流程步骤表

序号	操作步骤	职位	操作内容
1	上缴营业款	店长	在VBSE系统中上缴前一天的营业款给总部
2	报送销售日报表和销售流水小票	店长	向总部报送销售日报表和销售流水小票
3	归集门店营业款	总经理	归集各个门店营业款
4	核对各门店营业收入	总经理	核对各门店营业收入
5	核对门店明细核算	总经理	核对门店明细核算,包括配货数量、销售数量、存货数量、售价金额
6	登记门店核算明细表	总经理	登记门店核算明细表

5.门店向总部请货

(1)业务概述

门店根据销售情况和库存情况向总部主动提出补货申请。

(2)业务流程步骤

门店向总部请货业务流程步骤见表6－61。

表 6－61　门店向总部请货业务流程步骤表

序号	操作步骤	职位	操作内容
1	填制补货申请单	店长	店长根据日均销售量、库存下限、在途数量、补货周期及安全库存等因素在 VBSE 系统中填写补货申请单
2	确认补货申请单	仓储部经理	1. 审核补货申请单内容填写的准确性和合理性。 2. 在 VBSE 系统中确认补货申请
3	补货分类	仓储部经理	根据补货申请对补货情况进行分类(紧急、正常)

五、总部请货分析

1. 业务概述

请货分析的目的是总部及时了解经营状况，最快获悉市场动向和顾客需求，合理调配库存，加快资金周转；根据各店请货情况和仓储中心的库存情况，生成采购信息，降低库存量，减少资金占用量。

2. 业务流程步骤

总部请货分析业务流程步骤见表 6－62。

表 6－62　总部请货分析业务流程步骤表

序号	操作步骤	职位	操作内容
1	提供库存信息	店长	提供门店库存结存信息
2	提供库存信息	总经理	汇总门店库存结存信息，提供仓储配送中心库存结存信息
3	请货分析	仓储部经理	针对各分店的请货量、请货品种及请货状态来分析哪些商品畅销、哪些商品滞销，查看商品数量能否满足请货需求。首先应该满足“紧急”请货商品；其次通过分析制定配送方案(包括配送中心配送方案和供应商配货方案)
4	填写配送通知单	仓储部经理	根据配送方案填写配送通知单
5	审核配送通知单	总经理	审核配送通知单，签字确认

六、下达配送通知

1. 业务概述

总部通过请货分析等相关信息统筹生成配送通知单，并下达给仓储配送中心及门店，或者将需采购商品信息发送给采购员，由其向供应商采购，并指定送货地点。

2. 业务流程步骤

下达配送业务流程步骤见表 6－63。

表 6－63　下达配送业务流程步骤表

序号	操作步骤	职位	操作内容
1	下达配送通知单	仓储部经理	将配送通知单下达给门店店长
2	接收并确认配送通知单	店长	1. 门店店长接收配送通知单。 2. 根据补货申请单确认配送通知单内容。 3. 签字确认
3	门店准备接货	店长	准备按配送通知单接货

七、仓储中心配送出库

1. 业务概述

仓储配送中心按照配送通知单的要求进行拣货，把理好的货进行复核，并办理配送出库

2. 业务流程步骤

仓储中心配送出库业务流程步骤见表 6－64。

表 6－64　仓储中心配送出库业务流程步骤表

序号	操作步骤	职位	操作内容
1	按照配送通知单的要求进行拣货	仓储部经理	按照配送通知单的要求进行拣货
2	将货发送到发货区域	仓储部经理	把理好的货发送到发货区域
3	复核理货	总经理	按照配送方案的要求对理好的货进行复核
4	填写配送出库单	仓储部经理	1. 填写配送出库单(一式两联)。 2. 送交总经理审核
5	审核配送出库单	总经理	审核配送出库单的准确性和合理性，在出库单上签字
6	办理出库	仓储部经理	在 VBSE 系统中办理配送出库
7	登记库存台账	仓储部经理	根据出库单登记库存台账

八、门店到货签收

1. 业务概述

门店到货签收，并办理入库。

2. 业务流程步骤

门店到货签收业务流程步骤见表 6－65。

表 6-65 门店到货签收业务流程步骤表

序号	操作步骤	职位	操作内容
1	清点、检验配送货物	店长	根据配送通知单清点、检验配送的货物
2	填写补货入库单	店长	填写补货入库单(一式两联)
3	审核补货入库单	店长	审核补货入库单的准确性和合理性,在入库单上签字
4	办理货物入库	店长	在 VBSE 系统中办理货物入库
5	登记库存台账	店长	根据补货入库单登记库存台账

九、仓储中心补货申请

1. 业务概述

仓储中心补货业务是依据仓储中心库存商品最小库存量来编制补货申请表,之后提交给采购部门,作为采购计划的参考。

2. 业务流程步骤

仓储中心补货申请业务流程步骤见表 6-66。

表 6-66 仓储中心补货申请业务流程步骤表

序号	操作步骤	职位	操作内容
1	填制仓储中心补货申请表	仓储部经理	1. 依据库存下限、在途数量、采购周期及安全库存等因素填写补货申请表。 2. 补货申请表,一式两份
2	审核仓储中心补货申请表	总经理	1. 审核补货申请表内容填写的准确性和合理性。 2. 在补货申请表上签字确认

十、总部编制采购计划

1. 业务概述

总部根据门店的销售情况、请货分析、仓储中心补货计划、核对仓储中心库存及在途信息编制采购计划。

2. 业务流程步骤

编制采购计划业务流程步骤见表 6-67。

表 6－67　编制采购计划业务流程步骤表

序号	操作步骤	职位	操作内容
1	编制采购计划	总经理	1. 根据门店的销售情况、请货分析、仓储中心补货计划，核对仓储中心库存及在途信息，编制采购计划。 2. 初步填制采购计划表。 3. 根据供应商的折扣等相关信息调整计划。 4. 采购计划表交给采购员下发
2	分发采购计划表	仓储部经理	1. 采购计划表一式两份。 2. 分发采购计划表（仓储部、业务部各一份）

十一、签订购销合同

1. 业务概述

与制造企业签订购销合同。

2. 业务流程步骤

连锁企业与制造企业签订购销合同业务流程步骤见表 6－68。

表 6－68　连锁企业与制造企业签订购销合同业务流程步骤表

序号	操作步骤	职位	操作内容
1	填写购销合同，填制合同会签单	仓储部经理	1. 填写购销合同（两份），填写合同会签单。 2. 将购销合同和合同会签单送给总经理审核
2	审核购销合同和合同会签单	总经理	1. 审核购销合同的条款、期限、付款信息等是否符合公司要求。 2. 符合要求在合同会签单上签字。 3. 审核通过后给购销合同（两份）盖章
3	合同存档	总经理	1. 更新合同管理表——购销合同。 2. 将一份盖章的购销合同交给制造企业营销专员。 3. 将合同会签单与另一份制造企业盖章的购销合同一起进行归档
4	购销合同登记	总经理	更新购销合同执行情况表

十二、录入采购订单

1. 录入采购订单

（1）业务概述

连锁企业录入与制造企业的采购订单。

(2)业务流程步骤

连锁企业录入与制造企业的采购订单业务流程步骤见表6－69。

表6－69　连锁企业录入与制造企业的采购订单业务流程步骤表

操作步骤	职位	操作内容
在系统中录入采购订单	仓储部经理	根据连锁企业与制造企业签订好的购销合同,将采购订单信息录入VBSE系统

2. 确认连锁企业采购订单(制造企业)

(1)业务概述

确认连锁企业采购订单。

(2)业务流程步骤

制造企业确认连锁企业采购订单业务流程步骤见表6－70。

表6－70　制造企业确认连锁企业采购订单业务流程步骤表

操作步骤	职位	操作内容
确认采购订单	采购员	1. 在系统中确认连锁企业采购订单。 2. 根据系统的采购订单信息填写销售订单、销售订单明细表

十三、销售发货给连锁企业(制造企业)

1. 业务概述

制造企业销售发货给连锁企业。

2. 业务流程步骤

制造企业销售发货给连锁企业业务流程步骤见表6－71。

表6－71　制造企业销售发货给连锁企业业务流程步骤表

序号	操作步骤	职位	操作内容
1	填制发货单	销售专员	1. 根据销售订单明细表和发货计划填制发货单。 2. 报部门经理和财务部经理审核
2	审核发货单	营销部经理	1. 根据销售订单明细表审核发货单,确认客户名称、产品名称、型号等重要项的填写是否正确。 2. 确认无误后,在发货单上签字,将审核完的发货单交还销售专员。 3. 销售专员留存发货单第一联,将第二联送仓储部,第三联送财务部

续表

序号	操作步骤	职位	操作内容
3	审核发货单	财务部经理	审核发货单并签字
4	填制销售出库单	仓管员	1. 根据发货单填制销售出库单。 2. 请销售专员签字。 3. 提交至部门经理审批
5	审核销售出库单	仓储部经理	1. 仓储部经理审核销售出库单。 2. 办理出库手续
6	登记库存台账	仓储部经理	根据出库单填写库存台账，登记完交仓管员留存备案
7	在系统中办理销售发货	仓储部经理	在 VBSE 系统中选择发货的订单，并发货
8	发货单交给客户	销售专员	根据发货单进行销售发运，并将发货单第四联送交连锁企业
9	办理物流运输	物流业务部经理	在 VBSE 系统中办理物流运输
10	开具增值税专用发票	出纳	1. 从销售专员处获取销售给该连锁企业的销售价格。 2. 根据销售出库单，结合销售价格，开具销售发票
11	填制收入记账凭证	财务会计	1. 根据开具的发票填制记账凭证。 2. 将记账凭证交给财务部经理审核
12	审核记账凭证	财务部经理	1. 接收财务会计交给的记账凭证，进行审核。 2. 审核后，交财务会计登记科目明细账
13	登记数量金额明细账	成本会计	1. 根据出库单填写存货明细账。 2. 只填写数量，月末计算成本
14	登记明细账	财务会计	1. 接收财务部经理交给的记账凭证。 2. 核对财务部经理是否已审核。 3. 根据审核后的记账凭证登记科目明细账
15	登记总账	财务部经理	1. 接收财务会计交给的记账凭证。 2. 根据记账凭证登记科目总账

十四、采购入库

1. 业务概述

接到制造企业的货物，办理采购入库。

2. 业务流程步骤

采购入库业务流程步骤见表 6－72。

表 6-72　采购入库业务流程步骤表

序号	操作步骤	职位	操作内容
1	依据采购订单填写采购入库单	仓储部经理	依照确认的采购订单填写采购入库单
2	审核采购入库单	总经理	审核采购入库单
3	在 VBSE 系统办理入库	仓储部经理	依据采购订单、采购入库单在 VBSE 系统中办理货物入库
4	登记库存台账	仓储部经理	依据采购入库单(存根联)信息登记库存台账
5	更新采购情况执行表	总经理	根据入库信息更新采购合同执行情况表

十五、向制造企业支付货款

1. 业务概述

仓储部经理接到制造企业的销售增值税专用发票,依据增值税发票信息提交付款申请并付款。

2. 业务流程步骤

连锁企业向制造企业支付货款业务流程步骤见表 6-73。

表 6-73　连锁企业向制造企业支付货款业务流程步骤表

序号	操作步骤	职位	操作内容
1	收到制造企业开具的增值税专用发票	仓储部经理	1. 收到制造企业开具的专用增值税发票。 2. 在系统中录入付款申请表。 3. 将发票和付款申请表提交给总经理审核
2	审核付款申请表	总经理	1. 收到仓储部经理提交的发票和付款申请表。 2. 审核付款申请表与发票信息是否一致,付款要求是否合理。 3. 确认合理后,签字
3	办理网银付款(转账)	总经理	对照付款申请表在系统中办理网银付款

任务八　会计师事务所日常业务

一、熟悉规则

1. 业务概述

熟悉会计师事务所规则。

2. 业务流程步骤

熟悉会计师事务所规则业务流程步骤见表6－74。

表6－74　熟悉会计师事务所规则业务流程步骤表

操作步骤	职位	操作内容
熟悉会计师事务所规则	审计助理、审计师、项目经理	主要服务于制造企业，业务涉及财务报告审计、内部控制审计和专项审计服务

二、了解各岗位职责

1. 业务概述

了解会计师事务所各岗位职责

2. 业务流程步骤

了解会计师事务所各岗位职责业务流程步骤见表6－75。

表6－75　了解会计师事务所各岗位职责业务流程步骤表

操作步骤	职位	操作内容
了解会计师事务所各岗位职责	审计助理、审计师、项目经理	了解会计师事务所各岗位职责

三、了解审计相关概念

1. 业务概述

了解审计相关概念。

2. 业务流程步骤

了解审计相关概念业务流程步骤见表6－76。

表6－76　了解审计相关概念业务流程步骤表

序号	操作步骤	职位	操作内容
1	熟知业务描述中的审计相关基础概念	项目经理	组织部门人员学习审计的基本概念和理论，布置学习任务
2	掌握职责范围内的审计相关概念	审计师	（通过网络等途径查阅资料并形成学习笔记） 1. 了解审计准则的分类及构成。 2. 掌握《中国内部审计准则》基本内容。 3. 掌握审计抽样的种类和样本的选取方法

续表

序号	操作步骤	职位	操作内容
3	掌握职责范围内的审计相关概念	审计助理	（通过网络等途径查阅资料并形成学习笔记） 1. 了解审计过程中每一阶段的具体工作内容。 2. 了解审计证据可靠性的判定标准。 3. 了解审计工作底稿的基本要素及分类内容

四、熟悉制造企业内部控制制度

1. 业务概述

了解并熟悉制造企业各个部门的内部控制。

2. 业务流程步骤

熟悉制造企业内部控制业务流程步骤见表6－77。

表6－77　熟悉制造企业各个部门的内部控制业务流程步骤表

操作步骤	职位	操作内容
了解并熟悉制造企业各部门的内部控制	项目经理、审计师、审计助理	读懂并熟悉制造企业各部门内部控制，了解各部门主要业务，初步测试控制制度和评价控制风险，以及做好审计程序的性质、时间安排和范围

五、代理记账业务

1. 承接物流企业的记账业务

（1）业务概述

了解物流企业基本情况并确定服务项目，以及收费后承接物流企业的记账业务。

（2）业务流程步骤

代理物流企业记账业务流程步骤见表6－78。

表6－78　代理物流企业记账业务流程步骤表

序号	操作步骤	职位	操作内容
1	与物流企业洽谈业务	项目经理	1. 与物流企业财务部经理进行洽谈。 2. 询问物流企业基本情况，了解委托目的。 3. 确定服务项目及收费
2	签订代理记账合同	项目经理	与物流企业意见达成一致，签署代理记账合同并签字盖章
3	建立客户档案	审计助理	登记客户的基本信息

续表

序号	操作步骤	职位	操作内容
4	办理物流企业财务资料移交手续	审计助理	1. 接受物流企业交来的财务资料。 2. 填写资料移交清单并在交接人处签字
5	准备期初建账	审计助理	1. 将移交的资料进行整理并妥善保管。 2. 熟悉物流企业业务和常用的会计科目,准备期初建账

2. 承接连锁企业的记账业务

(1)业务概述

了解连锁企业基本情况并确定服务项目,以及收费后承接连锁企业的记账业务。

(2)业务流程步骤

代理连锁企业记账业务流程步骤见表6－79。

表6－79　代理连锁企业记账业务流程步骤表

序号	操作步骤	职位	操作内容
1	与连锁企业洽谈业务	项目经理	1. 与连锁企业财务部经理进行洽谈。 2. 询问连锁企业基本情况,了解委托目的。 3. 确定服务项目及收费
2	签订代理记账合同	项目经理	与物流企业意见达成一致,签署代理记账合同并签字盖章
3	建立客户档案	审计助理	登记客户的基本信息
4	办理连锁企业财务资料移交手续	审计助理	1. 接受连锁企业交来的财务资料。 2. 填写资料移交清单,并在交接人处签字
5	准备期初建账	审计助理	1. 将移交的资料进行整理并妥善保管。 2. 熟悉连锁企业业务和常用的会计科目,准备期初建账

六、承接审计业务

1. 业务概述

会计师事务所在承接审计业务后开展审计业务活动,活动可分为三个阶段:计划审计工作阶段、审计实施工作阶段、审计终结阶段。在VBSE跨专业综合实训的审计活动中,业务流程是基于制造企业年终财务报审计的情境。

在计划审计工作开展之前,注册会计师需要开展初步业务活动,评估承接业务风险,与客户签订业务约定书,完成审计业务的承接。

初步业务活动的目的是确定是否接受业务委托。如接受业务委托,确保在计划审计工作时达到下列要求:

(1)注册会计师已具备执行业务所需要的独立性和专业能力;

(2)不存在因管理层诚信问题而影响注册会计师承接或保持该项业务意愿的情况;

(3)与被审计单位不存在对业务约定条款的误解。

2. 业务流程步骤

会计师事务所承接审计业务流程步骤见表6-80。

表6-80　会计师事务所承接审计业务流程步骤表

序号	操作步骤	职位	操作内容
1	委托审计	制造企业财务部经理	与会计师事务所就委托审计的目的、内容等进行洽谈,提出委托事务所进行年终财务报表审计的请求
2	与被审计单位面谈	项目经理	与制造企业财务部经理洽谈,初步了解制造企业委托审计的目标、范围和内容;对委托企业的情况进行详细调查和了解
3	评估并签订审计合同	项目经理	综合考虑客户情况及事务所人员能否胜任委托审计的业务,决定是否接受该项审计业务并签署审计合同

七、总体审计策略制定与风险识别和评估

1. 业务概述

会计师事务所承接审计业务之后,首先应召开审计预备会议,并制定总体审计策略。根据批准后的总体审计策略,项目经理安排项目组成员与制造企业进行沟通,告知进驻的具体审计时间以及需要准备的审计资料。在办理完审计资料交接的手续后,在规定的时间进驻制造企业,并对财务报表存在的重大错报风险进行初步识别、评估。

2. 业务流程步骤

总体审计策略制定与风险识别和评估业务流程步骤见表6-81。

表6-81　总体审计策略制定与风险识别和评估业务流程步骤表

序号	操作步骤	职位	操作内容
1	召开审计预备会议并记录会议内容	制造企业财务部经理	成立审计小组,召开项目预备会
2	制定总体审计策略	项目经理	根据会议讨论结果,制定总体审计策略并编制总体审计策略工作底稿
3	通知制造企业审计时间及需要准备的资料	项目经理	电话通知制造企业审计的内容、时间安排等信息,并将审计资料清单内容告知制造企业财务部经理
4	整理和准备提交资料	制造企业财务部经理	根据会计师事务所告知的审计资料清单内容准备相关资料

续表

序号	操作步骤	职位	操作内容
5	接收审计资料	审计助理	1. 接收制造企业财务部经理提交的审计资料，并在审计资料交接清单中“资料交接人”处签字。 2. 制造企业财务部经理向审计助理提交审计资料后在审计资料交接清单中“资料移交人”处签字。 3. 双方各留存一份审计资料交接清单

八、实质性测试

1. 固定资产的实质性测试

(1) 业务概述

项目经理在对制造企业采购与付款内部控制测试的基础上，制订固定资产的实质性测试程序计划并实施实质性分析程序，同时分派注册会计师及审计助理对固定资产的增减变动以及账务处理、固定资产的所有权、累计折旧的计提合理性等实施审计程序，从而确定固定资产净值的审定数。在完成上述审计工作后，项目经理对注册会计师及审计助理编制的工作底稿进行现场复核。

(2) 业务流程步骤

固定资产的实质性测试业务流程步骤见表 6－82。

表 6－82 固定资产的实质性测试业务流程步骤表

序号	操作步骤	职位	操作内容
1	制订固定资产实质性测试程序计划	项目经理	1. 确定审计目标与认定的对应关系。 2. 选择计划执行的审计程序。 3. 编制固定资产实质性程序工作底稿
2	编制固定资产明细表	审计师	1. 获取本期固定资产、累计折旧、固定资产减值准备等总账、明细账并复核是否一致。 2. 编制固定资产明细表的工作底稿
3	检查本期固定资产的增加	审计师	1. 检查固定资产明细账，抽取本期外购固定资产样本，追查至记账凭证，查看附件是否包含采购申请单、采购合同、采购发票、运费单等原始凭证。 2. 检查采购申请单中是否有审批人签字。 3. 重新计算固定资产的入账价值，确定是否与明细账一致。 4. 检查会计凭证中的账务处理是否正确。 5. 编制固定资产增加检查情况表的工作底稿

续表

序号	操作步骤	职位	操作内容
4	检查本期固定资产的减少	审计师	1. 抽查固定资产减少的记录样本,追查固定资产减少的记账凭证。 2. 查看附件中是否有固定资产减少的申请单;是否有审批人签字。 3. 检查固定资产减少的账务处理是否正确。 4. 编制固定资产减少检查情况表的工作底稿
5	检查累计折旧的计算	审计助理	1. 检查固定资产明细账,按照分类折旧率和固定资产计提折旧的基数重新计算本期计提折旧额,并与累计折旧明细账核对。 2. 将本期计提折旧额与成本计算单,以及生产成本、制造费用、管理费用等明细账中的折旧额合计进行核对。 3. 编制折旧测算表的工作底稿 4. 编制固定资产折旧分配检查表的工作底稿
6	固定资产的调整与审定	审计师	1. 将固定资产监盘检查情况表、固定资产增加检查情况表、固定资产减少检查情况表、折旧测算表、固定资产折旧分配检查表等工作底稿中需要进行账项调整的金额计入固定资产审定表的工作底稿。 2. 根据本期未审数、账项调整分录计算本期审定数,编制固定资产审定表的工作底稿
7	复核工作底稿	项目经理	1. 审核固定资产监盘检查情况表、固定资产增加检查情况表、固定资产减少检查情况表、折旧测算表、固定资产折旧分配检查表、固定资产所有权审查表的工作底稿。 2. 在固定资产审定表的“复核人”处签字

2. 存货的实质性测试

(1)业务概述

项目经理在对制造企业生产与仓储内部控制测试的基础上,制订存货实质性测试程序计划,并分派注册会计师及审计助理对存货进行监盘、计价测试、产品生产成本的计算测试、存货盘点结果的核对等审计程序,从而确定存货的审定数。在完成上述审计工作后,项目经理对注册会计师及审计助理编制的工作底稿进行现场复核。

(2)业务流程步骤

存货的实质性测试业务流程步骤见表 6 – 83。

表 6－83　存货的实质性测试业务流程步骤表

序号	操作步骤	职位	操作内容
1	制订存货实质性测试程序计划	项目经理	1. 确定审计目标与认定的对应关系。 2. 选择计划执行的审计程序。 3. 编制存货实质性程序的工作底稿
2	编制主要存货明细表	审计师	1. 获取本期存货及总账、明细账，并复核是否一致。 2. 编制主要存货明细表的工作底稿。 3. 检查主要存货明细表中是否有异常或负数余额
3	实施存货监盘程序	审计师	1. 取得制造企业存货盘点计划。 2. 观察制造企业人员是否遵循存货盘点计划准确记录存货的数量及状况。 3. 从存货盘点记录中抽取部分原材料及产成品存货，追查至存货实物。 4. 从存货实物中抽取部分原材料及产成品存货，追查至存货盘点记录。 5. 编制存货抽盘核对表的工作底稿
4	将存货明细表与盘点结果核对	审计助理	1. 从各类存货明细账中选取具有代表性的样本，与盘点记录核对。 2. 从盘点记录中选取具有代表性的样本，与各类存货明细账核对。 3. 编制存货明细账与监盘报告核对表的工作底稿
5	存货借方的截止测试	审计师	1. 在资产负债表日前的存货明细账借方发生额中各选取适量样本，与入库记录（如入库单，或购货发票，或运输单据）核对，确定存货入库被记录在正确的会计期间。 2. 在资产负债表日前的入库记录（如入库单、购货发票或运输单据）中各选取适量样本，与存货明细账的借方发生额进行核对，确定存货入库被记录在正确的会计期间。 3. 在资产负债表日前后的制造费用明细账借方发生额中各选取适量样本，确定有无跨期现象。 4. 编制存货借方截止测试的工作底稿
6	存货贷方的截止测试	审计师	1. 在资产负债表日前的存货明细账的贷方发生额中各选取适量样本，与出库记录（如出库单、销货发票或运输单据）核对，确定存货出库被记录在正确的会计期间。 2. 在资产负债表日前后的出库记录（如出库单、销货发票或运输单据）中各选取适量样本，与存货明细账的贷方发生额进行核对，确定存货出库被记录在正确的会计期间。 3. 编制存货贷方截止测试的工作底稿

续表

序号	操作步骤	职位	操作内容
7	存货的计价测试	审计助理	1. 在存货明细表中选取适量样本，将其单位成本与购货发票核对，并确认存货成本中不包含增值税。 2. 选取适量样本，复核发出存货的金额计算是否正确。 3. 编制存货计价测试表的工作底稿
8	产品生产成本计算的测试	审计师	1. 抽查成本计算单，检查直接材料、直接人工及制造费用的计算和分配是否正确，并与有关佐证文件（如领料记录、生产工时记录、材料费用分配汇总表、人工费用分配汇总表等）进行核对。 2. 获取完工产品与在产品的生产成本分配标准和计算方法，重新计算并确认生产成本计算的准确性。 3. 编制产品生产成本计算测试表的工作底稿。 4. 编制制造费用明细表的工作底稿
9	存货的调整与审定	项目经理	1. 将主要存货明细表、存货抽盘核对表、存货明细账与监盘报告核对表、存货借方截止测试、存货贷方截止测试、存货计价测试表、制造费用明细表、产品生产成本计算测试表等工作底稿中需要进行账项调整的金额写进存货审定表的工作底稿。 2. 根据本期未审数、账项调整分录计算本期审定数，编制存货审定表的工作底稿
10	复核工作底稿	项目经理	1. 审核存货抽盘核对表、存货明细账与监盘报告核对表、存货借方截止测试、存货贷方截止测试、存货计价测试表、制造费用明细表、产品生产成本计算测试表的工作底稿。 2. 在上述工作底稿的“复核人”处签字

3. 应付账款的实质性测试

（1）业务概述

项目经理在对制造企业采购与付款内部控制测试的基础上，制订应付账款的实质性测试程序计划，并分派注册会计师及审计助理对应付账款实施函证或替代测试、抽取凭证检查、查找未入账应付账款等审计程序，从而确定应付账款的审定数。在完成上述审计工作后，项目经理对注册会计师及审计助理编制的工作底稿进行现场复核。

（2）业务流程步骤

应付账款的实质性测试业务流程步骤见表6－84。

表 6－84　应付账款的实质性测试业务流程步骤表

序号	操作步骤	职位	操作内容
1	制订应付账款实质性测试程序计划	项目经理	1. 确定审计目标与认定的对应关系。 2. 选择计划执行的审计程序。 3. 编制应付账款实质性程序的工作底稿
2	编制应付账款明细表	审计师	1. 获取本期应付账款总账、明细账，并复核是否一致。 2. 确定客户应付账款的账龄。 3. 编制应付账款明细表的工作底稿
3	检查本期应付账款的增减变动	审计助理	1. 抽取已偿付的应付账款样本若干，追查至银行对账单等其他原始凭证，确定其是否在资产负债表日前真实偿付。 2. 抽取未偿付的应付账款若干笔，检查债务形成的原始凭证，如供应商发票、验收报告或入库单等。 3. 编制应付账款检查情况表的工作底稿
4	查找未入账的应付账款	审计师	1. 以供应商发票、验收报告或入库单等原始凭证为起点抽取若干笔业务。 2. 追查至应付账款明细账，检查有无漏记。 3. 编制未入账应付账款汇总表的工作底稿
5	应付账款的函证或替代测试	审计助理	1. 从应付账面明细账中选取余额为前 3 名的应付账款，检查后附的原始凭证的完整性、记录的正确性等。 2. 编制应付账款替代测试表的工作底稿
6	确定应收账款审定数	审计师	1. 将应付账款检查情况表、应付账款替代测试表、未入账应付账款汇总表等工作底稿中需要进行账项调整的金额写进应付账款审定表的工作底稿。 2. 根据本期未审数、账项调整分录计算本期审定数，编制应付账款审定表的工作底稿
7	复核工作底稿	项目经理	审核应付账款明细表、未入账应付账款汇总表、应付账款检查情况表、应付账款替代测试表的工作底稿，并在“复核人”处签字

4. 营业成本的实质性测试

(1)业务概述

项目经理在对制造企业生产与仓储内部控制测试的基础上，制订营业成本实质性测试程序计划，并分派注册会计师及审计助理对主营业成本实施实质性分析、抽查主营业务成本的计算及结转等审计程序，从而确定营业成本的审定数。在完成上述审计工作后，项目经理对注册会计师及审计助理编制的工作底稿进行现场复核。

(2)业务流程步骤

营业成本的实质性测试业务流程步骤见表 6－85。

表 6-85　营业成本的实质性测试业务流程步骤表

序号	操作步骤	职位	操作内容
1	制订营业成本实质性测试程序计划	项目经理	1. 确定审计目标与认定的对应关系。 2. 选择计划执行的审计程序。 3. 编制营业成本实质性程序的工作底稿
2	编制主要营业成本明细表	审计助理	1. 获取本期主营业务成本及总账、明细账，并复核是否一致。 2. 编制主营业务成本明细表的工作底稿
3	实施主营业务成本的实质性分析程序	审计师	1. 获取本期和上期主营业务成本明细账资料。 2. 将本期和上期主营业务成本按月度进行比较分析。 3. 将本期和上期的主要产品单位成本进行比较分析。 4. 编制营业成本与上年度比较分析表的工作底稿。 5. 编制主要产品单位主营业务成本分析表的工作底稿
4	实施主营业务成本的倒轧测试	审计师	1. 获取本期原材料、生产成本、库存商品总账及明细账。 2. 编制主营业务成本倒轧表的工作底稿
5	抽查主营业务成本的计算与结转	审计助理	1. 获取本期主营业务成本明细账。 2. 抽查主营业务成本，比较计入主营业务成本的品种、规格、数量和主营业务收入的是否一致。 3. 检查主营业务成本的计算与结转是否正确；检查支持性文件，确定原始凭证是否齐全，记账凭证与原始凭证是否相符，以及账务处理是否正确。 4. 编制抽查会计凭证记录的工作底稿
6	营业成本的调整与审定	审计师	1. 将主营业务成本明细表、主营业务成本倒轧表、抽查会计凭证记录等工作底稿中需要进行账项调整的金额写入营业成本审定表的工作底稿。 2. 根据本期未审数、账项调整分录计算本期审定数，编制营业成本审定表的工作底稿
7	复核工作底稿	项目经理	1. 审核主营业务成本明细表、营业成本与上年度比较分析表、主要产品单位主营业务成本分析表、主营业务成本倒轧表、抽查会计凭证记录的工作底稿。 2. 在上述工作底稿的"复核人"处签字

5. 货币资金的实质性测试

(1) 业务概述

项目经理在对制造企业货币资金内部控制测试的基础上，制订货币资金实质性测试程序计划，并分派审计师及审计助理实施大额货币资金收支抽查、银行存款余额调节检查、银行存款的函证等审计程序，从而确定货币资金的审定数。在完成上述审计工作后，项目经理对审计师及审计助理编制的工作底稿进行现场复核。

(2)业务流程步骤

货币资金的实质性测试业务流程步骤见表6－86。

表6－86　货币资金的实质性测试业务流程步骤表

序号	操作步骤	职位	操作内容
1	制订货币资金实质性测试程序计划	项目经理	1. 确定审计目标与认定的对应关系。 2. 选择计划执行的审计程序。 3. 编制货币资金实质性程序的工作底稿
2	编制货币资金明细表	审计助理	1. 获取本期库存现金、银行存款总账、明细账,并复核是否一致。 2. 编制货币资金明细表的工作底稿
3	实施库存现金监盘	审计助理	1. 制订监盘计划,确定监盘时间。 2. 将盘点金额与现金日记账余额进行核对。 3. 编制库存现金盘点表的工作底稿
4	检查银行对账单及余额调节表	审计师	1. 获取资产负债表日银行对账单,并与账面余额核对。 2. 获取资产负债表日各银行存款余额调节表并进行汇总,检查调节表中加计数是否正确,核对银行日记账余额与银行对账单余额是否一致。 3. 复核余额调节表的调节事项性质和范围是否合理。 4. 检查是否存在未入账的利息收入和利息支出。 5. 检查是否存在其他跨期收支事项。 6. 编制银行存款余额调节汇总表的工作底稿。 7. 编制对银行存款余额调节表的检查的工作底稿
5	函证银行存款	审计助理	1. 获取银行存款、短期借款、长期借款明细账及总账,获取银行存款和银行借款的日期、金额、期限等信息。 2. 编制银行询证函的工作底稿。 3. 持银行询证函到制造企业开户银行办理函证,并取得回执。 4. 根据银行函证回执编制银行存款函证结果汇总表的工作底稿
6	抽查大额货币资金收支凭证	审计助理	1. 抽取金额在　以上的银行存款以及金额在　以上的库存现金收支业务。 2. 检查原始凭证是否齐全、记账凭证与原始凭证是否相符、账务处理是否正确、是否记录于恰当的会计期间等项内容。 3. 编制货币资金收支检查表的工作底稿

续表

序号	操作步骤	职位	操作内容
7	货币资金的调整与审定	审计师	1. 将货币资金明细表、对银行存款余额调节表的检查、库存现金盘点表、对银行存款余额调节表的检查、抽查会计凭证记录等工作底稿中需要进行账项调整的金额写入货币资金审定表的工作底稿。 2. 根据本期未审数、账项调整分录计算本期审定数，编制货币资金审定表的工作底稿
8	复核工作底稿	项目经理	1. 审核货币资金明细表、对银行存款余额调节表的检查、库存现金盘点表、对银行存款余额调节表的检查、货币资金收支检查表的工作底稿。 2. 在上述工作底稿的“复核人”处签字

6. 营业收入的实质性测试

(1) 业务概述

项目经理在对制造企业销售与收款内部控制测试的基础上，制订营业收入的实质性测试程序计划，并分派注册会计师及审计助理对主营业务收入执行分析程序及其他细节测试程序，从而确定营业收入的审定数。在完成审计工作后，项目经理对注册会计师及审计助理编制的工作底稿进行现场复核。

(2) 业务流程步骤

营业收入的实质性测试业务流程步骤见表 6－87。

表 6－87　营业收入的实质性测试业务流程步骤表

序号	操作步骤	职位	操作内容
1	制订营业收入实质性测试程序计划	项目经理	1. 确定审计目标与认定的对应关系。 2. 选择计划执行的审计程序。 3. 编制营业收入实质性程序的工作底稿
2	分析全年各月主营业务收入变动情况	审计师	1. 获取本期利润表，主营业务收入总账、明细账，以及上期各月主营业务收入数据。 2. 利用分析程序计算变动额和变动比率。 3. 编制主营业务收入明细表的工作底稿
3	分析月度毛利率	审计师	1. 计算本年各期毛利和毛利率。 2. 计算上年各期毛利和毛利率。 3. 分析本年和上年的毛利率变动幅度，做出审计结论。 4. 编制月度毛利率分析表的工作底稿
4	分析业务/产品销售情况	审计助理	1. 计算本年各类收入/产品的毛利率。 2. 计算上年各类收入/产品的毛利率。 3. 分析本年和上年各类收入/产品的毛利率变动幅度，做出审计结论。 4. 编制产品销售分析表的工作底稿

续表

序号	操作步骤	职位	操作内容
5	执行营业收入细节测试	审计助理	1. 抽取若干张记账凭证,检查后附的原始凭证的完整性、记录的正确性等。 2. 编制主营业务收入检查情况表的工作底稿
6	执行主营业务收入的截止测试	审计师	1. 选取资产负债表日前、后若干发货单据,追查至发票、记账凭证及主营业务收入明细账,判断发货单据、发票以及记账凭证日期是否在同一会计期间。 2. 选取资产负债表日前、后若干笔主营业务收入明细账记录,追查至发货单据、发票、记账凭证,判断发货单据、发票以及记账凭证日期是否在同一会计期间。 3. 编制主营业务收入截止测试的工作底稿
7	确定营业收入审定数	审计师	1. 将主营业务收入截止测试的工作底稿中需要进行账项调整的收入写入营业收入审定表的工作底稿。 2. 根据本期未审数、账项调整分录计算本期审定数,编制营业收入审定表的工作底稿
8	复核工作底稿	项目经理	审核主营业务收入明细表、月度毛利率分析表、业务/产品销售分析表、主营业务收入检查表、主营业务收入截止测试、营业收入审定表的工作底稿,并在“复核人”处签字

7. 应收账款的实质性测试

(1)业务概述

项目经理在对制造企业销售与收款内部控制测试的基础上,制订应收账款的实质性测试程序计划,并分派注册会计师及审计助理对应收账款和坏账准备的计提实施函证、替代测试、抽取凭证检查等审计程序,从而确定应收账款的审定数。在完成上述审计工作后,项目经理对注册会计师及审计助理编制的工作底稿进行现场复核。

(2)业务流程步骤

应收账款的实质性测试业务流程步骤见表6-88。

表6-88 应收账款的实质性测试业务流程步骤表

序号	操作步骤	职位	操作内容
1	制订应收账款实质性测试程序计划	项目经理	1. 确定审计目标与认定的对应关系。 2. 选择计划执行的审计程序。 3. 编制应收账款实质性程序的工作底稿
2	编制应收账款明细表	审计助理	1. 获取本期应收账款总账、明细账,并复核是否一致。 2. 确定客户应收账款的账龄。 3. 请制造企业财务部经理标识重要的欠款单位。 4. 编制应收账款明细表的工作底稿

续表

序号	操作步骤	职位	操作内容
3	函证应收账款	审计师	1. 将客户按应收账款余额特征进行分层，确定函证样本数量，选取函证对象。 2. 选择函证的方式和时间。 3. 编制应收账款函证结果汇总表的工作底稿
4	应收账款的替代测试	审计助理	1. 抽取未函证应收账款若干笔，检查后附的原始凭证的完整性、记录的正确性等。 2. 编制应收账款替代测试表的工作底稿
5	坏账准备计算的测试	审计师	1. 明确制造企业坏账准备的计提政策和会计核算要求，评价其准确性。 2. 在确认应收账款账面余额的基础上，按照恰当的方法重新计算坏账准备本期应计提的金额。 3. 编制应收账款坏账准备计算表的工作底稿。
6	确定应收账款审定数	审计师	1. 将应收账款函证差异调整表、应收账款替代测试表、应收账款坏账准备计算表等工作底稿中需要进行账项调整的金额写入应收账款审定表的工作底稿。 2. 根据本期未审数、账项调整分录计算本期审定数，编制应收账款审定表的工作底稿
7	复核工作底稿	项目经理	审核应收账款明细表、应收账款函证结果汇总表、应收账款函证差异调整表、应收账款替代测试表、应收账款坏账准备计算表的工作底稿，并在“复核人”处签字

九、审计结束前的工作

1. 业务概述

审计实质性测试工作结束后，会计师事务所项目经理应制订业务完成阶段的审计计划，汇总已更正错报，以及列报和披露，评价识别出的错报，编制试算平衡表，与治理层进行沟通，最后评价审计结果，形成审计意见。

2. 业务流程步骤

审计结束前的工作业务流程步骤见表6－89。

表6－89　审计结束前的工作业务流程步骤表

序号	操作步骤	职位	操作内容
1	制订业务完成阶段的审计计划	项目经理	1. 确定业务完成阶段的主要工作及每项工作的具体执行人。 2. 编制业务完成阶段审计工作的工作底稿

续表

序号	操作步骤	职位	操作内容
2	汇总已更正错报以及已更正列报和披露	审计助理	1. 编制错报累计和评价表的工作底稿。 2. 将审计过程的所有工作底稿中已更正的错报进行汇总，编制已更正错报汇总表的工作底稿。 3. 将已更正的列报和披露进行汇总，编制已更正的列报和披露错报汇总表的工作底稿
3	汇总未更正错报以及未更正列报和披露错报	审计师	1. 将识别出的影响本期财务报表的未更正错报进行汇总，编制未更正错报汇总表的工作底稿。 2. 将未更正的列报和披露进行汇总，编制未更正的列报和披露错报汇总表的工作底稿
4	评价识别出的错报	审计师	1. 评价识别出的错报对审计的影响。 2. 编制评价识别出的错报的工作底稿
5	编制试算平衡表	审计师	1. 编制资产负债表试算平衡表的工作底稿。 2. 编制利润表试算平衡表的工作底稿
6	与管理层和治理层进行沟通	项目经理	1. 就审计中发现的监督财务报告过程责任相关的重大事项与制造企业总经理进行面谈。 2. 编制与治理层的沟通函的工作底稿。 3. 制造企业总经理在与治理层的沟通函中签署意见
7	评价审计结果，形成审计意见	项目经理	1. 了解审计意见类型的种类。 2. 初步确定拟出具的审计报告意见
8	获取管理层声明书并确定日期	审计助理	1. 向制造企业总经理提交未分组错报汇总表、未更正的列报和披露错报汇总表，以及管理层声明书。 2. 制造企业审核后盖章。 3. 接收盖章后的管理层声明书
9	复核审计工作底稿	项目经理	1. 复核错报累计和评价表、已更正错报汇总表、已更正的列报和披露错报汇总表、未更正错报汇总表、未更正的列报和披露错报汇总表、资产负债表试算平衡表、利润表试算平衡表。 2. 在"复核人"处签字

十、审计

1. 出具审计报告

(1)业务概述

审计外勤工作结束后，会计师事务所项目经理召开项目总结会议，讨论审计中发现的重大问题，最后形成审计结论；逐级对审计工作底稿进行复核；出具审计报告并逐级复核签发，最后将审计报告送达制造企业。

(2)业务流程步骤

出具审计报告业务流程步骤见表6－90。

表6－90　出具审计报告业务流程步骤表

序号	操作步骤	职位	操作内容
1	召开审计项目总结会	项目经理	1. 确定会议召开的时间和地点,以及参加的人员。 2. 确定会议的主要议题
2	撰写审计报告初稿	审计师	1. 确定审计意见类型。 2. 编写审计报告
3	工作底稿的一级复核	审计师	1. 接收全部审计工作底稿并复核。 2. 在业务复核核对表中记录并在“复核签字”处签字及签署复核日期。 3. 将工作底稿及业务复核核对表提交项目经理复核
4	工作底稿的二级复核	项目经理	1. 接收全部审计工作底稿并复核。 2. 在业务复核核对表的“复核签字”处签字并签署复核日期。 3. 将工作底稿及业务复核核对表提交项目质量控制部复核
5	出具审计报告	审计师	1. 根据复核意见修改审计报告。 2. 出具审计报告。 3. 填写审计报告复核签发单中的主送和报送单位信息。 4. 将审计报告及审计报告复核签发单提交项目经理进行审核
6	项目经理复核审计报告	项目经理	1. 接收并审核审计报告。 2. 在审计报告复核签发单的“项目负责人意见”处签署“同意”并签字
7	将审计报告送达制造企业	审计助理	1. 填写业务报告客户签收单相关信息并在“事务所经办人”处签字。 2. 将经过复核同意签发的审计报告送达制造企业。 3. 请制造企业人员接收审计报告并在“业务报告客户签收单”上签字
8	接收审计报告	制造企业财务部经理	1. 接收审计报告。 2. 在业务报告客户签收单上“接收单位经办人”处签字

2. 审计工作底稿整理归档

(1)业务概述

审计工作完成后,将所有审计工作底稿进行归类、序号、整理,装订后移交档案室进行保管。

(2)业务流程步骤

审计工作底稿整理归档业务流程步骤见表6－91。

表6－91 审计工作底稿整理归档业务流程步骤表

序号	操作步骤	职位	操作内容
1	整理审计工作底稿	审计助理	1. 复核被审单位相关信息。 2. 按照审计工作底稿目录对工作底稿进行分类和编号。 3. 对工作底稿进行归纳整理
2	填写审计工作底稿索引目录	审计助理	将对应的工作底稿页码填写在审计工作底稿目录中
3	装订审计工作底稿	审计师	将编制好的审计工作底稿目录以及分类编号的工作底稿一起装订成册
4	审计档案归档保管	审计师	将装订好的审计档案归入档案室进行保管

3. 办理审计收费

(1)业务概述

会计师事务所在完成审计工作后，按照审计业务约定书的约定，向制造企业开具发票、收取审计费用并办理存入银行的相关手续。

(2)业务流程步骤

办理审计收费业务流程步骤见表6－92。

表6－92 办理审计收费业务流程步骤表

序号	操作步骤	职位	操作内容
1	为制造企业开具审计收费发票	项目经理	1. 开具增值税专用发票。 2. 安排审计助理将增值税专用发票送至制造企业财务部
2	将开具的发票送达制造企业	审计助理	将发票送至制造企业财务部，交给财务会计

十一、代理记账收费

1. 物流企业代理记账收费

(1)业务概述

为物流企业开具增值税专用发票，交至物流企业，物流企业根据收到的增值税专用发票，向会计师事务所支付代理记账费用款项。

(2)业务流程步骤

物流企业代理记账收费业务流程步骤见表6-93。

表6-93 物流企业代理记账收费业务流程步骤表

序号	操作步骤	职位	操作内容
1	为物流企业开具代理记账发票	项目经理	1. 开具增值税专用发票。 2. 安排审计助理将增值税专用发票送至物流企业
2	办理网银转账	物流企业总经理	1. 收到会计师事务所的增值税专用发票,随即在VBSE系统中办理网银转账。 2. 到银行打印业务回单

2. 连锁企业代理记账收费

(1)业务概述

为连锁企业开具增值税专用发票,交至连锁企业,连锁企业根据收到的增值税专用发票,向会计师事务所支付代理记账费用款项。

(2)业务流程步骤

连锁企业代理记账收费业务流程步骤见表6-94。

表6-94 连锁企业代理记账收费业务流程步骤表

序号	操作步骤	职位	操作内容
1	为连锁企业开具代理记账发票	项目经理	1. 开具增值税专用发票。 2. 安排审计助理将增值税专用发票送至连锁企业
2	办理网银转账	连锁企业总经理	1. 收到会计师事务所的增值税专用发票,随即在VBSE系统中办理网银转账。 2. 到银行打印业务回单

十二、月末账务处理

1. 物流企业月末账务处理

(1)业务概述

审计助理根据物流企业移交的资料、原始凭证编制的记账凭证,以及根据记账凭证登记的总分类账,进行月末账务处理。

(2)业务流程步骤

物流企业月末账务处理业务流程步骤见表6-95。

表 6－95　物流企业月末账务处理业务流程步骤表

序号	操作步骤	职位	操作内容
1	编制记账凭证	审计助理	根据物流企业发生经济业务的原始凭证，填写记账凭证
2	登记总账	审计师	依据记账凭证登记总分类账

2. 连锁企业月末账务处理

(1)业务概述

审计师根据连锁企业移交的资料、原始凭证编制的记账凭证，及根据记账凭证登记总分类账，进行月末账务处理。

(2)业务流程步骤

连锁企业月末账务处理业务流程步骤见表 6－96。

表 6－96　连锁企业月末账务处理业务流程步骤表

序号	操作步骤	职位	操作内容
1	编制记账凭证	审计助理	根据连锁企业发生经济业务的原始凭证，填写记账凭证
2	登记总账	审计师	依据记账凭证登记总分类账

十三、财务报表

1. 为物流企业编制财务报表

(1)业务概述

根据总分类账数据，审计助理编制利润表和资产负债表。

(2)业务流程步骤

为物流企业编制财务报表业务流程步骤见表 6－97。

表 6－97　为物流企业编制财务报表业务流程步骤表

序号	操作步骤	职位	操作内容
1	编制利润表	审计助理	根据损益账户明细账本期发生额编制利润表
2	编制资产负债表	审计助理	根据资产、负债、所有者权益类账户的期末余额直接或计算、分析填写资产负债表

2. 为连锁企业编制财务报表

(1)业务概述

根据总分类账数据，审计师编制利润表和资产负债表。

(2)业务流程步骤

连锁企业编制财务报表业务流程步骤见表 6－98。

表 6－98　连锁企业编制财务报表业务流程步骤表

序号	操作步骤	职位	操作内容
1	编制利润表	审计师	根据损益账户明细账本期发生额编制利润表
2	编制资产负债表	审计师	根据资产、负债、所有者权益类账户的期末余额直接或计算、分析填写资产负债表

十四、收到审计费用发票并支付(制造企业)

1. 业务概述

制造企业按照货币资金内部控制的要求,办理付款申请、付款审批、支付复核、办理支付、登记账簿等业务。

2. 业务流程步骤

收到审计费用发票并支付业务流程步骤见表 6－99。

表 6－99　收到审计费用发票并支付业务流程步骤表

序号	操作步骤	职位	操作内容
1	填写支出凭单	财务会计	1. 根据收到的审计费用发票填写支出凭单。 2. 将填写的支出凭单提交财务部经理审核并签字
2	审核支出凭单	财务部经理	1. 审核支出凭单填写得是否准确。 2. 审核支出凭单附件的合法性和真实性。 3. 审核资金使用的合理性。 4. 审核无误签字后交财务会计,由其去出纳处办理付款手续
3	办理网银转账	出纳	1. 审核支出凭单的完整性和真实性。 2. 根据审核后的支出凭单在 VBSE 系统中办理转账。 3. 到银行打印业务回单
4	填制记账凭证	财务会计	1. 根据转账业务回单编制记账凭证。 2. 将记账凭证送财务部经理审核
5	审核记账凭证	财务部经理	1. 接收财务会计交来的记账凭证。 2. 审核记账凭证填写的准确性。 3. 审核无误签字后交出纳登记银行日记账
6	登记银行存款日记账	出纳	1. 依据审核的记账凭证登记银行存款日记账。 2. 登记后将记账凭证返还财务会计
7	登记科目明细账	财务会计	1. 根据审核后的记账凭证登记科目明细账。 2. 记账后在记账凭证上签字或盖章
8	登记总分类账	财务部经理	1. 根据审核后的记账凭证登记总账。 2. 记账后在记账凭证上签字或盖章

任务九　物流企业日常业务

一、了解各岗位职责

1. 业务概述

了解物流企业各岗位职责。

2. 业务流程步骤

了解物流企业各岗位职责业务流程步骤见表6－100。

表6－100　了解物流企业各岗位职责业务流程步骤表

序号	操作步骤	职位	操作内容
1	了解物流企业各岗位职责	总经理	了解物流企业各岗位职责
2	了解物流企业各岗位职责	业务部经理	了解物流企业各岗位职责

二、熟悉规则

1. 业务概述

熟悉物流企业规则。

2. 业务流程步骤

熟悉物流企业规则业务流程步骤见表6－101。

表6－101　熟悉物流企业规则业务流程步骤表

序号	操作步骤	职位	操作内容
1	熟悉物流企业规则	总经理	了解物流企业规则
2	熟悉物流企业规则	业务部经理	了解物流企业规则

三、工作交接

1. 总经理工作交接

(1)业务概述

总经理需读懂工作交接文档。

(2)业务流程步骤

总经理需读懂工作交接文档业务流程步骤见表6－102。

表 6－102 总经理需读懂工作交接文档业务流程步骤表

操作步骤	职位	操作内容
读懂工作交接文档	总经理	需读懂工作交接文档

2. 业务部经理工作交接

(1)业务概述

业务部经理需读懂工作交接文档。

(2)业务流程步骤

业务部经理需读懂工作交接文档业务流程步骤见表 6－103。

表 6－103 业务部经理需读懂工作交接文档业务流程步骤表

操作步骤	职位	操作内容
读懂工作交接文档	业务部经理	需读懂工作交接文档

四、运输合同

1. MYS1 与制造企业签订运输合同

(1)业务概述

物流企业与制造企业签订运输合同。

(2)业务流程步骤

物流企业与制造企业签订运输合同业务流程步骤见表 6－104。

表 6－104 物流企业与制造企业签订运输合同业务流程步骤表

序号	操作步骤	职位	操作内容
1	填写运输合同	业务部经理	1. 根据运输计划与客户沟通运输合同细节内容。 2. 起草合同,一式两份
2	填写合同会签单	业务部经理	1. 填写合同会签单。 2. 将运输合同和合同会签单提交给总经理审核
3	合同会签单签字	总经理	1. 接收业务部经理送来的运输合同及合同会签单。 2. 审核运输合同的准确性和合理性。 3. 在合同会签单上签字。 4. 在运输合同上签字。 5. 签完返还给业务部经理
4	运输合同盖章	业务部经理	1. 接收总经理返还的合同会签单及运输合同。 2. 在运输合同上盖章
5	将运输合同送给对方	业务部经理	将运输合同送给制造企业

2. DYS1 与商贸企业签订运输合同

(1)业务概述

物流企业与商贸企业签订运输合同。

(2)业务流程步骤

物流企业与商贸企业签订运输合同业务流程步骤见表6-105。

表6-105　物流企业与商贸企业签订运输合同业务流程步骤表

序号	操作步骤	职位	操作内容
1	填制运输合同	业务部经理	1. 根据运输计划与客户沟通运输合同细节内容。 2. 起草合同,一式两份
2	填写合同会签单	业务部经理	1. 填写合同会签单。 2. 将运输合同和合同会签单提交给总经理审核
3	合同会签单签字	总经理	1. 接收业务部经理送来的运输合同及合同会签单。 2. 审核运输合同的准确性和合理性。 3. 在合同会签单上签字。 4. 在运输合同上签字。 5. 总经理签完返还给业务部经理
4	运输合同盖章	业务部经理	1. 接收总经理返还的合同会签单。 2. 给运输合同盖章
5	将运输合同送给对方	业务部经理	将运输合同送给商贸企业

五、MCG8 受理制造企业运输订单

1. 业务概述

受理制造企业下达的运输订单。

2. 业务流程步骤

受理运输订单业务流程步骤见表6-106。

表6-106　受理运输订单业务流程步骤表

序号	操作步骤	职位	操作内容
1	接收运输订单	业务部经理	1. 接收制造企业提交的运输订单。 2. 确认运输订单并签字
2	线路规划、车辆调度	业务部经理	根据运输订单安排线路,调配车辆

六、MCG9 去工贸企业取货并开发票

1. 业务概述

去工贸企业取货并开具增值税专用发票。

2. 业务流程步骤

去工贸企业取货并开具增值税专用发票业务流程步骤见表 6－107。

表 6－107　去工贸企业取货并开具增值税专用发票业务流程步骤表

序号	操作步骤	职位	操作内容
1	下达取货命令	总经理	根据运输订单给业务部经理下达取货通知
2	填制运单	业务部经理	1. 接收总经理取货通知。 2. 根据运输订单填写运单
3	填制运输发票	业务部经理	根据运单填制增值税专用发票
4	发车取货	业务部经理	带齐单据，发车取货

七、装车发运制造企业

1. MCG11 装车发运给制造企业

(1) 业务概述

货物装车并送货。

(2) 业务流程步骤

货物装车并送货业务流程步骤见表 6－108。

表 6－108　货物装车并送货业务流程步骤表

序号	操作步骤	职位	操作内容
1	点验托运货物	业务部经理	与工贸企业进行货物交接，点验托运货物
2	确认运单信息并签字	业务部经理	请工贸企业确定运单信息并签字
3	装车作业	业务部经理	安排货物装车
4	送货作业	业务部经理	运单签字后根据规划好的线路运输送货给制造业

2. MCG12 送货到制造企业

(1) 业务概述

送货到制造企业处并卸货，同时将增值税专用发票交给制造企业工作人员。

(2) 业务流程步骤

送货到制造企业处并卸货业务流程步骤见表 6－109。

表6－109　送货到制造企业处并卸货业务流程步骤表

序号	操作步骤	职位	操作内容
1	车辆到达,卸车前检查	业务部经理	车辆到达制造企业,卸车前检查车辆
2	安排卸货,进行货物交接	业务部经理	安排装卸工卸货,与制造企业工作人员进行货物交接,请制造企业工作人员清点货物数量,检查货物质量,合格后制造企业工作人员在运单上签字确认,留存
3	增值税专用发票交制造企业	业务部经理	将增值税专用发票交给制造企业

八、MCG16 收到制造企业运费业务回单

1. 业务概述

收到制造企业运费业务回单。

2. 业务流程步骤

收到制造企业运费业务回单业务流程步骤表6－110。

表6－110　收到制造企业运费业务回单业务流程步骤表

操作步骤	职位	操作内容
收到运费业务回单	总经理	收到制造企业运费业务银行回单

九、DCG8 受理商贸企业运输订单

1. 业务概述

受理商贸企业下达的运输订单。

2. 业务流程步骤

受理商贸企业下达的运输订单业务流程步骤见表6－111所示。

表6－111　受理商贸企业下达的运输订单业务流程步骤表

序号	操作步骤	职位	操作内容
1	接收确认运输订单	业务部经理	1. 接收经销商提交的运输订单。 2. 确认运输订单并签字
2	线路规划车辆调度	业务部经理	根据运输订单安排线路,调配车辆

十、DCG9 去制造企业取货并开发票

1. 业务概述

去制造企业取货并开具增值税专用发票。

2. 业务流程步骤

去制造企业取货并开具增值税专用发票业务流程步骤见表6－112。

表6－112　去制造企业取货并开具增值税专用发票业务流程步骤表

序号	操作步骤	职位	操作内容
1	下达取货命令	总经理	根据运输订单给业务部经理下达取货通知
2	填制运单	业务部经理	1. 接收总经理取货通知。 2. 根据运输订单填写运单
3	填制增值税专用发票	业务部经理	根据运单填制增值税专用发票
4	发车取货	业务部经理	带齐单据，发车取货。

十一、装车发运给商贸企业

1. DCG11 装车发运给商贸企业

（1）业务概述

货物装车并送货。

（2）业务流程步骤

发货给商贸企业业务流程步骤见表6－113。

表6－113　发货给商贸企业业务流程步骤表

序号	操作步骤	职位	操作内容
1	点验托运货物	业务部经理	与制造企业工作人员进行货物交接，点验托运货物
2	确认运单信息并签字	业务部经理	请制造企业工作人员确定运单信息并签字
3	装车作业	业务部经理	安排货物装车
4	送货作业	业务部经理	运单签字后根据规划好的线路运输送货

2. DCG12 送货到商贸企业

（1）业务概述

送货到商贸企业处并卸货，并将增值税专用发票交给商贸企业工作人员。

（2）业务流程步骤

送货到商贸企业处业务流程步骤见表6－114。

表 6－114　送货到商贸企业处业务流程步骤表

序号	操作步骤	职位	操作内容
1	车辆到达卸车前检查	业务部经理	车辆到达商贸企业处,卸车前检查车辆
2	安排卸货货物交接	业务部经理	安排装卸工卸货,与商贸企业工作人员进行货物交接,请商贸企业工作人员清点货物数量,检查货物质量,合格后商贸企业工作人员在运单上签字确认,留存
3	增值税专用发票交经销商	业务部经理	增值税专用发票交给商贸企业工作人员

十二、DCG16 收到商贸企业运费业务回单

1. 业务概述

收到商贸企业运费业务回单。

2. 业务流程步骤

收到商贸企业运费业务回单业务流程步骤见表 6－115。

表 6－115　收到商贸企业运费业务回单业务流程步骤表

操作步骤	职位	操作内容
收到运费业务回单	总经理	收到经销商运费业务银行回单

素质拓展

交际与沟通

［实训目标］

培养与陌生人沟通和交际的能力。

［实训形式］

1. 课堂讨论。
2. 网上搜集资料进行分析。
3. 由模拟公司组织小组讨论。
4. 每人写出发言提纲。
5. 以班级为单位组织讨论。

［实训要求］

1. 主动同一位陌生人沟通、交流某个问题,并动员这位陌生人与你共同做一件有意义的事。

2. 善于运用交际与沟通的理论,学会运用交际与沟通的艺术。

3. 事先要有精心的策划,事后要进行简要的小结。

4. 班级组织一次交流,每个小组推荐两人介绍交际与沟通的过程及体会。

[成果检验]

1. 每组提交一份总结,对如何与陌生人沟通进行深入分析。

2. 组长对每个同学的表现进行评议,并分析优点与不足,或者小组内部互相评分。

3. 各组派代表发言,分别对其他各组评分,并指出优点与不足。

参考文献

[1]张志强. 跨专业综合实训:VBSE 实践教程[M]. 北京:电子工业出版社,2017.

[2]樊颖,史建军,吴双,等. 虚拟商业社会环境(VBSE)跨专业综合实训教程[M]. 北京:清华大学出版社,2017.

[3]吕永霞,卢德湖,李爱红. VBSE 跨专业综合实训教程[M]. 北京:高等教育出版社,2016.

[4]李爱红,杨松柏. VBSE 跨专业综合实训教程:基于新道 V 综 3. X 平台[M]. 北京:机械工业出版社,2019.